CHEFS-D'OEUVRE

DES

THÉATRES ÉTRANGERS.

2.ᵉ Souscription.

PREMIÈRE LIVRAISON.

THÉATRE ESPAGNOL.
Lope de Véga.
TOME I.

TRADUCTEURS

DES

THÉATRES ÉTRANGERS.

ANDRIEUX. \
AIGNAN. / MEMBRES DE L'ACADÉMIE FRANÇAISE.

BARANTE (LE BARON DE).

BERR.

BERTRAND.

CAMPENON, MEMBRE DE L'ACADÉMIE FRANÇAISE.

CONSTANT (BENJAMIN.)

CHATELAIN.

COHEN.

DENIS (A.)

DENIS (F.)

ESMÉNARD.

GUIZARD.

GUIZOT.

LA BEAUMELLE.

LEBRUN.

MALTEBRUN.

MENNÉCHET, LECTEUR DU ROI.

MERVILLE.

NODIER (CHARLES).

PICHOT.

RÉMUSAT (ABEL), MEMBRE DE L'INSTITUT.

RÉMUSAT (CHARLES DE).

SAINTE-AULAIRE (LE COMTE DE).

SAINT-PRIEST (LE COMTE ALEXIS DE).

SALADIN (JULES).

STAEL (LE BARON DE).

TROGNON.

VILLEMAIN, MEMBRE DE L'ACADÉMIE FRANÇAISE.

VINCENS DE SAINT-LAURENT.

VISCONTI.

CHEFS-D'OEUVRE

DES

THÉATRES ÉTRANGERS,

ALLEMAND, ANGLAIS, CHINOIS, DANOIS, ESPAGNOL,
HOLLANDAIS, INDIEN, ITALIEN, POLONAIS,
PORTUGAIS, RUSSE, SUÉDOIS;

TRADUITS EN FRANÇAIS.

TOME I.

A PARIS,

CHEZ RAPILLY, LIBRAIRE,

PASSAGE DES PANORAMAS.

M. DCCC. XXVII.

AMOUR ET HONNEUR [1],

COMÉDIE.

(1) Cette pièce est intitulée, en espagnol : La *Fuerza lasti-mosa*, la *Nécessité déplorable*. *Fuerza* est un mot équivoque qui admet une foule d'interprétations. J'ai cru devoir substituer le titre : *Amour et Honneur*.

AVERTISSEMENT.

Je demande pardon aux lecteurs français d'avoir choisi, parmi les nombreuses pièces de Lope de Vega, celle-ci, où le précepte des trois unités semble avoir été plus scandaleusement violé que dans la plupart des autres... Le poëte espagnol que je traduis connaissait pourtant les règles de l'art. Il est donc ici dans tout son tort; mais j'ai dû le représenter tel qu'il s'est fait lui-même.

La Fuerza lastimosa, ou *Honneur et Amour* (1) : (ce titre est plus intelligible), a trouvé, dit-on, des admirateurs sur les bords du Rhin. Les compatriotes de l'auteur la citent aussi avec une sorte de complaisance. Cette analogie dans la manière de juger et de sentir, à des distances aussi éloignées, pourrait s'expliquer aisément par l'état respectif de la littérature chez les Allemands et les Espagnols. L'é-

---

(1) *La Fuerza lastimosa*, la Nécessité déplorable (Amour et Honneur).

cole germanique est brillante de force et de jeunesse, mais elle est encore jeune. L'enfance des muses castillanes s'est prolongée jusqu'à ce moment. Les deux peuples, sous ce rapport, se trouvent au même point de départ.

Dans tous les arts d'imitation, le *grandiose* outré, le *bizarre* a précédé cette belle simplicité qui est la véritable imitation de la nature physique et morale. Le goût s'acquiert et s'épure progressivement; il repousse enfin ce qui ne satisfait point une raison éclairée.

Shakspeare, Lope de Vega, quelques autres génies, devaient naturellement enlever tous les suffrages à l'époque où ils entraient les premiers dans la carrière. Cette vieille renommée se conserve par la tradition; le patriotisme la recommande, et l'amour-propre national s'en mêle.

A Paris, les bonnes pièces de Racine sont seules à l'abri de la critique. Le grand Corneille, qui créa la tragédie moderne, a besoin de tout son droit d'aînesse pour rester à la première place; et Voltaire, qui souvent atteignit ses deux illustres prédécesseurs dans leur plus grande élévation, rencontre des juges sévères qui l'accusent d'avoir écrit trop vite.

Telle est la marche de l'esprit humain : il devient difficile, exigeant, à mesure qu'il se perfectionne.

Quoi qu'il en soit, la *Fuerza lastimosa* est un ouvrage très-irrégulier, plein de défauts et de beautés. Le style est toujours brillant, pur même, quand l'auteur n'abuse pas de son esprit. Cette composition est riche; les événemens, les intérêts sont prodigués. Les personnages appartiennent à l'imagination de Lope de Vega. L'époque historique n'est pas bien marquée; les indications qu'on trouve par-ci par-là ne servent qu'à faire ressortir les anachronismes. Le dernier comte de Barcelone, Raymond V, mourut avant la fin du douzième siècle ; et dans toute la pièce, il n'est question que de fusils et d'artillerie. La maison de *Moncade* peut bien conserver des souvenirs généalogiques qui remontent aux premiers comtes de Barcelone, mais elle n'a pas régné sous le nom de Moncade. Il n'y a rien de réel dans la *Fuerza lastimosa* que des situations tragiques, de beaux vers, et un mouvement extraordinaire.

J. E.

AMOUR ET HONNEUR.

PERSONNAGES.

L'INFANTE DYONISE.
LE COMTE HENRI.
LE DUC OCTAVE.
LE ROI D'IRLANDE.
BÉLARD.
CLÉNARD, secrétaire du roi.
CÉLINDE, dame de l'infante.
LE MARQUIS FABIUS.
DONA ISABELLE, femme du comte Henri.
DON JUAN, son fils.
PHILIPPE,
TÉRÉE, } valets.
DEUX PÊCHEURS.
LE COMTE DE BARCELONE.
LUCINDE,
PHÉNICIO, } soldats.
CARLOS, capitaine espagnol.

AMOUR ET HONNEUR.

JOURNÉE PREMIÈRE.

SCÈNE PREMIÈRE.

Une forêt. — Une partie de chasse.

L'INFANTE DYONISE en habit d'amazone, un couteau de chasse à la main.

DYONISE.

Arrête, fugitif... Tu cours plus léger que les vents. Ces sentiers difficiles ne sont pas un obstacle pour toi. Mes flèches emplumées t'auraient-elles prêté des ailes? Crois-tu que je puisse voler aussi? Cerf timide,... respire un moment; jouis d'un repos dont j'ai moi-même besoin. Va, ce n'est pas après toi que courent toutes mes pensées.

(Henri paraissant de l'autre côté du théâtre.)

HENRI.

Arbres touffus, lierres qui parez leur tronc de votre feuillage et suivez les contours de chaque rameau; eaux limpides qui, sans cesser de courir, offrez l'image d'un cristal immobile... voyez un mortel qui serait au comble de ses vœux, si mille doutes confus ne venaient assaillir son esprit. La fortune m'a favorisé jusqu'à cet instant... mais quelle sera la fin ? Que de difficultés me restent à vaincre !

(Il aperçoit Dyonise, qui de son côté l'aperçoit aussi.)

DYONISE.

Henri.

HENRI.

Madame !... ah ! je conçois pourquoi cette belle fontaine semble vouloir s'élancer de ses bords, pourquoi la rose jalouse déploie ses plus vives couleurs, pourquoi cette eau transparente, s'arrêtant parmi les cailloux, suspend sa course fugitive ;... pourquoi ce lierre, emblème de ma tendresse, s'unit si étroitement à l'ormeau qu'il presse dans ses bras !

DYONISE.

Ce lieu solitaire m'inspire le désir de vous ouvrir mon âme toute entière.

HENRI.

La foi que je t'ai jurée devrait mieux t'inspirer encore. Ne songe point à la hauteur dont tu as daigné t'abaisser en ma faveur. Si tu veux oublier le peu que je suis, il n'y a plus de distance entre nous. Le véritable amour ne connaît que des égaux. Les cœurs seuls sont pesés dans sa divine balance.

DYONISE.

Eh bien ! que votre modestie ne s'effarouche plus de ma prétendue supériorité : je ne vois que mon amour, je suis votre égale. Jamais je n'ai pensé que vous fussiez au-dessous de moi : osez croire vous-même que je ne suis pas plus que vous.

HENRI.

Esprit divin ! comme elle sait m'élever jusques à elle ! Ah ! votre générosité me rend tout mon courage !

DYONISE.

Laissons là ma divinité. Que les grandeurs s'humanisent, parlons à cœur ouvert ; tâchons d'unir nos deux volontés ; ne faisons plus qu'une âme...

LE DUC OCTAVE, au fond du théâtre.

Je cours au-devant de ma mort. Une tigresse est acharnée contre moi. Ah ! trop novice Adonis ! Qui jamais a vu le chasseur fuir devant la bête qu'il a cherchée, comme on fuit devant le taureau qui entre dans l'arène ! Et je n'ose perdre la trace de celle qui menace ma vie ! Quel avantage peut donc avoir une femme sur un homme ? Mais puisqu'une femme triomphe de moi, est-ce à cause de son nom, est-ce l'effet de sa valeur réelle ? Ah ! cruelle ennemie ! (*Il aperçoit l'infante.*) La voici... Amour, donne-moi le courage de lui parler au moins une fois... Non, le comte Henri est avec elle......

(*L'infante et Henri parlent entre eux, et le duc les écoute sans être vu.*)

DYONISE.

Tu m'en donnes ta parole ?

OCTAVE, à part.

Parole donnée ! Qu'entends-je ? Restons caché.

HENRI.

Cher amour, après une telle faveur, se taire est la seule manière de répondre. Mon silence doit être entendu. Mais sans la volonté du roi, tu sais que je poursuis une chimère, et que je m'expose au plus juste châtiment : qui osera te donner le conseil ?.....

DYONISE.

Je refuserai obstinément de me marier. Mon père est très-avancé en âge.

HENRI.

Tu veux donc attendre qu'il ait fermé les yeux ?

DYONISE.

Une fois seule et maîtresse, ne pourrai-je pas me livrer sans crainte à mon inclination ?

HENRI.

Sans doute : mais quand ? L'amour est-il si patient ? Ne me faut-il pas d'ici là quelque gage pour me donner la force d'attendre ?

OCTAVE, à part.

Cet amour est bien pressé ! Je vais être sacrifié.

DYONISE.

Tu l'auras : le terme peut être long : une promesse par écrit, ce baiser, une espérance fondée, tout cela peut-il.....

HENRI.

Point de promesse; le baiser, oui ; mais pour attendre des années, il faut encore des gages qui entretiennent l'amour.

DYONISE.

Explique-toi franchement.

HENRI.

Je crains d'avoir le malheur de te déplaire.

DYONISE.

Eh bien, demain tu viendras par la terrasse du palais; je te recevrai dans mon appartement. Je le veux.

HENRI.

Tu ne saurais rien faire de plus, ni moi demander davantage : que je baise ta main...

OCTAVE, à part.

Que me reste-t-il à entendre ? C'est l'arrêt de ma mort.

DYONISE.

Est-il d'obstacles qui arrêtent l'amour ?

HENRI.

Cependant il faut encore attendre jusqu'à demain !

DYONISE.

Quoi ! tu n'es pas content ?

HENRI.

Je chicane sur la durée de mon supplice : en amour chaque heure d'attente est une année de souffrances.

DYONISE.

Quoi ! l'espérance est un supplice ?

HENRI.

Oui, tant qu'on ne jouit pas du bonheur, et d'autant plus douloureux que ce bonheur doit être plus grand.

DYONISE.

Il n'y a que d'ici à demain pour que tu sois heureux. Tu ne montres pas assez de confiance.

HENRI.

Dans l'espace d'un jour, Troie fut réduite en cendre; Rome perdit toute sa gloire, les vents détruisirent la grande, la plus belle armée navale qu'on eût jamais vue [1]; le riche devient pauvre, le favori est disgracié, les plus grands se trouvent petits, la mer inonde ses rivages, ou rentre dans ses limites; le ciel le plus serein se couvre de nuages; l'herbe des champs perd sa fraîcheur, l'oiseau captif recouvre la liberté; aujourd'hui l'amandier est chargé de fleurs, demain la gelée a tout brûlé. Un jour a vu s'abaisser de hautes montagnes; d'un instant à l'autre la fortune déploie son inconstance. Entre la coupe et les lèvres, le sage dit qu'il reste encore de la place pour un accident : une infidélité peut n'être l'affaire que de deux minutes.

DYONISE.

Pour que tu sois satisfait, je retourne à l'instant à la ville.

HENRI.

Enfin, je vois que tu m'aimes... Ce lieu serait propice; mais non, toutes les reines n'ont pas comme Didon un orage et une grotte à leur disposition.

OCTAVE, à part.

Ils sont aveuglés par leur passion; je veux troubler leur joie et me calmer moi-même... Princesse! le sanglier!

DYONISE, à part.

Maudit soit l'importun!

JOURNÉE I, SCÈNE I.

HENRI, à part.

Quelle fatalité pour moi !

DYONISE, au duc.

Je crois qu'il descend du côté de la fontaine. Il vomit des flots d'écume.

HENRI.

Il court à la fontaine.

DYONISE, à Henri.

Allons-nous-en d'ici, mon amour. (*A Octave.*) Rappelez mes gens.

(Ils s'en vont.)

OCTAVE, seul.

Ah ! c'est la mort qu'il faut que j'appelle. Heureux si je la trouve !... Elle s'éloigne, et je me tais... Meure le comte Henri ! qu'il meure ! Je dirai tout au roi... Mais, non... Dans un malheur pareil, si l'esprit peut offrir quelque ressource, le mien doit être puissamment excité. Cette femme m'appartiendra... Que dis-je ? oui, je dis que je la posséderai. Qui t'aidera, Octave ? L'Amour ! L'Amour est un dieu puissant ! Je la posséderai ! Comment ferai-je ?.... Ce soir, j'irai à la terrasse du palais ; j'arriverai le premier ; l'Amour fera le reste. Arbres couronnés de verdure ; montagnes dont le front se cache dans les cieux ; champs émaillés de fleurs qui exhalent mille parfums et présentent mille couleurs différentes ; ruisseaux qui serpentez au sein de ces belles prairies ; animaux cachés dans vos antres, oiseaux qui gazouillez parmi le feuillage, et qui tantôt faites entendre des chants harmonieux ou des hurlemens effrayans, souriez, si toutefois l'intelligence et le sentiment ne vous ont pas été refusés par la nature; souriez, dis-je, de pitié, en voyant un homme se vanter de posséder une femme qui ce soir en attend un autre. — Mais c'est peu de m'en vanter, je veux le mettre à exécution, et je viendrai à bout de mon entreprise, ou je m'y perdrai moi-même.

(Le roi, qui est venu aussi à la partie de chasse, paraît au fond du théâtre.)

LE ROI.

N'a-t-on pas vu l'infante?

LES PAYSANS.

Parguienne, sire, elle s'éloigne d'ici et va plus vite que le vent.

LE ROI.

Qu'on se retire. Il est temps de retourner à la ville.

UN PAYSAN.

J'entends du bruit dans ce bosquet. — C'est elle — Non, c'est une fontaine.... Nous allons courir après la princesse. Asseyez-vous, seigneur, sur ce rocher, en attendant notre retour. Le lierre et le feuillage de vigne, entremêlés de grappes colorées, formeront un dais au-dessus de votre tête.

(Ils s'en vont.)

LE ROI.

Dites que j'attends ici.

OCTAVE, se montrant.

Sire, votre altesse doit être fatiguée.

LE ROI.

Holà, duc !

OCTAVE.

Dans votre jeunesse, sire, vous parcouriez ce

montagnes avec autant de légèreté que le daim le plus agile.

LE ROI.

Octave, l'âge passe comme le soleil qui laisse l'ombre derrière lui. Le lever, c'est la jeunesse; le coucher de l'astre, c'est la vieillesse : telle est l'image de notre vie. Comment t'es-tu si fort éloigné?

OCTAVE.

Parce que je vous ai cherché depuis ce matin. Enfin, le ciel permet que je vous trouve seul.

LE ROI.

Pourquoi voulais-tu me trouver seul?

OCTAVE.

Ce n'est pas sans motif. Donnez-moi votre parole royale de me garder...

LE ROI.

Quoi?

OCTAVE.

Un secret.

LE ROI.

Un secret?

OCTAVE.

Oui, sire.

LE ROI.

Dis.

OCTAVE.

Mais je ne le dis pas tout entier. Il faut ce soir même faire arrêter un homme.

LE ROI.

Qui?

OCTAVE.

Le comte Henri.

LE ROI.

Je croyais avoir quelque doute sur le nom.

OCTAVE.

Prenez garde d'en avoir sur la chose. Votre altesse n'en peut savoir le motif que demain.

LE ROI.

Comment, pourquoi l'arrêter sans dire le motif?

OCTAVE.

C'est là le secret.

LE ROI.

Je saurai le garder.

OCTAVE.

Il n'y a pas loin d'ici à demain ; si vous saviez le motif ce soir, mon espérance serait trompée.... Sire,.. on connaît votre prudence dans les affaires importantes; songez que s'il y a plus d'une personne qui soit instruite de cette arrestation, votre vie et votre honneur peuvent être compromis.

LE ROI, à part.

Ce sont des idées bien étranges! (*Haut.*) Mais que veut donc faire le comte?

OCTAVE.

Sire, vous le saurez demain matin.

LE ROI.

Il faut qu'une seule personne soit chargée de l'arrêter?

OCTAVE.

Oui, sire ; faites-la venir, et donnez-lui vos ordres.

LE ROI.

Et à qui m'adresserai-je ?

OCTAVE.

Votre capitaine des gardes, le marquis Fabius ; il est homme de cœur.

LE ROI.

Je voudrais qu'il fût déjà nuit. Cette arrestation va faire du bruit.

OCTAVE.

Votre vie est compromise.

LE ROI.

Et la chose dépend du secret ?

OCTAVE.

Oui, sire.

LE ROI.

Eh bien, allons.

OCTAVE.

Votre altesse paraît triste.

LE ROI.

Oui, tu m'as plongé dans un abîme de doutes : mais enfin, puisqu'il le faut, je montrerai de la fermeté.

OCTAVE.

Sire, à présent reprenez votre air serein.

LE ROI.

Le comte Henri, traître ! Cela paraît impossible.

(Ils s'en vont.)

SCÈNE II.

La maison du comte Henri.

BÉLARD et ORTENSIUS.

BÉLARD.

On dit que la princesse est revenue dans son carrosse, à toute bride...

ORTENSIUS.

Oh! elle est très-courageuse.

BÉLARD.

Et belle depuis les pieds jusqu'à la tête.

ORTENSIUS.

Si le comte notre maître te l'entendait dire, il ne te laisserait pas achever; il te ferait quelque cadeau.

BÉLARD.

Que me donnerait-il? un habit neuf?

ORTENSIUS.

Sans doute, il t'habillerait du haut en bas.

BÉLARD.

O que sa folie est grande! Penses-tu que jamais il puisse se marier avec elle?

ORTENSIUS.

Je ne sais s'il le pense. Du moins il fait tout comme.

BÉLARD.

Ortensius, les hautes pensées sont honorables;

mais trop hautes, elles deviennent criminelles; c'est se nourrir de vent.

ORTENSIUS.

Le comte est arrivé, attends.

(Henri entre.)

HENRI.

Soleil ennuyeux et lent... qui te retient au milieu de ta carrière ? Si par un prodige tu t'arrêtas jadis, où tu retournas sur tes pas, que ne puis-je aujourd'hui hâter ta course en avant ! Amour, on dit que tu habites la troisième sphère, il n'y a pas loin de là à la quatrième où réside le soleil. Prie-le de précipiter sa marche, d'aller au plus vite cacher sa blonde chevelure dans le sein de Téthys. Dis-lui qu'il se souvienne du temps où il poursuivait Daphné : moi aussi, j'espère aujourd'hui rencontrer des lauriers, mais d'un autre genre. (*A Ortensius et Bélard.*) Ah! vous voilà ?

ORTENSIUS.

Nous attendons, seigneur.

HENRI.

Vous pouvez me donner une autre chaussure, et me préparer pour ce soir ce que je porte quelquefois pour garantir ma poitrine [2].

BÉLARD.

Cette défense est toujours bonne.

ORTENSIUS.

Moi aussi, je porte toujours quelque chose en cas d'événement.

HENRI.

La couleur noire est mauvaise pour la nuit. Donnez-m'en d'une couleur saillante.

BÉLARD.

Armure noire, or et argent, c'est très-bien....

HENRI.

Non, c'est de mauvais augure, fût-elle couverte de pierreries. Je veux une couleur brillante; je veux qu'elle annonce la joie de mon âme.

BÉLARD.

Bon, bon.... Le vent de la faveur a soufflé aujourd'hui.

HENRI.

Je grille d'envie de vous dire tout mon bonheur; mais le respect me retient.

BÉLARD.

Son altesse a-t-elle répondu à tes soupirs ?

(Clénard entre.)

CLÉNARD.

Le comte est-il chez lui ?

HENRI.

Me voilà à votre service.

CLÉNARD.

Bonne nouvelle. Le roi vous demande.

HENRI.

Comment cela ?

CLÉNARD.

Je pense, d'après la manière dont son altesse me l'a recommandé, qu'elle veut vous accorder quelque grâce.

HENRI.

Si cela est, je l'offre à votre disposition [3]. Holà !
(*A Ortensius et Bélard.*) Vous, écoutez....

ORTENSIUS.

Qu'ordonnez-vous ?

HENRI.

Vous m'attendrez sous la terrasse du palais.

ORTENSIUS.

C'est dit.

BÉLARD.

Armés aussi ?

HENRI.

Oui, bien préparés, et que je n'aie pas besoin de vous chercher.... Vous savez l'endroit... (*A Clénard.*) Que me veut son altesse ?

CLÉNARD.

Je pense qu'elle a quelque grâce à vous accorder.

HENRI.

Dieu veuille que ce ne soit pas tout le contraire!

(Ils sortent.)

SCÈNE III.

L'appartement de l'infante.

DYONISE, CÉLINDE.

DYONISE.

Dans les affaires d'amour, les conseils sont déplacés; les raisonnemens fatiguent et ne persuadent pas. J'aime, Célinde; cesse de te figurer que je dois craindre mon père, ou repousser le comte. Ma destinée est d'aimer Henri ; il est mon maître ; tout ce que tu peux me dire, autant en emporte le vent. Si mon choix est mauvais, je te prie de me le pardonner ; l'amour est aveugle, il ne sait ce qu'il fait.

CÉLINDE.

Madame, le comte est un noble seigneur. Mais de sa qualité à la vôtre il y a loin encore ; c'est un jeune palmier à côté d'un chêne majestueux. Si l'amour est aveugle, la raison ne doit pas l'être : une inclination trop forte est souvent funeste. Quel bien peut-il s'ensuivre pour vous de recevoir le comte dans votre appartement ?

DYONISE.

Mon époux a le droit d'y entrer et d'en sortir.

CÉLINDE.

Un époux, sans doute ; mais le comte n'est pas le vôtre.

DYONISE.

Il le sera ; cela doit être, certainement...

CÉLINDE.

Votre altesse est perdue...

DYONISE.

Gagnée plutôt, Célinde.

CÉLINDE.

Madame.

DYONISE.

Tu me fends la tête. Sur ma vie, le comte doit venir ici : tu resteras à la fenêtre jusqu'à ce qu'il arrive.

CÉLINDE.

Et cette commission de plus !

DYONISE.

Tu l'as entendu ?

CÉLINDE.

Oui, madame.

DYONISE.

Et moi, je vais prier le ciel de hâter la marche des heures, et de protéger la vie de celui de qui j'attends le bonheur de la mienne. Célinde, sois bien attentive, qu'il n'y ait pas de lumière.

CÉLINDE.

C'est bien, madame.

DYONISE.

Songe que si le roi venait à le voir, il m'en coûterait la vie.

(Elles s'en vont.)

SCÈNE IV.

Appartement du palais.

LE ROI, LE MARQUIS FABIUS.

LE ROI.

Il n'y a pas d'autre motif, marquis, que celui que je viens de te dire.

FABIUS.

Que votre altesse daigne considérer qu'il est quelquefois sage de changer d'avis ; ceci est une affaire grave. Arrêter sans motif un homme qui, dans l'opinion publique, est innocent! un personnage tel que le comte Henri!

LE ROI.

Marquis, il n'y a pas si loin d'ici à demain matin.

FABIUS.

Non, sire; mais n'est-ce rien que de jeter en prison un homme de cette importance, et de l'y jeter de cette manière?

LE ROI.

Le secret diminue la gravité de l'affaire : il n'y a que quelques heures d'attente;... sois sûr que j'en souffre moi-même... mais que veux-tu? Octave dit que la chose est indispensable, et surtout doit rester secrète...

FABIUS.

C'est lui qui doit le savoir. Mais, vive Dieu! si Henri a pu se rendre coupable d'une offense contre votre altesse, comme je suis...

LE ROI.

Marquis, il est homme...

FABIUS.

Et homme d'honneur. Dieu veuille que quelque traître n'ait pas...

LE ROI.

Veux-tu que je pense que tu es son complice?

FABIUS.

Si votre altesse a déjà commis une erreur, elle peut en commettre une seconde... et me faire arrêter moi aussi...

JOURNÉE I, SCÈNE IV.

(Clénard entre.)

CLÉNARD.

Sire, voici le comte.

FABIUS.

Et la loyauté en personne.

LE ROI.

J'ai ordonné qu'il vînt me parler. (*A Clénard.*) Retire-toi.

(Clénard sort.)

(Henri entre.)

HENRI, à part.

Clénard s'est fatigué l'esprit pour savoir ce que le roi veut me donner. (*Haut.*) Sire, me voici, je viens prendre vos ordres.

LE ROI, au marquis Fabius.

Marquis, je n'ai rien autre à te dire : exécute mes volontés.

(Il sort.)

HENRI.

Comment, sire, c'est ainsi que vous vous éloignez de moi ! Qu'est-ce que tout ceci ? Je ne mérite pas de voir votre visage !

FABIUS.

Modère-toi.

HENRI.

Ah ! tu es ici, Fabius ? C'est à toi que le roi commande d'exécuter ses ordres ?

FABIUS.

Telle est la récompense des meilleurs services : c'est l'usage.

HENRI.

Quelle récompense ? Qu'est-ce donc ? qu'a-t-il ordonné ? Pourquoi m'a-t-on fait appeler par Clénard ? en quoi puis-je être utile au service du roi ? que me veut-il ? qu'avez-vous à me dire ? que signifie cet usage ?

FABIUS.

Je ne sais rien de plus de ton affaire, si ce n'est qu'il est juste de se soumettre à la volonté des rois.

HENRI.

Moi ! je dois me soumettre à la volonté du roi, sans doute. De quoi s'agit-il ?

FABIUS.

Mon ami, je l'ignore; j'ai promis au roi, sur ma tête, de garder le secret.

HENRI.

Mais tire-moi donc du doute, je m'y perds.

FABIUS.

Comte, je vous ai servi de père, vous le savez; que puis-je vous dire encore ? Il y a ici des cœurs qui ne sont pas généreux...

HENRI.

A présent, je vous comprends moins qu'au commencement. Je sais votre amitié pour moi, je connais votre valeur...

FABIUS.

Le dirai-je enfin ?

HENRI.

Oui, marquis, abrégeons les discours.

FABIUS.

Vous êtes un illustre chevalier; le mensonge ne

saurait prévaloir. Donnez-moi seulement votre épée, et vous savez ce dont il s'agit.

HENRI.

Mon épée, moi !

FABIUS.

Oui, comte, je vous en supplie.

HENRI.

Le roi a bien fait. Je ne la donnerais à qui que ce soit, excepté à vous : depuis que je suis votre ami, je l'ai constamment employée à votre service; vous le savez, et d'autres le savent aussi. Je vous la remets. (*Il lui donne son épée.*) On peut bien donner son épée à celui pour lequel on a toujours été prêt à donner sa vie.

FABIUS.

Comte, vous ne me la donnez point. Dites seulement que vous la troquez pour la mienne que je vous confie. (*Il lui présente son épée.*) Un homme tel que vous ne doit point être désarmé, quoiqu'il soit arrêté ; et dans tous les cas mon épée ne peut manquer d'être aussi à votre service. Je garde la vôtre, puisque vous êtes censé prisonnier ; mais ne voyez en moi qu'un esclave de son devoir.

HENRI.

Allons où vous voudrez : je vous retiens, et le roi attend.

FABIUS.

Ce que vous dites suffit pour faire voir qui vous êtes. Comment, vous ne me demandez pas même pourquoi je vous arrête ? (*A part.*) Quelle grandeur d'âme !

HENRI.

Fabius, ce que vous venez de faire ici, ce n'est pas m'avoir arrêté, c'est m'avoir obligé... La reconnaissance me suivra dans ma prison, cette reconnaissance m'enchaîne à vous, et ceci ne peut avoir de suite dangereuse. Quoique je dusse chercher à savoir pourquoi l'on m'arrête, il suffit que vous en ayez été chargé, pour que je n'y trouve pas d'injustice : outre cela, je ne suis point fâché que le roi vous l'ait ordonné. Innocent aujourd'hui, demain je pouvais être coupable ; et comme celui qui a raison s'irrite moins dans la dispute, celui dont la conscience est pure supporte gaiement la prison... Marquis, je n'ai rien à répliquer, si le roi veut faire arrêter son sujet, sa volonté suffit. Je lui dois peut-être aussi de la reconnaissance ; son altesse me fait plus d'honneur, par la manière dont vous avez exécuté ses ordres, que la perte de ma liberté ne me fait de peine.

FABIUS.

Vous vous tirez de là comme je l'espérais de vous. Allons.

HENRI.

C'est l'envie qui m'a porté ce coup ; elle a détruit tout mon bonheur.

(Ils sortent.)

SCÈNE V.

L'entrée du palais. — Il fait nuit.

ORTENSIUS et BÉLARD, armés de boucliers et de pistolets.

BÉLARD.

Quel long sommeil !

ORTENSIUS.

Il se sera endormi.

BÉLARD.

Cela est impossible, il était trop content; on ne dort pas dans cette situation d'esprit.

ORTENSIUS.

Une joie qui empêche de dormir !

BÉLARD.

Oui, cela peut fort bien être; la joie ôte le sommeil tout comme le chagrin.

ORTENSIUS.

Mais il a bien dit qu'il viendrait ici ? L'heure n'est peut-être pas encore arrivée.

BÉLARD.

Plût à Dieu que l'aurore parût déjà !

ORTENSIUS.

Chut ! chut ! voilà un homme qui descend de là haut par le moyen d'une échelle.

BÉLARD.

Ah! la nuit n'a pas été mauvaise; les prétentions du comte ne sont plus des chimères. Ma foi, sa joie avait un motif.

ORTENSIUS.

Tiens l'échelle par le bas.

BÉLARD.

Seigneur, descendez droit.

(Octave achève de descendre; il est enveloppé dans son manteau, et tire son épée sans se découvrir.)

OCTAVE.

Qui va là? Qui est-ce? tenez-vous loin; je tue le premier qui s'approche.

ORTENSIUS.

Embrasse-nous plutôt tous deux, ou souffre que nous te baisions les pieds.

OCTAVE.

Que personne n'approche, ni ne cherche à me connaître.

ORTENSIUS.

Que dis-tu?

BÉLARD.

Je crois qu'il dort encore.

ORTENSIUS.

Veux-tu que nous nous retirions?

BÉLARD.

Tu nous avais ordonné de venir t'attendre ici sous ce balcon.

OCTAVE, à part.

Ce sont des gens du comte!

BÉLARD.
Ou il est fou, ou il est déjà marié.

ORTENSIUS.
Que fait le mariage ?

BÉLARD.
Changer de goût et de manières.

OCTAVE.
Eh ! s'en ira-t-on ?

(Il les frappe de son épée.)

BÉLARD.
Bizarre aventure !... Allons, seigneur, adieu.

ORTENSIUS.
Allons-nous-en. Tu nous payes bien d'avoir veillé pour toi toute la nuit.

(Ils s'en vont.)

OCTAVE, *toujours enveloppé dans son manteau.*

A quel homme est-il jamais arrivé de posséder, sous le nom tutélaire de mari, une beauté fière et dédaigneuse, en se mettant à la place de celui qu'elle attendait ? Ce qui se passe ici a tout-à-fait l'air d'un conte. L'amant timide n'est jamais heureux. Le bonheur en amour est le prix de l'audace.

Appartemens sans lumière, nuit froide et silencieuse, je vous promets un beau lustre d'argent pour vous témoigner ma reconnaissance. Je ne crains plus de jaloux. Mon amour va cesser de se plaindre ; nuit sombre, tu vaux mieux que le jour le plus beau, tu m'as servi à souhait : je suis vengé de la plus ingrate de toutes les belles.

(Il entre.)

SCÈNE VI.

Appartement du roi.

LE ROI, FABIUS, CLÉNARD.

LE ROI.

Marquis, dès la pointe du jour ce billet m'a été envoyé par le duc, qui l'avait écrit hier soir, en partant pour ses terres. Il me laisse dans une étrange confusion ; j'ai plus de doutes encore qu'au commencement de cette affaire, et je crains quelque chose de sinistre.

FABIUS.

Permettez-vous, sire, que je lise ?

LE ROI.

Tiens.

FABIUS, lisant.

« Le motif qui m'a fait vous conseiller d'arrêter
» le comte Henri n'est autre que d'avoir voulu em-
» pêcher qu'il ne fût assassiné ce soir par des sol-
» dats étrangers. Il convenait que le comte n'en
» fût pas instruit, parce qu'il aurait cherché à at-
» taquer ces soldats ; ils se sont sauvés d'eux-
» mêmes, craignant d'avoir été découverts. Vous
» pouvez, sire, lui rendre sa liberté, et me per-
» mettre à moi de partir pour mes terres, pour
» réprimer certains excès que mes vassaux ont
» commis.

» Le duc OCTAVE. »

LE ROI.

Eh bien ! qu'en penses-tu ?

FABIUS.

Si la chose fut vraie, sire, le moyen était bien peu convenable. Le duc aurait pu veiller lui-même à la sûreté du comte, sans faire causer par votre altesse un pareil scandale.... Permettez que j'aille rendre la liberté au prisonnier, trop heureux de savoir qu'il est innocent ; il y a de quoi sourire de la simplicité du duc, et peut-être de quoi l'interpréter autrement.

LE ROI.

Pars, et amène le comte.

(Fabius sort.)

CLÉNARD.

A présent, je conçois pourquoi votre altesse m'a tenu sur pied toute la nuit. Le comte était arrêté !

LE ROI.

Oui.

CLÉNARD.

Et la cause ?

LE ROI.

Tu l'as entendue.

CLÉNARD.

Sire, le comte est un si bon chevalier, si discret, si noble, si généreux, si loyal, que lorsque vous m'ordonnâtes de l'appeler, je n'hésitai point à lui dire que vous alliez lui accorder quelque faveur nouvelle.

LE ROI.

Le comte est né heureux.

CLÉNARD.

Il mérite de l'être par ses vertus.

LE ROI.

J'entends dire à tout le monde que c'est un ange.

CLÉNARD.

Telle est la voix du peuple, qui est celle de Dieu même.

(Fabius et Henri entrent.)

HENRI.

Sire, vous voyez votre serviteur à vos pieds.

LE ROI.

Levez-vous, comte, et *couvrez-vous* [4].

HENRI.

Hier, vous me faites arrêter; aujourd'hui, vous m'ordonnez de me couvrir devant vous!

LE ROI.

Levez-vous, amiral!

HENRI.

Sire, je baise vos pieds pour une faveur aussi grande.

FABIUS.

Le comte est digne de ce noble titre.

CLÉNARD.

Seigneur, nous vous en félicitons tous.

LE ROI.

Ne soyez point surpris que je vous aie fait arrêter hier, et que je vous récompense aujourd'hui.

HENRI.

Je n'oublie pas que je suis votre sujet.

CLÉNARD.

Joseph sortit de prison pour régner sur l'Égypte...

LE ROI.

Je ne laisserai désormais échapper aucune occasion de vous faire du bien.

HENRI.

Tant de faveurs suffisent déjà, quand j'aurais mille vies à vous offrir.

LE ROI.

Viens, marquis; et toi aussi, Clénard. Il faut écrire en Écosse au sujet du mariage de l'infante.

(Ils s'en vont.)

HENRI, resté seul.

La fortune se trompe si elle croit avoir réparé une partie du mal qu'elle m'a fait. J'ai passé toute la nuit à réfléchir sur la cause possible de mon arrestation, sans pouvoir me fixer sur une chose certaine.

Si le roi me faisait arrêter à cause du projet de mariage de sa fille qui est mon épouse, la liberté ne m'aurait pas été sitôt rendue. Je n'ai point demandé le motif, parce qu'il ne faut pas demander aux rois le motif de leur bon plaisir. Ah! cruelle fortune! Comment as-tu fait naître un incident aussi extraordinaire? Ta rigueur ne pouvait-elle différer d'un jour seulement? Cette injuste arrestation aurait bien pu n'avoir lieu qu'aujourd'hui. Ah! déesse inconstante, ce qui te justifie, c'est que tu es une femme!

(Bélard entre.)

BÉLARD.

Grâces à Dieu, vous voilà plus tranquille, moins emporté!

(Ortensius entre.)

ORTENSIUS.

Comme vous m'avez encouragé à vous attendre une autre fois!

BÉLARD.

Ainsi, pour vous avoir attendu toute la nuit à la belle étoile, tandis que vous dérobiez à votre aise le fruit défendu dans le jardin d'autrui, vous nous payez à coups d'épée! vous venez de passer la nuit avec l'infante, et vous vous étonnez que nous voulions vous embrasser! ma foi, si je ne détourne la pointe avec mon *vade mecum*, en moins d'un *dominus tecum*, vous me percez de part en part. Et vous avez laissé là l'échelle? Que ferait de plus un?... Je ne veux pas le dire.

HENRI.

Va-t'en à tous les diables, sot, animal... je n'ai point laissé d'échelle; je n'ai point vu l'infante hier soir; je ne t'ai point donné de coups d'épée; je n'ai parlé ni là, ni ailleurs avec toi.

ORTENSIUS.

Tu nies d'être descendu du balcon au moyen d'une échelle, et de nous avoir injustement chargés à coups d'épée! jour de Dieu! si ce n'est toi, c'est un autre qui l'a vue de près...

HENRI.

Un homme, dis-tu, est descendu du balcon?

ORTENSIUS.

Tu changes de couleur !... Vive Dieu ! oui, un homme est descendu et la tromperie est fameuse... il t'a soufflé ta belle, et nous a roués de coups...

HENRI.

Cela ne peut regarder l'infante, j'en suis certain.

BÉLARD.

A la bonne heure; mais les coups que nous avons reçus ne sont pas douteux; si nous eussions su que c'était un autre que toi, nous l'aurions mis en mille morceaux.

(L'infante Dyonise et Célinde entrent.)

DYONISE, à Henri.

Ah! le voilà! embrasse-moi : qu'attends-tu ? Qui t'arrête ? et moi, chère âme de ma vie, l'amour m'a tellement aveuglée que je brave tout, la mort, l'honneur ! Comment es-tu ? oh quelle nuit j'ai passée; mes sens ne suffisent plus à cet excès de bonheur! Ah! mon seul bien, dis-moi, puis-je croire toutes les choses que tu m'as dites? Ne sont-ce là que des douceurs étudiées pour achever de me séduire? Tiendras-tu toutes tes promesses? Vois, mon cher amour, comme je suis; hélas, à peine digne peut-être de devenir ton épouse! je maudissais le jour qui me semblait se hâter, par pure jalousie, de venir rompre des nœuds si doux. Ah! je n'osai l'attendre, de peur qu'une fâcheuse indiscrétion ne nous privât pour toujours des plaisirs que nous venions de goûter. Mais tu sembles surpris de m'entendre; ma vue te déplaît !

HENRI.

Sans doute je t'écoute avec surprise; et surtout je pense à ce que tu me dis... Moi, madame, je suis entré hier dans votre appartement!

DYONISE.

Mon ami, si tu dissimules, à cause de Célinde, ne crains point, elle sait tout. Elle était présente; si c'est pour tes gens, tu ne dois point t'en inquiéter. Tu es mon époux, mon trésor, ma famille, mon royaume, mon tout.

HENRI.

Madame, ni les présens, ni les absens ne causent la surprise où vous me voyez.

DYONISE.

Et quoi donc?

HENRI.

Vos paroles, madame... Moi, je vous ai vue hier, je vous ai parlé! hier, j'étais dans vos bras! Ah! votre père m'avait chargé d'autres liens, madame, j'étais en prison; c'est un autre que moi qui est resté près de vous jusqu'au jour : le roi ne m'a rendu la liberté que tout à l'heure.

DYONISE.

Comment, toi arrêté, en prison!

HENRI.

Nul doute, madame.

DYONISE.

Célinde, ne lui as-tu pas ouvert la porte?

CÉLINDE.

Tu nies donc d'être venu armé, que je t'aie ouvert le balcon, et introduit dans la chambre ? Comte, dis aussi que je ments !

HENRI.

Es-tu jalouse, Célinde ? moi, je t'ai parlé, moi, j'ai vu l'infante ! je suis entré dans sa chambre !

DYONISE.

Et ces deux-là qui sont restés sous le balcon pendant toute la nuit, enveloppés dans leur manteau !

BÉLARD.

Il est vrai qu'un homme est descendu. Mais il ne s'est pas laissé voir; ce ne devait pas être le comte; il ne se serait point refusé à nous parler.

DYONISE.

Quel est donc ce mystère ? J'en perds l'esprit. Comte, ce n'est pas vous qui êtes venu dans ma chambre !

HENRI.

Non, madame; j'en atteste le ciel. Hier soir j'étais en prison.

DYONISE.

Je vais crier comme une folle. Misérable, je vais le dire au roi.

HENRI.

Madame.

DYONISE.

Laisse ma main; ta mort va sortir de ma bouche : la tienne à flétri mon honneur et le tien.

HENRI.

Madame. Voulez-vous écouter un seul mot ?

DYONISE.

Parle.

HENRI.

J'ai voulu plaisanter, madame.

DYONISE.

Mauvaise plaisanterie, Henri. Je suis votre reine, et vous mon sujet. M'avoir possédée, et vouloir s'en défendre !

HENRI.

Voudrais-tu donc je le publiasse partout ? Il faut bien que je le nie. Ne vois-tu pas à quels malheurs tu m'exposes ?

DYONISE.

Je ne veux pas que tu le dises : mais je ne veux pas que tu le nies.

HENRI.

Eh bien! puisque c'est ton plaisir, je le dirai de telle manière que la publicité de ta honte et ma mort ne soient que le même événement. L'Amour m'inspire cette pensée. Veux-tu que je crie à mon tour ?

DYONISE.

Non. Je veux que celui qui m'a possédée, en convienne si je le lui rappelle ; le chagrin que tu m'as fait m'éloigne de toi en ce moment.

HENRI.

Comment! et tu pars ainsi !

DYONISE.

Oui ; le cœur ulcéré de douleur....

(Elle s'en va.)

ORTENSIUS.

Je ne sais pas si tu as bien fait de pousser la dissimulation aussi loin. Il serait peut-être heureux pour toi que ton secret fût connu.

HENRI.

Ce que j'ai fait me conviendra mieux. Mes amis, partons pour l'Espagne.

BÉLARD.

Ah! seigneur, rentrez en vous-même; l'avoir possédée et l'abandonner, quelle infâme bassesse! Qui ne lui sacrifierait mille fois sa vie, fût-il l'homme le plus obscur et de la plus vile classe?

HENRI.

Si j'avais eu ce bonheur, je perdrais volontiers mille fois ma vie pour elle. Amis, un autre a été plus heureux que moi! Hélas! j'en ai bien assez de tristesse; j'en perdrai la raison. Je ne l'ai point vue hier soir; je ne suis point entré chez elle; je n'ai pas même approché de son balcon. Le roi me fit arrêter; et il est certain que je suis resté en prison.

BÉLARD.

J'avoue que l'aventure est extraordinaire.

HENRI.

Sortons de la ville. Je ne puis plus rester un seul instant ici.

ORTENSIUS.

Où aller?

HENRI.

En Espagne.

ORTENSIUS.

Comte, pourquoi ce parti désespéré?

HENRI.

Comment, pourquoi ! je suis hors de moi-même. Ah! que j'avais bien raison de dire, qu'entre la lèvre et la coupe, un malheur pouvait trouver place; le vent emporte mes espérances; les plus certaines sont trompeuses. Puisse le ciel de l'Espagne changer mes tristes pensées !

FIN DE LA PREMIÈRE JOURNÉE.

JOURNÉE DEUXIÈME.

SCÈNE PREMIÈRE.

Un jardin du palais.

LE ROI, L'INFANTE DYONISE, CÉLINDE, CLÉNARD.

LE ROI.

Quel sera donc le terme de cette cruelle maladie ? Ma fille, elle va nous conduire au tombeau l'un et l'autre. C'est une épée à double tranchant qui coupera les deux trames à la fois. Ah ! Dyonise, Dieu veuille au moins que le plus âgé meure le premier ! Tu ne me parles point ! Tu ne réponds pas à mes gémissemens ; n'ai-je pas raison d'accuser ma destinée ? Qu'est devenu l'éclat de ces beaux yeux, de ce teint qui annonçait la joie et le bonheur ? Assieds-toi dans le jardin, ma fille ; approchez un fauteuil.... Chantera-t-on ?

DYONISE.

Oui.

LE ROI.

Qu'on chante.

DYONISE.

Qu'on chante la fête de ma dernière heure : cependant celle qui meurt dans l'infamie a-t-elle droit à des honneurs ?

LE ROI.

Voilà sa maladie.

DYONISE.

Quelle maladie plus terrible que d'avoir perdu l'honneur ?

LE ROI.

Toi déshonorée, ma fille ! ta raison s'égare... les rois font l'honneur, et le distribuent aux autres : en vertu de quelle loi, un roi peut-il être déshonoré !

DYONISE.

Chantez, ou allez-vous-en.

LE ROI.

Ils chantent, ma fille, ne te mets pas en colère.

DYONISE.

Eh bien, qu'on se taise.

CÉLINDE.

Elle a perdu l'esprit.

CLÉNARD.

Elle est furieuse.

(Les musiciens chantent.)

« L'aurore naissante annonçait aux fleurs et aux
» oiseaux la prochaine arrivée du jour, lorsque la
» malheureuse Olympe, trompée par le duc Virène,
» s'adressant au vaisseau qui l'emportait loin d'elle,
» proférait ces tristes accens : O funeste navire,
» puisse la tempête te précipiter au fond de l'abîme !
» mais non ! tu portes dans ton sein celui pour le-
» quel je tiens encore à la vie. »

DYONISE.

Et tu souffres qu'on chante cela devant moi !

LE ROI.

Ma fille, en quoi cela peut-il t'offenser ?

DYONISE.

Le duc avait insolemment abusé de la faiblesse d'Olympe; il s'éloigne à toutes voiles de celle qu'il a déshonorée ! Ah ! je sais bien ce que je sens. Je n'ai point perdu la raison ; c'est une lâche perfidie !

LE ROI.

Cela nous est étranger... cela ne doit pas intéresser notre sensibilité.

DYONISE.

Cela nous est étranger ! le mal d'autrui ! La loi de Dieu ne l'ordonne pas ainsi. Voulez-vous enfreindre cette loi parce que vous êtes sur le trône ? Oh ! duc perfide et déloyal, tu abandonnes la malheureuse Olympe !

CLÉNARD.

Madame, n'écoutez pas ce récit fabuleux.

DYONISE.

Que vous importe à vous, que cela soit vrai ou non ? c'est vrai, puisque c'est moi. Le comte me fait mourir... C'est moi qui, voyant un jour Virène s'embarquer au bord de la mer, exprimais ainsi ma tristesse : « Plût au ciel que les vents submergeassent ce vaisseau funeste ! »

LE ROI.

Ma fille, bannis cette tristesse inconcevable; tâche de te distraire...

DYONISE.

Que le duc ait pu s'en aller de cette manière en Espagne! Qu'après l'avoir tenue dans ses bras pendant une nuit toute entière, il l'ait abandonnée ainsi! n'est-ce pas une atroce perfidie?

LE ROI.

Ma fille, c'est une vieille romance, tu ne dois pas y faire attention.

CÉLINDE.

Elle exprime sa propre douleur dont ces paroles lui rappellent la cause sous d'autres noms. Son délire semble plus fort depuis l'arrivée du comte.

CLÉNARD, à Célinde.

C'est de l'amour, sans doute : l'infidélité n'a fait que l'irriter au lieu de l'éteindre... Certainement le comte a été favorisé par l'infante...

CÉLINDE.

J'y étais.

CLÉNARD.

Mais alors pourquoi cet ingrat s'est-il enfui en Espagne, et l'a-t-il abandonnée?

CÉLINDE.

Il a eu peur du roi.

CLÉNARD.

A la bonne heure : mais il s'y est marié.

CÉLINDE.

Il a été absent pendant huit années [5] sans que personne ait eu de ses nouvelles. Il donna pour prétexte l'outrage qu'il avait reçu, lorsque, par le conseil du duc Octave, il fut mis en prison pendant vingt-quatre heures. Au bout de ces huit années, il reparaît avec une femme et trois enfans, pour que le tort qu'il a causé soit irrémédiable. Le roi l'accueille avec bienveillance parce qu'il ignore tout, l'infante pleure sans oser découvrir le mal qui la consume et trouble sa raison.

(Fabius entre.)

FABIUS.

Sire, voici le comte Henri qui vient baiser vos pieds ; il est avec son épouse ; si vous lui en accordez la permission.....

DYONISE.

Que me manque-t-il encore ?

LE ROI.

Dis-lui, Fabius, que je regrette qu'il ait choisi ce moment : ma fille est indisposée.

DYONISE.

Au contraire, c'est une fête pour moi, je leur donnerai une collation. Sa femme n'est-elle pas Espagnole ?

FABIUS.

Oui, madame.

DYONISE.

Je veux la voir; et si je la vois, je n'ai pas besoin d'en voir davantage.

LE ROI.

Faites-les entrer.

DYONISE.

Célinde, aujourd'hui ma douleur et ma folie iront de pair.

CÉLINDE.

Ah! madame, ne vous laissez point abattre : pour les grandes peines, le ciel a fait les grands cœurs.

DYONISE.

Oui, mais le plus grand cœur résiste-t-il à la perte de l'honneur?

(Henri, la comtesse Isabelle, don Juan, leur fils, Ortensius et Bélard entrent.)

HENRI.

Sire, je suis à vos pieds.

ISABELLE, à Dyonise.

Madame, je baise vos pieds.

CLÉNARD.

Belle tête!

CÉLINDE.

Beauté parfaite! Quelle noble gravité! quelle modestie!

LE ROI.

Soyez le bienvenu, comte : je vous fais mon compliment sur votre mariage. Vous êtes heureux d'avoir si bien rencontré. Comment vous portez-vous?

HENRI.

Sire, prêt à vous servir.

LE ROI.

Et la comtesse?

HENRI.

Sire, elle se porte bien.

DYONISE, à part.

Elle me fait mourir.

LE ROI.

Ma fille, permettez que la comtesse s'asseye.

DYONISE.

Oui, ici, tout près de moi.

ISABELLE.

Votre altesse daigne m'accorder cet honneur par égard au mérite de mon époux; permettez que j'en profite.

LE ROI.

Vous, comte, prenez un siége.

FABIUS.

Il en est digne [6].

CLÉNARD.

Certainement.

DYONISE, à part.

Si je résiste encore à cette nouvelle épreuve, hélas! ce n'est point à mon courage que je le dois : l'excès du mal m'empêche de le sentir; mon âme est paralysée par la douleur. Comment puis-je voir de mes yeux mon ennemie et retenir ma colère?

HENRI.

Approchez, mon fils; baisez la main du roi.

LE ROI.

Quel est cet enfant?

HENRI.

Sire, mon fils.

LE ROI.

L'aîné?

HENRI.

Son âge l'annonce. Il est né à la fin de l'année de mon mariage : ce fut aussi l'année de mon départ.

LE ROI.

C'est l'image vivante de son père; il a toute votre physionomie, ce regard noble, décent....

HENRI.

Du moins, il aura un jour l'honneur de servir vos petits-fils; je réponds de son zèle.

DON JUAN.

Sire, vous ne daigneriez pas accepter un aussi jeune serviteur; mais j'ai une garantie à vous offrir dans la personne du comte, mon père, en attendant que mon âge me permette de remplir mes devoirs envers votre majesté.

LE ROI.

On ne saurait dire mieux.

HENRI.

Mon fils, faites ce que je vous ai dit.

DON JUAN, à l'infante.

Daignez, madame, m'accorder l'honneur de baiser votre main.

DYONISE, à part.

O supplice d'enfer! (*Haut.*) Charmant enfant! Comtesse, n'avez-vous que celui-là?

ISABELLE.

Deux encore, madame, qui vous serviront.....

DYONISE.

Dieu vous conserve!

ISABELLE, montrant son époux.

Aussi fidèlement que celui-ci.

DYONISE.

Le comte vous aime beaucoup?

ISABELLE.

Madame, je lui ai entendu dire qu'il n'a jamais aimé que moi; mais aussi parfois il est soucieux, il parle d'une autre manière. Oh! si vous me demandiez à moi si je l'aime, alors vous verriez, madame, toute la fidélité, toute la constance des femmes que l'ancienne Rome a célébrées. Je me tais, madame, sur mes louanges...

DYONISE.

Infortunée que je suis! Quel plaisir a mon père de me faire avaler du poison? une goutte, passe encore; mais la coupe toute entière, c'est trop injuste. Naguère mes malheurs m'étaient racontés, aujourd'hui je les vois là devant mes yeux; je n'y tiens plus. (*Elle se lève en fureur.*) Chassez cette femme, chassez-la. Arrachez-moi ce collier de quatre vipères qui me serre la gorge : tout mon sang se glace. Hors d'ici celle qui me déshonore par sa fécondité; c'est elle qui vient flétrir la fleur de mon espérance. Ciel, mon ignominie est à son comble! les objets de ma honte se multiplient autour de moi. Quels supplices me reste-t-il encore à subir?

LE ROI.

Son mal n'a jamais été aussi violent.

HENRI.

Sire, je suis pénétré de douleur d'être venu dans un moment aussi malheureux. On m'avait déjà dit que la princesse était attaquée d'une cruelle mélancolie.

LE ROI.

Oui, comte, par intervalle.

HENRI.

Isabelle, soutiens la princesse.

ISABELLE.

Ah! madame...

DYONISE.

Infâme, tu portes la main sur moi! Contente-toi de m'avoir enlevé mon bien, si toutefois c'en est un. Qu'on les chasse à l'instant.

LE ROI.

Ma fille!

FABIUS, au comte.

Elle semble irritée de vous voir.

LE ROI.

Retirez-vous, comte.

HENRI.

Sire, je ne croyais pas que ma présence pût blesser la princesse. — Comtesse, sortons.

DYONISE.

Qu'ils sortent tous.

CLÉNARD.

Nous aussi?...

CÉLINDE.

Sortons. Viens, Clénard.

CLÉNARD.

Je te suis.

(Ils sortent tous, excepté le roi et Dyonise.)

LE ROI.

Ma fille, ils sont tous partis : calme-toi.

DYONISE.

Je ne puis... Cette fois, je vais parler sans ménagement....

LE ROI.

Quel ménagement?

DYONISE.

Pour mon honneur.

LE ROI.

Ma fille, quel est donc cet honneur dont tu ne m'expliques jamais la nature?

DYONISE.

Mon père, l'honneur d'une femme.

LE ROI.

Ta maladie inconcevable fait naître mille doutes dans mon esprit; je ne sais plus comment m'exprimer; tes accès redoublent aussitôt qu'il est question d'amour : c'est donc à toi à parler. Cet honneur qui est toujours là, cet honneur perdu... quelqu'un t'aurait-il trompée, ma fille? et ensuite le lâche t'aurait-il abandonnée après avoir abusé de ta faiblesse? Tu hésites! ne suis-je pas ton père? ouvre-moi ton cœur : ton sang est le mien; je partagerai ta honte si tu as été offensée. J'ai songé à te donner pour époux le prince d'Écosse; mais mon ambassadeur n'a pu rien conclure : le bruit de ta maladie est trop public. Tu ne me dis rien?

DYONISE.

Sire, je sens le prix de votre indulgence paternelle. Ma tristesse abrége vos jours, et tout le poids de mon mal retombe sur vous;... mais il m'est si pénible de rompre le silence ! mon père, je n'ose, je ne puis parler.

LE ROI.

Enfin, ma fille, n'y a-t-il aucun moyen ?

DYONISE.

Célinde !

CÉLINDE.

Madame.

DYONISE.

De l'encre, du papier, une plume, je veux satisfaire le roi.

(Célinde sort.)

LE ROI.

C'est ainsi qu'un peintre novice écrit à côté du portrait le nom de l'original dont il craint de n'avoir pas saisi la ressemblance. Ma fille, lumière de mes yeux, pourquoi crains-tu de parler à ton père ? Un mot suffirait pour calmer les douleurs que tu me causes.

CÉLINDE.

Madame, voilà ce que vous avez demandé.

DYONISE.

Je vais écrire sur ce tabouret.

LE ROI.

Quelle mortelle anxiété !

DYONISE.

Que le ciel ait pitié de moi !

(Elle écrit.)

LE ROI.

J'attends mon arrêt, comme le criminel qui est devant son juge. Je tremble de savoir... ma tendresse plaide en sa faveur; s'il n'y a plus de remède, conservons du moins l'espérance.

Mon imagination égarée se crée des monstres; la peur grossit les objets, ma douleur seule est réelle.

Que l'homme est impatient d'apprendre son malheur! Nous voulons le savoir parce qu'il nous touche de près. Je veux connaître le mien, quel qu'il soit. Le doute est plus cruel que le mal même : il vaut encore mieux souffrir qu'attendre.

DYONISE.

C'est fait. Laisse-moi fuir avant que tu lises cet écrit.

(Elle lui remet le papier, et s'en va.)

LE ROI.

Je sais que cet écrit contient l'arrêt de ma mort. Avec quelle vitesse elle s'éloigne! Je ne suis pas si pressé de lire.

(Il lit.)

« J'étais mariée en secret avec Henri. Il triompha
» de mon honneur à l'ombre du mystère; il partit
» pour l'Espagne et m'abandonna. Mon père, je suis
» déshonorée. Il revient avec une autre épouse et
» des enfans : juge à présent la nature du mal que
» je souffre. »

Holà! gardes, capitaine!

(Fabius entre.)

FABIUS.

Sire.

LE ROI.

Ciel! tu réservais cet affront à ma vieillesse! j'en perds l'esprit.

FABIUS, à part.

Le mal de l'infante serait-il contagieux ?

LE ROI.

Fabius !

FABIUS.

Sire.

LE ROI.

Comment le ciel permet-il cet outrage ? comment puis-je le souffrir moi-même ? Capitaine !

FABIUS.

Sire, qu'ordonnez-vous ?

LE ROI.

Marquis ! que l'infante ma fille ait succombé comme une femme vulgaire !

FABIUS.

Qu'ordonnez-vous, sire ? Vous ne vous expliquez pas.

LE ROI.

Je ne dois pas m'expliquer.

FABIUS, à part.

Il est dans les espaces imaginaires comme sa fille ? (*Haut.*) Qu'avez-vous, sire ?

LE ROI.

Qu'on appelle Henri.

FABIUS.

J'y cours.... (*Henri entre.*) Le voilà, sire.

HENRI.

Sire, me voilà. Qu'ordonnez-vous?

LE ROI.

Sors un instant, Fabius; que personne n'entre ici. (*à Henri.*) Écoute.

HENRI, à part.

Ah ciel!

LE ROI.

Henri, voici une lettre que je viens de recevoir du roi d'Albanie [7]; il s'agit d'une affaire très-malheureuse; il me demande un conseil d'ami. Je ne veux point m'en rapporter à mon propre jugement, j'aime mieux que vous me donniez votre avis dans cette circonstance difficile.

HENRI.

Si le monde connu et mille autres encore, pouvaient être gouvernés par un seul homme, vous seriez en état, sire, de leur donner des lois. Je suis étonné que vous ayez recours à mon ignorance; votre bienveillance pour moi vous trompe, et vous ne voyez que mon zèle.

LE ROI.

Le roi d'Albanie, cher Henri, a une fille unique comme moi. Plusieurs princes, des rois même, la lui demandent pour l'épouser; elle a jeté les yeux sur un homme qui est noble sans doute, mais enfin qui n'est que son sujet. Cet homme a abusé de la faiblesse de la princesse; et craignant l'indignation du père, il s'est enfui dans un autre royaume, où il s'est marié. Après quelque temps, il revient en Albanie avec sa nouvelle femme; la princesse tombe malade de chagrin et révèle tout à son père. Celui-ci irrité n'ose tuer le séducteur à cause de sa propre fille, et ne peut lui donner sa fille parce qu'il est marié avec une autre. L'affaire est grave : il me demande un conseil, et je veux savoir ton avis.

HENRI.

C'est un étrange événement. Il faudrait avoir plus d'esprit et de temps que je n'en ai pour résoudre les difficultés qu'il présente; mais vous l'ordonnez, j'obéis. D'abord si le roi fait tuer cet homme, cela ne remédie à rien ; l'infante reste déshonorée. Il serait plus juste, plus convenable de la lui faire épouser.

LE ROI.

Et comment, s'il est déjà marié?

HENRI.

En le forçant de tuer lui-même sa femme pour le punir de sa faute.

LE ROI.

En quoi donc est-elle coupable cette malheureuse femme?

HENRI.

Entre deux maux, il faut choisir le moindre. Il vaut mieux que cette femme innocente meure, que de voir le royaume en désordre, l'infante désespérée, l'honneur du roi compromis.

LE ROI.

Et si le sang innocent crie vengeance à Dieu!

HENRI.

Il ne criera point : ce n'est pas ici le sang d'Abel.

LE ROI.

Tout sang innocent a les mêmes droits que celui d'Abel.

HENRI.

-David ne fit-il pas mourir Urie, à cause de Bethsabée, qui n'était point sa femme, mais son amie seulement?

LE ROI.

Oui : et que lui dit à ce sujet Nathan? combien de pleurs n'en a-t-il pas coûté au saint roi?

HENRI.

Sire : David ne consultait que son amour; ici c'est de l'honneur qu'il s'agit. Si j'étais le roi d'Albanie, j'obligerais cet homme à se défaire de sa femme et à épouser ma fille. Ensuite il expierait son homicide par une pénitence convenable.

LE ROI.

C'est bien, puisqu'il n'y a pas d'autre moyen. A présent lis cet écrit : voyons si tu persistes dans ton opinion.

HENRI, lisant l'écrit.

« J'épousai Henri secrètement ». Sire, que vois-je? que signifie ceci?

LE ROI.

Cet homme n'était qu'un sujet : tu dois connaître l'écriture.

HENRI.

Jésus, mille fois Jésus! quel épouvantable événement!

LE ROI.

Tu viens de prononcer l'arrêt.

HENRI, continuant à lire.

« Il triompha de moi en secret, partit pour l'Es-
» pagne et m'abandonna : mon père, il retourne,
» comme tu vois, avec une épouse, avec des enfans,
» et je suis déshonorée! » Sire cela est impossible.
On a trompé votre majesté.

LE ROI.

C'est ma fille qui a tracé cet écrit. C'est là tout le procès, tu es le juge; tu as prononcé la sentence contre toi-même; je n'ai pas besoin de chercher d'autres témoignages : l'affaire n'est pas de nature à être soumise à une enquête... Tu m'as donné le conseil... pars sur-le-champ ; que la comtesse cesse de vivre. Ce soir tu es le mari de ma fille.

HENRI.

Sire !

LE ROI.

Comte, point de réplique. Tu as prononcé l'arrêt; tu es le coupable. Il suffit.... Fabius !

(Fabius entre.)

FABIUS.

Sire ?

LE ROI.

Accompagnez le comte. Faites garder sa porte par une compagnie de cent hommes.

HENRI.

Si cela doit être, je supplie votre altesse d'éviter au moins le scandale. Vous voyez bien que j'y trouve un avantage personnel : je n'ai pas besoin de gardes ni d'appui ; mais le secret convient à votre altesse, à l'infante, à moi, à la comtesse....

LE ROI.

Hé bien! pars; attribue sa mort à tel motif que tu voudras. Reviens sur-le-champ.

(Il sort.)

HENRI.

Je reviendrai.

FABIUS.

Qu'est-ce donc, Henri?

HENRI.

Mes malheurs accoutumés, mes malheurs continuels. Fabius, j'en mourrai. Jamais mortel ne s'est vu dans la déplorable extrémité où je me trouve, soit à cause de son honneur, soit à cause de ses affaires ou de ses amours! Cieux, tonnez sur ma tête! Terre, ouvre-toi sous mes pas, et referme-toi sur l'être le plus infortuné qui jamais ait existé! O violence inouïe! O *nécessité déplorable* [8]! Moi, enfoncer le fer dans le sein de la comtesse; dans le sein délicat de cet ange de douceur et de beauté! Moi, priver de la lumière ces yeux qui.... Moi, égorger l'innocence même! Ah ciel!

FABIUS.

Calme tes transports.... Sortons du palais.

HENRI.

Viens, marquis, tu sauras tout. Ah, mon Isabelle! Ma chère épouse! Roi cruel! Déplorable nécessité!

(Ils sortent.)

SCÈNE II.

Appartement de la maison du comte Henri.

ISABELLE, BÉLARD.

ISABELLE.

Quelle nuit j'ai passée ! Mille rêves pénibles ont tourmenté mon imagination. Je voyais une tourterelle qui reposait dans son nid; un impitoyable chasseur tirait une flèche de son carquois, et l'y perçait au milieu de ses trois petits tourtereaux. Dieu, quelle pitié! Je me lève; je veux embrasser mon jeune Laurence, et, sans savoir comment, il est tombé de mes bras. J'ai fait habiller l'aîné pour le conduire à la messe ; on cherche partout l'aumônier ; on ne le trouve nulle part.... Et mon mari qui est toujours ici à cette heure ne paraît point....

BÉLARD.

Il ne tardera pas.

ISABELLE.

Sais-tu ?

BÉLARD.

Madame, le voilà qui vient vous embrasser.

(Henri et Fabius entrent.)

HENRI.

Isabelle?

ISABELLE.

Mon doux seigneur, mon bien, mon Henri, comment puis-je vous expliquer, si ce n'est par des larmes de joie, que votre présence m'est plus chère aujourd'hui, et que j'éprouve plus de plaisir à vous voir, que de coutume?

HENRI.

Modérez cette joie, mon amour; voyez, je ne suis pas seul.

ISABELLE.

Pardon, marquis, c'est l'amour d'une épouse.

FABIUS.

Il est bien légitime, madame.

ISABELLE.

Êtes-vous notre convive? J'en serais toute contente.

FABIUS.

Je suis assez attaché à votre famille, madame, pour oser me flatter d'avoir quelque part à votre amitié.

ISABELLE.

La présence de mon époux avait absorbé toute mon attention. Croyez-le, d'abord, je ne vous avais pas aperçu.

FABIUS.

Je l'ai vu, madame, et vous n'avez pas besoin de vous justifier.

ISABELLE.

Comte, chère âme de ma vie, comment êtes-vous? Me voyez-vous avec plaisir?

HENRI.

Chère amie, oui sans doute; mais n'y comptez pas trop; ne vous livrez point à la joie sur une apparence trompeuse. Telle lettre dont on voit l'adresse avec plaisir, contient des nouvelles funestes.... (*A Bélard.*) Retire-toi; que cette porte reste fermée.

ISABELLE.

Quoi donc! Mon époux, quel est ce langage? De quoi s'agit-il?

HENRI.

La porte est fermée; Fabius, dites-le-lui.

ISABELLE.

Qu'est-ce donc, marquis? Qu'est-ce donc? vous me voyez toute troublée!

FABIUS.

Je ne sais, madame, si j'aurai la force de vous le dire.

ISABELLE.

Vous pleurez! et toi, Henri, tu n'oses parler! qu'est-il arrivé? Tu pleures, toi aussi! quoi, ma vue seule fait couler ces larmes!

HENRI.

Lumière de mes yeux! Femme adorée!

ISABELLE.

Songez donc qu'il est honteux qu'une femme ait plus de courage que vous; deux hommes qui pleurent! vous allez m'attendrir aussi...

FABIUS.

Femme infortunée! tu naquis sous une étoile funeste. Belle, sage, innocente! un roi ordonne que tu perdes la vie par les mains d'un homme qui t'adore. Toi qui réunis plus de vertus que toutes les nobles matrones de l'antiquité, toi qui leur servirais d'exemple, si elles n'eussent vécu avant toi; illustre

Espagnole, sache que le comte, ton époux, avant de partir pour l'Espagne, aima l'infante Dyonise et qu'il en fut aimé. L'absence irrita cet amour, à tel point qu'elle en tomba malade de tristesse ; elle en a perdu la raison : à la vue de tes enfans, ne pouvant contenir ses transports jaloux, elle a fait à son père un aveu auquel personne ne s'attendait. Elle assure que le comte avait abusé de sa faiblesse ; insigne fausseté, que le comte a mille fois démentie : tantôt mourante, tantôt furieuse, son aveugle passion lui a suggéré cette imposture, dont le but est de posséder ton époux ; le roi, qui tremble pour l'honneur de sa fille, oserai-je te le dire ? le roi ordonne à ton mari de te faire mourir et de se marier ensuite avec Dyonise.

ISABELLE.

Ah Dieu ! et c'est là cette chose si extraordinaire ! J'ai d'abord cru que c'était mon mari dont la vie était menacée. Vivez, mon cher Henri, vivez de longues années : peu importe que votre malheureuse Isabelle finisse sa triste existence. Je ne pleure point de douleur ; je pleure de joie, mon cher comte, en vous voyant appelé à de si hautes destinées : soyez long-temps heureux avec cette nouvelle épouse qui vous aime tant, et qui fait tant de sacrifices pour vous. Vous êtes digne des vœux d'une reine ; vous êtes né pour porter la couronne ; soyez roi, mon cher Henri, vous méritez de l'être ; que le ciel vous l'accorde !

Et, puisque vous l'êtes déjà, permettez que je vous demande une faveur que vous ne sauriez me refuser. Les rois, en montant sur le trône, sont disposés à faire des grâces : c'est le plus légitime et le plus bel attribut de la puissance suprême. Vous allez vous marier : les rois se montrent généreux dans ces jours d'allégresse et de bonheur.....

Henri, j'ai trois enfans de vous. Il ne faut pas qu'ils restent soumis à une mère qui n'est point la leur, à une marâtre si altière. Le comte de Barcelone est mon père ; Arsinde, la nourrice qui m'a élevée est encore ici ;... envoyons nos enfans en Espagne ; un aïeul en a plus de soin qu'un père, quand la mère est morte ou captive. Faites-moi cette grâce, mon cher Henri, au nom de ces momens si doux que nous avons passés ensemble.

Si Dieu m'appelle à lui comme je l'espère, toute pécheresse que je suis, je le prierai pour vous, mon cher Henri, et aussi pour l'infante votre épouse et ma souveraine.

HENRI.

Ah ! tes paroles me tuent ! N'était-ce pas assez de ces regards qui me déchirent le cœur ? Non, je n'avais pas besoin de voir ta résignation pour rendre hommage à ta vertu. Comtesse, Dieu, qui lit dans les cœurs, sait bien que je n'ai jamais offensé l'honneur de l'infante, quoi qu'elle en dise. Cette imposture est l'effet de la folie dont elle est atteinte. Le roi m'a proposé l'énigme ; j'ai donné un conseil sans connaître ce dont il s'agissait. Je ne pourrais chercher à justifier ta mort qu'en accusant ta vertu. Il faudrait faire périr en même temps quelqu'un de mes serviteurs ; à Dieu ne plaise que ton mari se rende coupable d'un crime de plus ; moi, t'ôter encore l'honneur ! n'est-ce pas déjà trop que je sois condamné à t'ôter la vie? Le roi vient de me suggérer ce moyen; il me le propose dans un billet qu'il me fait apporter en cet instant par un de ses pages. Mais que je sois maudit parmi les hommes, plutôt que d'ajouter à ton martyre la douleur d'une aussi noire imputation. Tes enfans, tu peux en être sûre, vont bientôt partir pour l'Espagne; ils iront auprès de leur aïeul crier vengeance contre moi; il ne doit rester aucun gage de toi à un époux dénaturé qui a fait périr leur innocente mère... Le roi m'attend; mets-toi à genoux, je vais passer autour de ton cou cette fatale jarretière.

ISABELLE.

Encore une grâce, seigneur; ne me la refusez point, ce sera la dernière.

HENRI.

Et quelle grâce peux-tu demander? Les bourreaux sont-ils capables d'en faire?

ISABELLE.

Je voudrais embrasser mes enfans.

HENRI.

Va, Fabius; je crains bien de ne pouvoir soutenir ce spectacle; mais enfin, le ciel doit vouloir que les anges assistent à ce martyre.

FABIUS.

Je vais les chercher. Mes larmes coulent malgré moi.

(Il sort.)

HENRI.

Venez, mes anges, venez voir votre mère; venez assister au sacrifice, pour déposer contre moi, le jour terrible où il me sera demandé compte de ma cruauté. Ne serait-il pas possible de me soustraire par la fuite? Hélas! cette île est gardée par des soldats.... Le roi veut qu'elle meure; que Dieu me soit en aide, s'il faut que ce soit de ma main; mourons l'un à côté de l'autre.

ISABELLE.

Quoi, mon Henri, mon cher amour, votre courage vous abandonne!

HENRI.

Ah! n'en sois pas étonnée; tu es l'âme de ma vie; comment aurais-je la force de te faire mourir? Presse-moi dans tes bras : la douce chaleur de tes baisers amollira ce cœur de bronze. Oh! plus je suis cruel envers toi, plus tu es belle à mes yeux! Que vais-je devenir quand je t'aurai perdue? Ton image va me poursuivre sans cesse; que deviendra ton barbare époux cette nuit? Notre couche solitaire retentira de mes gémissemens; que de remords! Ah pardonne-moi! je vais t'assassiner! Je t'adore! Aie pitié de moi, ange d'innocence et de vertu! Monte au ciel, et fléchis la colère divine prête à tomber sur moi.

ISABELLE.

Ne pleure point, Henri; ne dirait-on pas que c'est toi dont ce fer va trancher la vie?

(Fabius entre avec les trois enfans de la comtesse.)

FABIUS.

Voilà vos enfans, madame.

HENRI.

Sommes-nous seuls ici?

JOURNÉE II, SCÈNE II.

FABIUS.

Oui, comte.

HENRI.

As-tu fermé les portes ?

FABIUS.

Elles sont fermées.

ISABELLE.

Mes enfans, je vous fais appeler pour me servir de témoins. Je vais faire mon testament, et je désire que vous l'entendiez de ma bouche. Dieu sait que je m'estimerais heureuse s'il m'était possible de vous avoir tous encore une fois dans mon sein, d'où vous êtes sortis, parce que, en mourant, je donnerais au ciel quatre âmes à la fois. Plût à Dieu que ma prière fut écoutée ! aussitôt que j'aurais reçu le coup de la mort, vos âmes s'envoleraient au ciel comme des étincelles de feu. Mes enfans je vais mourir, non que je l'aie mérité par mes fautes où par quelque bassesse. Je meurs, parce que tout ce qui naît doit finir. Je lègue mon âme à Dieu, mon corps à la terre qui l'attend, mes larmes au comte qui un jour aura besoin de pleurer. Je supplie mon époux de me pardonner s'il n'a pas trouvé en moi tout ce dont il était digne ; notre union a trop peu duré. La mort est venue se mettre entre nous deux. Je n'ai pas de bien dont je puisse disposer. Mes enfans, vous seuls faisiez toute ma richesse, et quoique je me prépare à vous céder, vous ne sortirez point du lieu où ma tendresse vous a placés : c'est dans mon âme que je vous porte. Pardonnez, mes chers enfans, les vicissitudes du temps et les malheurs du comte votre père. Ma dernière volonté, que la loi rend sacrée, écoutez-la bien, mon fils don Juan ; gardez-vous bien de jamais lui demander compte de ma mort ; car vous lui devez la vie. Songez qu'une force irrésistible a triomphé de sa volonté. Oubliez la mort de votre mère ; la déplorable nécessité qui l'a causée l'explique et la justifie.

HENRI.

Isabelle, c'est bien.

ISABELLE.

Juan, vous êtes à présent le père de vos jeunes frères. Je crois que vous respecterez mes volontés.

DON JUAN.

Ma mère, où allez-vous ?

ISABELLE.

Mon fils, à la mort.

DON JUAN.

Emmenez-moi avec vous ?

HENRI.

Abrége ces entretiens, Isabelle.

DON JUAN.

Pourquoi mon père veut-il que vous mouriez ?

ISABELLE.

Parce que je suis malheureuse et qu'il est mon maître. Ne demandez pas que Dieu le punisse.

DON JUAN.

Dieu voit tout : il n'a pas besoin qu'on l'avertisse.

HENRI.

Enlevez ces enfans, marquis.

DON JUAN.

Ah ! mon père, malheur à vous !

ISABELLE.

Embrasse-moi, mon cher enfant ; et vous aussi, Laurence, et toi, Lizarde, orpheline presque avant d'être née !

HENRI.

Laisse-les partir.

ISABELLE.

Attends un moment, c'est le dernier adieu.

(On les emmène.)

HENRI.

Reprends toute ta valeur.

ISABELLE.

Voilà ma gorge, comte, je te la livre. Mon soleil va se dérober à mes yeux, je vois la nuit qui s'approche : il est temps de mourir, après ce dernier adieu qui m'arrache les trois parts de mon cœur. Allons, tu trembles ! Mais je t'en supplie, ne fais point usage de cette jarretière ; si je sens ta main, ma mort sera moins cruelle. Que j'expire dans tes mains, l'amour recueillera mon dernier souffle.

HENRI.

Écarte ces mains si belles.... n'excite pas mes regrets...

ISABELLE.

Me refuses-tu un dernier embrassement ?

(Fabius entre.)

HENRI.

Allons, Isabelle.

FABIUS.

Est-elle morte?

HENRI.

Je n'ai pas la force d'achever : je ne puis lui ôter la vie sans mourir du même coup. Mon bras veut se mouvoir, mon cœur le retient; mon cœur reprend courage, mon bras se refuse : au lieu de serrer le nœud fatal, je ne songe qu'à la serrer contre mon sein... Ah! malheureux que je suis d'être né!

FABIUS.

Comte, plus j'y réfléchis, plus je vois que la fermeté, dans cette occasion, n'est qu'une barbarie indigne d'un homme d'honneur.

HENRI.

Fabius, conseillez-moi. On veut que j'épouse l'infante. Il est inévitable que la comtesse meure.

FABIUS.

On peut choisir un autre moyen; laissez-en le soin à d'autres mains. Isabelle, venez avec moi.

HENRI.

Où?

FABIUS.

J'ai un serviteur fidèle, ou pour mieux dire un ami, qui habite une forêt éloignée d'ici. Nous pouvons le charger secrètement de la jeter dans une barque mal carénée. De cette manière si elle périt, la mer lui servira de sépulture; et si le roi t'interroge, tu lui diras que la comtesse repose au milieu du sable de l'Océan.

HENRI.

Vous avez raison, cher Fabius.

ISABELLE.

Ce parti est moins rigoureux.

HENRI.

Suis le marquis, Isabelle. Que je sois un époux cruel, c'est déjà trop ; mais le bourreau de celle que j'outrage ! non... Fabius, je dirai au roi ce dont nous sommes convenus.

FABIUS.

Tu comptes, je crois, sur ma loyauté.

ISABELLE.

Adieu, bien de ma vie.

HENRI.

Dis plutôt auteur de ta mort.

(Ils sortent.)

SCÈNE III.

Une salle du palais.

LE ROI, l'infante DYONISE.

DYONISE.

Ce serait une cruauté affreuse ! jamais je n'aurais consenti à la mort d'Isabelle, soyez-en bien certain, mon père.

LE ROI.

Quoiqu'elle fût innocente, je crois qu'elle devait mourir. Puisqu'elle a injustement payé de sa vie tes coupables faiblesses, tes torts sont devenus les miens. Juge de ce que tu as fait par ce que tu m'as forcé de faire : il a fallu en appeler à la *raison d'état*.

DYONISE.

Il n'y a là que de l'injustice.

LE ROI.

De cette manière, le comte demeure libre pour t'épouser, quoiqu'il n'en soit pas moins coupable. Si j'avais des enfans, je lui ferais ôter la vie, et toi tu serais enfermée pour le reste de tes jours. Mais que le comte vive à présent, et que la cause de notre déshonneur soit anéantie.

DYONYSE.

Si j'étais la seule criminelle, pourquoi punir de mort cette malheureuse Espagnole ?

LE ROI.

Il semblait plus juste de conserver ton honneur qui allait être perdu sans retour.

DYONISE.

Je ne m'en consolerai jamais.

LE ROI.

Et moi, je tâcherai à tout prix de conserver mon honneur.

DYONISE.

Que puis-je me promettre de ce mari couvert de sang ?

LE ROI.

Ma fille, vous m'offensez. Nous sommes homicides, vous et moi : vous, par votre conduite passée ; moi, parce que le sort l'a voulu.

DYONISE.

Quelle union ! elle est fondée sur un assassinat.

LE ROI.

C'est toi qui, par tes étranges caprices, veux abréger mes jours.

(Henri entre.)

HENRI.

Sire, je reviens baiser vos pieds.

LE ROI.

Comte, parlez à votre épouse.

(Il sort.)

HENRI.

Le roi me quitte ainsi ? Est-il irrité contre moi ?

DYONISE.

Je viens de lui reprocher la cruauté dont tu as été l'exécuteur. Barbare ! il a raison de te fuir. Dis, infâme, que vis-tu en moi pour m'abandonner le lendemain de cette nuit où tu triomphas de ma faiblesse ? Pourquoi m'as-tu trahie et en as-tu épousé une autre ? Vois-tu les maux que tu as causés ?

HENRI.

Je vois tous mes malheurs, et je sais que je n'ai jamais abusé de ta faiblesse.

DYONISE.

Qu'oses-tu dire ?

HENRI.

Que Dieu sait la vérité, et que cependant il me punit.

DYONISE.

N'allais-tu pas nier encore ?

HENRI.

Isabelle n'est plus. (*A part.*) Que dois-je faire ?

DYONISE.

Tes infidélités m'ont fait sécher dans les larmes. Je ne puis m'en dédire, je t'ai aimé comme mon époux : tu vas le devenir à présent ; tâche d'oublier ton Isabelle.

HENRI.

Je tâcherai de l'oublier, madame.

DYONISE.

Je vais chercher à calmer la colère du roi.

HENRI.

Ah ! oui, je l'oublierai ! Si on l'a jetée à la mer ! si la barque s'est trouvée prête !... Cieux, soleil, étoiles, lune, élémens, hommes, oiseaux, bêtes féroces à qui la nature n'a donné qu'un aveugle instinct, soyez sensibles à ma douleur. Et toi, mer bleuâtre, toi que des milliers de voiles parcourent en tous sens pour chercher la fortune et ne trouver le plus souvent que des orages ; ô mer, cette barque légère, qui ne sait où la fortune la conduit, porte deux anges dans ses flancs entr'ouverts. Je la vois prête à disparaître sous les vagues... ô mer, ne lui sois point ennemie ! porte-la doucement vers le rivage ; vents, respectez sa course incertaine, ne souffrez pas qu'elle périsse, et avec elle l'objet de toutes mes pensées !

SCÈNE IV.

Le bord de la mer.

LE DUC OCTAVE, PHILIPPE, TÉRÉE, ISABELLE.

(Bruit de voix confuses au fond du théâtre.)

OCTAVE.

Vite, courage, aborde, patron !

PHILIPPE.

Seigneur, le vent est fort.

OCTAVE.

Arrive, arrive, jette le câble.

ISABELLE.

O ciel, voilà de tes coups !

OCTAVE.

Saisis-la dans tes bras, Térée.

TÉRÉE.

Voilà, seigneur.

OCTAVE.

Appuyez au rivage. (*On débarque Isabelle ; les mariniers la soutiennent.*) Vit-elle ?

ISABELLE.

Je respire encore.

OCTAVE.

Ranime-toi, tu es au port.

ISABELLE.

Il suffit d'être arrivée auprès de vous.

OCTAVE.

D'où es-tu?

ISABELLE.

Espagnole.

OCTAVE.

Espagnole et ici!

ISABELLE.

Oui, je me sauve, seule peut-être, d'un naufrage terrible.

OCTAVE.

Es-tu mariée?

ISABELLE.

Je l'ignore. Mon bonheur a passé comme un songe.

OCTAVE.

Qu'on prenne soin d'elle.

ISABELLE.

Seigneur, j'ai repris mon courage.

PHILIPPE.

C'est une femme de haute qualité. Qui peut s'y méprendre?

TÉRÉE.

Cela est aisé à voir.

OCTAVE.

Vous m'offensez en refusant de vous nommer. Je suis chevalier.

ISABELLE.

Mais, dites-moi, en quel pays suis-je?

OCTAVE.

Sur les terres du duc Octave.

ISABELLE.

Êtes-vous donc le duc?

OCTAVE.

Oui, je suis le duc. Je m'amusais à la pêche sur cette côte où la mer écumante vous a jetée. Ne craignez rien ici, vous aurez tous les secours possibles.

ISABELLE.

Seigneur, je n'ai qu'un seul titre auprès de vous : je suis femme. La cour du roi d'Irlande est-elle loin d'ici ?

OCTAVE.

Elle est près d'ici.

ISABELLE.

Avez-vous l'intention d'y aller ?

OCTAVE.

Ordonnez-moi, madame, ce qu'il vous plaira, excepté d'aller à cette cour que j'ai quittée il y a six ans.

ISABELLE.

Au contraire, je n'ai nul projet de m'y faire voir.

OCTAVE.

Belle Espagnole, si vous avez besoin de mes services, quelle que soit l'entreprise, disposez de ma vie ; vos yeux exercent un tel empire sur moi, que je mets à vos pieds l'hommage de tout ce que je puis. Je ne suis point marié ; je ne dois compte à qui que ce soit de ma conduite.

ISABELLE.

J'oublierai ce que j'ai perdu, puisque je le retrouve en vous. Mais ni vos états, ni votre vie, ni votre honneur même, ni tous les biens que vous pourriez m'offrir, ne seraient rien au prix du secret dont j'ai besoin : promettez-moi de ne point me trahir, et de me cacher à tous les regards.

OCTAVE.

C'est là ce que vous souhaitez ? ce qui vous importe ?

ISABELLE.

Ma vie en dépend.

OCTAVE.

Votre personne sera ici aussi cachée qu'elle voudra l'être.

ISABELLE.

Je compte sur votre parole.

OCTAVE.

Je vous la donne à la face du ciel.

ISABELLE.

Allons.

OCTAVE.

Qu'elle est belle ! quelle révolution elle fait dans mon cœur !

FIN DE LA DEUXIÈME JOURNÉE.

JOURNÉE TROISIÈME.

SCÈNE PREMIÈRE.

Un appartement du palais du roi.

LE ROI, DYONISE, CÉLINDE.

DYONISE.

Oui. Il n'a que ce qu'il mérite : le châtiment est encore trop doux.

LE ROI.

Enfin, voilà le comte en pleine convalescence.

DYONISE.

Sa maladie a été longue et dangereuse. La cause en est honteuse, mais il n'en rougit pas.

LE ROI.

C'est bien là le caractère d'une femme ! Aujourd'hui que rien ne s'oppose plus à tes vœux, tu abhorres celui que tu aimais. Je crois que tu détestes le comte ?

DYONISE.

Je ne le déteste point ; mais je suis affligée de ses sentimens. Après avoir cruellement fait mourir son épouse, je ne vois pas qu'il ait encore renoncé à l'amour qu'il avait pour elle.

LE ROI.

Si tu es ici la première coupable, cherche un mari pour sauver ton honneur et non pour satisfaire tes goûts. Le comte pleure son épouse.

CÉLINDE.

Et certes, il a raison. Elle était vertueuse et belle... Mais qu'il jouisse de votre douce compagnie, aussitôt vous le verrez aimer de nouveau et oublier le passé.

(Clénard entre.)

CLÉNARD.

Ceci semble une juste punition du ciel irrité : c'est la colère divine qui le poursuit.

LE ROI.

Qu'est-ce donc?

CLÉNARD.

Le comte répond mal à ce qu'on attendait de lui; il venait de s'habiller pour la noce; il allait ceindre son épée...Tout à coup, il semble tomber en extase, et s'écrie enfin qu'il voit le portrait d'Isabelle. « Attends, attends » dit-il en se dépouillant de ses habits; il veut se percer de son épée; nous avons eu toutes les peines du monde à le retenir.

LE ROI.

Ah ciel! Tout cela ne fait que prouver l'injustice de cette mort. Le sang d'Isabelle demande vengeance.... Ma fille, que faire?

DYONISE.

Tâcher d'apaiser le ciel par nos prières.

(Le comte Henri, à moitié nu, faisant mille contorsions. Deux domestiques effrayés.)

HENRI.

Attends, attends, ma femme; attends!.. Quelle est belle!

LE ROI.

Saisissez-le, tenez-le.

HENRI.

Ah dieux! que la vie m'est à charge! Mort, pourquoi tardes-tu? Mort, viens frapper cet homicide! Mais non, laisse-moi la vie, pour que j'expie mon crime par un long supplice. Veux-tu savoir qui a égorgé la comtesse? C'est moi.

LE ROI.

Faites-le taire.

HENRI.

Et c'est le roi qui est là; ce roi qui me l'a ordonné!

LE ROI.

Ceux qui t'entendent, que doivent-ils penser de nous deux?

HENRI.

Redoute plutôt le jugement de Dieu, quand il t'appellera. Qu'importe le jugement des hommes? C'est aux yeux de l'être suprême qu'il faut être innocent.

DYONISE.

Ce ne sont point les paroles d'un fou.

LE ROI.

Comment, non... il est furieux...

HENRI.

On dit que j'ai trompé l'infante, que le ciel me

punisse si cela est vrai? La vérité, la voici : La chose était convenue entre elle et moi. La nuit était obscure, je devais la voir à deux ou trois heures du matin. Mais on est venu m'arrêter : de qui pensez-vous que l'ordre est venu?.. de ce vieux à longue barbe [9]. En attendant, un frelon a dévoré le miel... pourquoi m'arrêter, moi, si, lorsque je me suis présenté, la ruche était vide?

LE ROI.

Il contredit toujours ton assertion.

DYONISE.

Voilà ce qui me glace de frayeur.

HENRI.

On dit que j'ai trompé l'infante, que Dieu me punisse, si cela est vrai ! quelque misérable, enveloppé dans son manteau, est entré par le balcon ; il a vu l'occasion toute nue, et s'est mis à côté d'elle. Si j'avais obtenu de pareilles faveurs, je n'aurais pas besoin de torture pour avouer ma témérité. Ah, ciel ! couvrez-moi les yeux ; couvrez-moi les yeux!..

CÉLINDE.

Quel objet afflige ta vue ?

HENRI.

Ne voyez-vous pas mon Isabelle, échappée au naufrage ? ne la voyez-vous pas de bout, grande, en longs habits de deuil, entourée de mes trois malheureux enfans?

Tiens, voilà l'aîné qui fond en larmes ! Et Lizarde et Laurence, témoins de la sentence fatale que le ciel va prononcer. Oui, ma conscience me crie que j'ai fait mourir une sainte !... On dit que j'ai trompé l'infante ; que Dieu me punisse si cela est vrai !

DYONISE.

C'est donc là ce que vous avez obtenu, mon père ; quel mécompte !

HENRI.

Isabelle, ange du ciel, que je ne verrai plus que là haut ! qu'il n'y ait pas ici quelqu'un pour te venger [10] !

CLÉNARD.

Ses accès de fureur recommencent ; mais son premier amour ne sort pas de son cœur.

HENRI.

J'ai égorgé ma poule et dévoré mes trois poulets : j'ai fait une belle affaire ! comment supporter cette idée ? la sentence est rendue... j'en appelle au pape Jean [11] ! un juge, que dis-je ? une bûche entendrait l'affaire. Je demande un ajournement ; mais....

LE ROI.

Dyonise, il faut se défaire de cet homme ; il n'y a pas d'autre moyen pour sauver mon honneur et ta réputation. Tout se bornera là : vivant, il nous compromet ; mort, notre honte est ensevelie avec lui.

DYONISE.

C'est donc là l'unique moyen !

LE ROI.

Je n'en vois pas d'autre.

HENRI.

Oh ! pour cela, non, cruel vautour. D'abord la

poule et les poulets, ensuite le coq! Vive Dieu, que je vais chanter avant qu'il soit jour.... C'est vous qui m'avez ordonné de la tuer.... quoique vous osiez me démentir.... Me faire mourir, moi! tandis que je suis déjà réprouvé!

CÉLINDE.

Sire, il serait affreux de le faire mourir.

LE ROI.

Son mal ne permet pas d'en attendre rien de bon.

CÉLINDE.

La cause de son mal est qu'il a passé deux jours sans manger; de là vient ce délire.... Qu'on répare ses forces, et vous le verrez rendu à lui-même.

LE ROI.

Qu'on lui apporte ici de quoi manger.

HENRI.

Ah chiens! Que méditez-vous là contre moi? Voulez-vous m'empoisonner? Croyez-vous que je ne vous entends pas? Viens ici, roi postiche; Hérode, bourreau des innocens.... Pourquoi as tu fait couper le cou d'albâtre de mon Isabelle? Où est le baume capable de guérir cette blessure mortelle? Toute la terre te maudit!

CLÉNARD.

Sa fureur ne respecte plus rien.

HENRI.

On dit que j'ai reçu les faveurs de l'infante; que Dieu me confonde si cela est vrai!

CLÉNARD.

Tout le monde est frappé de crainte.

CÉLINDE.

On n'a jamais vu de violence pareille.

HENRI.

On dit que j'ai reçu les faveurs de l'infante; que Dieu me confonde si cela est vrai !

(Henri sort Les domestiques le suivent. Fabius entre)

DYONISE.

Qu'on l'enferme. Il va publier partout mon déshonneur.

FABIUS.

Où va ce malheureux? Pourquoi ordonnez-vous qu'on le tue?

LE ROI.

Fabius, je veux qu'on l'enferme; il est fou. Sa langue ne respecte plus rien.

FABIUS.

Il est bien temps d'appliquer le remède !

LE ROI.

Pourquoi non ?

FABIUS.

Voilà le comte de Barcelone qui arrive dans le port, avec une puissante armée espagnole qu'il commande en personne. La première décharge de son artillerie a renversé le fort. Il a déjà débarqué sur la plage; vos troupes fuient devant les siennes et lui montrent le chemin par où il peut arriver jusqu'ici. Fuyez aussi, si vous voulez éviter la mort; ou que voulez vous faire?

LE ROI.

Mes malheurs se succèdent l'un à l'autre, et ne font que s'accroître. Une femme est la cause de tout. Fabius, quel général dois-je nommer ?

FABIUS.

Puisque Henri est dans cet état, nommez le duc Octave.

LE ROI.

Il y a six ans qu'il ne vient pas à ma cour

FABIUS.

Est-il mécontent ?

LE ROI.

Il n'a pas à se plaindre de moi.

FABIUS.

Il est homme de guerre, plein d'expérience..... Faut-il le faire venir ?

LE ROI.

Cours ; en attendant je vais rassembler quelques troupeset les pousser du côté de la mer.

(Ils sortent.)

DYONISE.

C'est la justice divine,

(Elle sort.)

SCÈNE II.

Un château du duc Octave.

LE DUC OCTAVE, ISABELLE.

OCTAVE.

Quoi, belle Espagnole, tu es l'épouse du comte Henri !

ISABELLE.

Je suis ce que j'étais, Octave, je suis son unique et véritable épouse. Vous m'avez juré le secret. Vous savez que je ne dois pas répondre à votre amour. Faites en sorte que je puisse retourner en Espagne; ma vie est trop exposée dans ce pays.

OCTAVE.

Isabelle, Henri fut jadis mon rival en amour; et mon ennemi pendant deux années; mais, quand cet amour n'existe plus, la haine cesse également. Je te le répète, ce que tu viens de me raconter serait croyable, si je ne connaissais ton époux..... Est-il possible, en effet, que la menace de mille morts, la mort même la plus cruelle, et toutes les violences possibles, aient pu déterminer Henri à obéir aux ordres du roi, à t'égorger, à renvoyer tes fils en Espagne?

ISABELLE.

Ne l'en accuse pas; n'en accuse que ma triste destinée. Je ne veux pas croire que l'appât d'une couronne lui ait fait commettre une lâcheté.

OCTAVE.

Mais enfin, ordonna-t-il ta mort? Il s'est marié avec Dyonise contre toutes les lois.

ISABELLE.

Comment cela?

OCTAVE.

Parce qu'il est innocent de la tromperie dont on l'accuse. Si tu me jures de garder le secret, je te dirai celui qui a profité de la faiblesse de l'infante.

ISABELLE.

Les secrets que je t'ai confiés ne sont pas moins importans, nous pouvons faire un échange.

OCTAVE.

Nous voyons et l'on nous raconte des choses qui paraissent impossibles. Apprends que c'est moi qui ai surpris l'infante.

ISABELLE.

Est-il possible! (*A part.*) Quelles nouvelles pensées s'offrent à mon esprit?

OCTAVE.

L'obscurité de l'appartement favorisa mon industrie, encouragea mon amour. Je possédai l'infante. Elle reçut un anneau de moi.

ISABELLE.

Singulière complication!

OCTAVE.

Tu vois celui que j'ai au doigt : c'est l'infante qui me l'a donné. Quant à elle, c'est bien de vouloir épouser le comte; quant à lui, il est certainement innocent de ce dont on l'accuse. Il s'enfuit en Espagne ; je me retirai dans mes terres, où je suis depuis six années : c'est l'époque de mon exil volontaire et du mariage de ton époux. Ne lui reproche plus que sa conduite envers toi.

ISABELLE.

C'est la fureur du roi que j'accuse, tout en rendant justice aux sentimens d'honneur qui l'ont fait agir. Henri, je ne me plains pas de toi, mais seulement de t'avoir trop aimé : ma mort te fut injustement ordonnée. Et puisque je suis séparée de lui, Octave, laisse-moi jouir au moins de mes enfans, c'est avoir encore les trois quarts de mon époux : j'ai trois enfans, il ne manquera plus à mon cœur que la quatrième part de ce qu'il adore, le comte lui-même. Puisque le sort le veut ainsi, je ne me plains pas d'être maltraitée. Je voudrais bien te demander cet anneau qui pourrait adoucir mes peines ; mais je n'ose solliciter une si grande faveur. Si ton amour tient à conserver ce gage, il serait injuste de vouloir t'en priver.

OCTAVE.

Isabelle, puisse-t-il t'offrir quelque consolation dans tes infortunes. Voilà cet anneau, tu peux en disposer.

(Il le lui donne.)

ISABELLE.

Ah ! comte, ma reconnaissance n'a point de bornes [12].

OCTAVE.

Philippe !

PHILIPPE.

Seigneur.

OCTAVE.

Courez au port avec cette dame. Vous la recommanderez à Atile ou Albert ; qu'ils la conduisent à Barcelone dès qu'il y aura une occasion. Qu'on ait soin de sa personne : je donne mille écus pour les frais du passage. Le secret doit être gardé : je ne le confie qu'à toi.

ISABELLE.

Lui seul ; c'est assez.

OCTAVE.

Adieu, chère Isabelle.

ISABELLE.

Adieu, généreux Octave.

PHILIPPE, à part.

Avant d'arriver au port elle est à moi.

(Ils sortent.)

OCTAVE, seul.

Aventure étrange et terrible, que ma témérité ait produit tous ces malheurs ! Je suis l'auteur de tout ce qu'a souffert Isabelle. Et la vérité se découvre après six années ! Quelles conséquences de ma coupable ruse ! Tout le poids de l'infortune est tombé sur une femme innocente.

(Fabius entre.)

FABIUS.

Seigneur, quelle que soit la disposition de vos sujets...

OCTAVE.

Fabius ! vous ici ? Quelle heureuse occasion ?...

FABIUS.

C'est vous que je cherche.

OCTAVE.

Est-ce que le roi me fait appeler ?

FABIUS.

Oui, sans doute, et je vous en félicite.

OCTAVE.

Que me veut-il ?

FABIUS.

Vous confier le commandement de son armée.

OCTAVE.

Où sont les troupes ?

FABIUS.

Et je vous apporte le bâton du commandement, afin que vous n'ayez aucun doute.

OCTAVE.

Si le roi me trompe, marquis, je suis ici dans mes terres, j'aime mieux y rester.

FABIUS.

Je suis gentilhomme, vous devez me croire. Je jure au ciel et à vous, duc, que ce que je dis est la vérité. Une armée espagnole est entrée dans le port de sa capitale.

OCTAVE.

J'en devine le motif.

FABIUS.

Allons, duc, je vous dirai chemin faisant ce qui s'est passé.

OCTAVE.

Le comte Henri y est-il pour quelque chose ?

FABIUS.

Dites plutôt Dyonise.

OCTAVE, à part.

Isabelle court de grands dangers si elle n'arrive promptement en Espagne.

(Ils sortent.)

SCÈNE III.

Une revue de troupes; le portrait d'Isabelle est peint sur les drapeaux, qui sont entourés d'un crêpe funèbre.

DON JUAN, couvert d'une cotte d'armes noire, LE COMTE DE BARCELONE.

LE COMTE.

Il serait juste, peut-être, que je vengeasse moi-même la mort de ma fille, et je devrais être le seul général de cette armée; mais il vaut mieux, don Juan, que je vous cède ce titre. Si mon âge me donne le mérite de l'expérience, vous, mon petit-fils, votre juste douleur enflammera votre ardeur guerrière, et le ciel protégera vos armes. Soldats, voici votre général : il est mon petit-fils. Ma fille Isabelle fut sa mère, et vous savez combien son innocence a été outragée : le comte a tout révélé dans ses lettres. La raison et la justice sont pour nous; je choisis un jeune enfant pour vous commander; couvert du sang de sa mère, il va punir un père dénaturé.

DON JUAN.

Comte illustre, mon noble aïeul, honneur et

gloire du nom de Moncade, mon cœur ne doit pas être jugé sur mon âge. Je saurai commander et me servir de mon épée. Vos leçons et votre exemple ont nourri mon jeune courage, et l'injure faite à ma mère achève d'irriter mon ardeur guerrière. Avant deux jours je vous en aurai donné des preuves. Pour jeter l'épouvante parmi nos lâches ennemis, je suffis moi seul. C'est à l'innocence à venger l'innocence : le ciel doit l'avoir ainsi ordonné. Je me sens assez de force et d'audace pour défier au combat ce roi barbare, et Dieu m'accordera l'honneur du triomphe.

LE COMTE.

Que je baise la bouche qui a proféré ces nobles paroles ! Je veux t'élever moi-même sur mes bras pour te montrer à l'armée. (*Il le soulève et le présente aux soldats.*) Ma barbe blanche recommande le choix que j'ai fait. De cette hauteur, contemple cet étendard : les traits de ta mère infortunée te rappellent sa fin déplorable.

DON JUAN.

Non, mon aïeul, je ne veux pas le regarder. Remettez-moi à terre, cette vue m'attendrirait trop [13]. Marchons à l'assaut, vous verrez si votre petit-fils a du cœur.

LE COMTE.

Que n'ai-je encore du sang dans mes veines ! Je leur déclare une guerre d'extermination.

DON JUAN.

Qu'on aille reconnaître les quartiers du roi d'Irlande

UN SOLDAT.

Il a raison.

LE COMTE.

Il a plus d'un motif.

(Ils sortent.)

SCÈNE IV.

Le palais du roi d'Irlande.

LE ROI, DYONISE, CLÉNARD.

LE ROI.

Nous sommes perdus.

DYONISE.

Quel parti prendre dans ce désastre ?

LE ROI.

Clénard, va chercher Henri dans sa prison, et amène-le enchaîné.

CLÉNARD.

Que voulez-vous faire d'un fou à lier ?

LE ROI.

Obéis.

CLÉNARD, à part.

Le roi ne prend que de fausses mesures.

DYONISE.

Que veux-tu en faire ?

LE ROI.

Le livrer à ceux qui, à cause de lui, me jettent dans ce mortel embarras.

DYONISE.

C'est une cruauté de plus.

LE ROI.

Ne vois-tu pas le comte Raimond qui vient inonder de ses troupes cette île dénuée d'armes et de défense ? il renverse nos villes, nos châteaux ; il veut absolument s'emparer de nous ; ne vaut-il pas mieux lui livrer Henri ? Henri est fou, c'est un homme inutile ; il est la cause de cette guerre : le comte réclame sa personne.

(Clénard, Henri enchaîné.)

CLÉNARD.

Voici Henri.

LE ROI, à Clénard.

Qu'une escorte de cent hommes le conduise au comte de Barcelone ; dis-lui qu'il venge le sang de sa fille sur le meurtrier. Ce n'est pas moi qui suis le coupable ; la mort de Henri doit satisfaire Raimond.

HENRI.

Enfin mes vœux sont accomplis ! Juste ciel, je bénis ta clémence : oui, je reprends aujourd'hui toute ma raison. L'annonce de ma mort m'en a rendu l'usage ; mon fils va me faire expier le meurtre de sa mère. Je proteste de nouveau à la face du ciel et des anges que jamais je n'offensai l'honneur de l'infante ; que je ne suis pas celui dont elle se plaint ; la nuit de son malheur, le roi m'avait jeté au fond d'une prison. Mais je mérite la mort ; je la mérite parce que j'ai été le bourreau d'Isabelle.

LE ROI.

Emmenez-le sur-le-champ.

HENRI.

Barbare! l'heure de ton châtiment s'approche....

(On l'emmène.)

DYONISE.

Quel cœur ne serait pas ému de tant de malheurs qui accablent ce pauvre comte!

LE ROI.

Dyonise, je commence à craindre qu'il ne meure innocent, lui aussi. Ces continuelles protestations qu'il adresse au ciel et à la terre sont bien capables d'inspirer des doutes.

DYONISE.

A ceux qui ne savent pas la cause de sa folie.... S'il est vrai que la lumière du jour nous éclaire, il est certain qu'il est coupable de mon déshonneur.

(Fabius, Octave, entrent.)

FABIUS.

Voici le duc Octave.

LE ROI.

Cher duc!

OCTAVE.

Je baise les pieds de votre altesse.

LE ROI.

Si long-temps sans nous voir!

OCTAVE.

Les soins de mes états m'ont retenu. Je n'ai pu m'en dispenser.

LE ROI.

Tu sais l'embarras où me jette l'armée espagnole?

OCTAVE.

Le marquis m'a tout dit, l'injure et la vengeance qu'on poursuit. Il faut se hâter de se mettre en mesure.

LE ROI.

Viens, tu sauras mes projets, s'il ne suffit pas de leur avoir livré Henri. On dit pourtant que c'est là tout ce que voulait le comte de Barcelone.

FABIUS.

Sire, vous l'avez donc livré à l'Espagnol?

LE ROI.

Je viens de le lui livrer.

FABIUS.

Sire, pourquoi cette cruauté?

LE ROI.

Il est la cause de tout, qu'il meure; en outre, il est fou, c'est un homme inutile.

FABIUS.

Et moi, je donnerai ma vie pour le sauver.

OCTAVE.

Ah! Dyonise! (*A part.*) Ta vue fait saigner mon ancienne blessure.

DYONISE.

Octave, tu te portes bien?

OCTAVE.

A vous servir princesse, et non moins dévoué qu'il y a six ans.

DYONISE.

Le ciel sait si je voudrais pouvoir t'aimer!

OCTAVE.

Et si je vous aime! (*A part.*) Et si je m'estime heureux de vous avoir possédée un instant.

(Ils sortent.)

SCÈNE V.

Le rivage de la mer.

ISABELLE en habit d'homme.

Il est endormi, le misérable! A quel homme le duc m'avait confiée! Enfin, j'ai pu enlever ses habits, et me voici au bord de la mer qui m'attend. Le perfide voulait abuser de l'état où je suis! le sommeil et le vin ont enchaîné sa brutalité. La nuit a jeté son voile sur ces horreurs; j'ai profité des premières clartés du jour pour gagner cette plage. Mes vêtemens restent au pouvoir de ces deux misérables qui souriront de leur désappointement.

(Lucinde, Phénicio, et des soldats espagnols armés de fusils, entrent.)

LUCINDE, à Isabelle.

Rends-toi, ou je t'envoie cette balle.

ISABELLE.

Arrête, soldat; je ne suis point un guerrier, quoique je porte une épée.

PHÉNICIO.

C'est assez que tu sois du pays, et que nous t'y ayons rencontré.

LUCINDE.

Oh, oui, c'est un espion.

ISABELLE.

Le ciel ne pouvait m'accorder une plus grande faveur que celle de pouvoir vous livrer cette épée et ma vie. Je suis à vous ; mais dites-moi, de grâce, à qui appartient cette armée ?

LUCINDE.

Au comte de Barcelone.

ISABELLE.

Quel comte ?

LUCINDE.

Don Raimond de Moncade.

ISABELLE.

O bonheur inouï !

PHÉNICIO.

Voici le général ; à genoux !

(Don Juan ; il a son bâton de commandement, le capitaine Carlos.)

DON JUAN.

Enfin la ville s'est rendue !

CARLOS.

Ta sommation a suffi.

ISABELLE, à part.

Ciel ! que vois-je ? N'est-ce pas là le jeune don Juan ?... Mon fils ! Mais... calmez-vous, mes transports ! ces fers ne me permettent pas de presser mon fils dans mes bras ; je ne puis que pleurer de joie. Mes larmes ne sont pas enchaînées. Ah ! tâchons de ne pas laisser voir mon émotion, s'il est possible.

PHÉNICIO, à Isabelle.

Approche.

DON JUAN.

Qu'est-ce donc ?

LUCINDE.

Général, voilà un espion de l'ennemi.

DON JUAN, à Isabelle.

D'où viens-tu ?

ISABELLE.

Je venais ici,.... bien éloigné de songer au bonheur que je devais y trouver ; je ne m'attendais pas à ce que je vois, la chose qui me tenait le plus au cœur.

DON JUAN.

Que fait ton roi ?

ISABELLE.

Je l'ignore : il n'a jamais été mon roi.

DON JUAN.

Comment espère-t-il défendre ses états depuis mon arrivée ?

ISABELLE.

Seigneur, je n'en sais rien.

CARLOS.

Dites, seigneur, qu'on lui donne la torture.

DON JUAN.

Qu'on apporte ici tous les instrumens nécessaires.

ISABELLE.

Ce ne sera pas le seul tourment que j'aurai éprouvé pour toi, général.

DON JUAN.

Pour moi !

ISABELLE.

Oui, j'ai éprouvé le plus grand de tous.

DON JUAN.

Je me pique de reconnaissance : explique-moi cela.

ISABELLE.

Tu le sauras quand il en sera temps.

DON JUAN.

Otez-lui ses chaînes.

CARLOS.

Seigneur, livrez-le à la torture.

DON JUAN.

Ignorant que tu es! Qu'on lui ôte ses chaînes. Il est la vivante image de ce que j'aime le plus au monde.

CARLOS.

Tous vos soldats sont-ils comme toi? La tenue doit être belle.

DON JUAN.

Le roi d'Irlande ne s'inquiète guère de notre présence. Il sait que le général est un enfant; et il a pris des soldats qui n'ont pas de barbe. D'où es-tu?

ISABELLE.

Je suis Espagnol, ne le vois-tu pas?

DON JUAN.

De quel pays?

ISABELLE.

De Barcelone.

DON JUAN.

Il faut le bien traiter.

ISABELLE.

Général, je baise tes pieds : crois que je ne suis pas un espion, mais bien un serviteur de ton père Henri.

DON JUAN.

Tu as donc connu ma mère ?

ISABELLE.

Oui, sans doute.

DON JUAN.

Ah! ma mère! Où allais-tu, soldat?

ISABELLE.

En Espagne.

DON JUAN.

Rendez-lui son épée.

ISABELLE.

Don Juan, c'est trop de générosité.

DON JUAN.

Je te fais capitaine, et tu serviras près de ma personne.

ISABELLE.

Lorsque tu étais bien jeune encore, je t'ai accompagné pendant neuf mois.

DON JUAN.

Eh bien! j'ai payé ma dette envers toi.

ISABELLE.

Si tu savais tout ce que tu me dois! ce serait trop long à dire.

DON JUAN.

Comment cela?

ISABELLE.

J'ai pris soin de ton enfance, quoique tu ne m'aies pas connu. Mais puisque j'ai trouvé l'occasion de te montrer mon attachement, en servant sous tes ordres, accorde-moi la permission de me retirer un instant.

DON JUAN.

Je te la donne.

CARLOS.

Il a très-bonne mine.

DON JUAN.

Ses traits me rappellent ce que j'adore dans mon cœur.

CARLOS.

Comment donc?

DON JUAN.

Si ma mère n'était pas morte, je jurerais que je viens de la voir sous les traits de cet Espagnol.

CARLOS.

Il est vrai qu'il y a de la ressemblance.

(Le comte, Clénard, Henri enchaîné, gardes.)

LE COMTE.

Le roi d'Irlande a très-bien fait.

CLÉNARD.

Il t'envoie Henri, et te prie de le faire mourir. Que le sang de cette victime apaise la fureur de tes soldats.

(Il sort.)

LE COMTE.

Je n'ai pas peu de peine à contenir la mienne; voilà le traître; il se jette à mes genoux pour désarmer mon bras.... Don Juan!

DON JUAN.

Seigneur ! Que vois-je ?

LE COMTE.

Tu vois un misérable ; le bourreau de ce qui faisait toute ma gloire. Un lâche qui, pour régner, égorgea la plus vertueuse épouse ; un malheureux, auquel tu dois pourtant la vie, qu'il mérite de perdre... C'est le meurtrier de ta noble et malheureuse mère.

DON JUAN, à Henri.

Mon père ! je n'aurais jamais cru que vous fussiez capable d'une pareille cruauté.

HENRI.

Mon fils, une volonté plus puissante que la mienne m'y a forcé.

DON JUAN.

La volonté d'un homme est-elle soumise à celle d'un autre ?

LE COMTE, à part.

Ses paroles m'étonnent.

HENRI.

Mon fils, je suis homme ; j'ai succombé.

DON JUAN.

Je vous dois la vie, et vous avez tué ma mère pour épouser l'infante. Comment vous laver de la mort d'une épouse aussi vertueuse, d'une sainte telle que ma mère. Vous l'avez jetée à la mer, croyant ensevelir votre crime dans ses gouffres ; mais.... il n'y a eu que trop de sang versé.... Mon aïeul, j'ose compter sur la générosité du vôtre..... vous n'ôterez pas la vie à celui de qui je la tiens. (*Il se jette aux genoux du comte.*) J'en appelle au tribunal de votre clémence. La sentence est trop cruelle. J'en appelle, seigneur, au nom du comte. J'ai déjà perdu ma mère; s'il faut aussi perdre mon père, j'en mourrai de douleur.

HENRI.

Mon fils, cesse d'intercéder pour moi. Tu ne fais que redoubler mon supplice.

LE COMTE.

Tu m'as offensé; tu as provoqué ma puissance.... Mais dans l'état où je te vois, comment puis-je te punir, ayant ton fils devant mes yeux ! pour calmer sa colère, il faut, dit-on, se regarder au miroir : mon-petit fils est celui dans lequel je me plais à voir mon image. — Tu tiens à la glace de si près, que je crains de la briser, si je me livre à ma colère contre toi, — je m'éloigne.

(Il sort.)

HENRI.

Seigneur, où allez-vous ainsi? Faites-moi mourir, — je vous ai offensé. Toi, mon fils, embrasse-moi.

DON JUAN.

Arrête.... mon aïeul est absent, je le représente et je ne suis plus que ton ennemi.

HENRI.

Eh! bien, je me livre à tes coups. Perce-moi le cœur, — la mort sera moins cruelle pour moi que tes paroles.

CARLOS.

Voici l'Espagnol.

DON JUAN.

Lequel ?

CARLOS.

Celui que tu as fait capitaine.

(Isabelle entre.)

ISABELLE.

Don Juan, les ennemis ne songent plus qu'à implorer ta clémence ; ils veulent se soumettre et t'accorder tout ce que tu leur demandes.

DON JUAN.

Carlos !

CARLOS.

Seigneur !

DON JUAN.

Écoute... ne choquons pas mon aïeul : conduisez mon père en prison (hélas ! Dieu sait ce qu'il en coûte à mon cœur !), mais pour exciter son repentir, fais-le conduire par cet homme qui ressemble à ma mère, afin que la ressemblance des traits lui fasse mieux sentir combien il fut cruel envers son épouse.

(Il sort.)

CARLOS.

J'obéirai, seigneur. (*A Isabelle.*) Soldat, quel est ton nom ?

ISABELLE.

Je m'appelle Thomas. Je pris ce nom en voyant un homme renier son sang et sa foi.

CARLOS.

Garde ce prisonnier que le général te confie. Le général compte sur toi.

ISABELLE.

Où sera-t-il plus en sûreté?

CARLOS.

Sur un bâtiment, au bord de la mer.

ISABELLE.

Reposez-vous-en sur moi : je vais le conduire.

CARLOS.

Je m'en vais.

(Il sort.)

HENRI.

Et moi que ne vais-je à la mort? Soldat, délivre-moi de la vie, elle m'est odieuse.

ISABELLE.

Qui es-tu?

HENRI.

Ne le vois-tu pas? Un homme que la fortune a précipité du haut de sa roue, et qui est tombé à tes pieds. Un homme à qui la vie est un tourment, un long supplice, et qui ne trouve pas même une main assez officieuse pour l'en délivrer. Mais toi, soldat espagnol, chargé de veiller sur moi, qui es-tu? Serais-tu, par hasard, l'ombre de mon Isabelle? Où as-tu pris ces traits qui m'épouvantent? Dans cette tragédie dont mes malheurs fournissent le sujet et qui ne finira que par ma mort, si tu n'es qu'en ombre, comment viens-tu avant le dernier acte? Es-tu le fils aîné du comte de Barcelone? Es-tu mon beau-frère? Parle, ton silence me fait trembler; tes regards sont bien sévères.

ISABELLE.

Henri, celui qui de sang-froid a pu égorger un

être innocent a toujours devant les yeux l'image sanglante de sa victime. Tu crois retrouver en moi les traits de ta femme, parce que ton crime se représente à ton imagination, dans tout ce que tu vois. Mais puisque nous sommes ici, me diras-tu pourquoi tu donnas la mort à ton épouse ? Avais-tu quelque tort à lui reprocher ? T'avait-elle offensé ?

HENRI.

Isabelle était sans tache, irréprochable ; un roi seul put me contraindre à la faire mourir. Mais, déplorant à jamais ma criminelle condescendance, j'expiai ma faute en refusant d'épouser l'infante ; j'en perdis l'usage de la raison ; impatient de mourir, je n'ai fait que pleurer et feindre, pour ne pas me prêter aux instances du roi qui, me voyant désormais inutile à ses projets, me livre à la colère du comte Raimond.

ISABELLE.

Quoi ! tu n'as point épousé Dyonise ?

HENRI.

Non.

ISABELLE.

Tu as bien fait : je sais qu'un autre avait déshonoré son lit.

HENRI.

Qui donc ?

ISABELLE.

Le duc Octave.

HENRI.

C'est donc pour lui que j'ai souffert. Sait-on cela à la cour ?

JOURNÉE III, SCÈNE V.

ISABELLE.

Pas encore : mais je veux te tirer du péril où tu es. Je veux briser tes fers. La rigueur du comte de Barcelone ne s'appesantira pas sur toi. Va-t'en, malheureux Henri, va où ta destinée voudra te conduire.

HENRI.

Soldat généreux, laisse-moi mes chaînes : je suis sensible à tes bontés, c'est parce que je désire la mort, que chacun veut me sauver la vie.

ISABELLE.

Comte, sauve-toi.

HENRI.

Non, c'est en vain.

ISABELLE.

Ne vaut-il pas mieux que tu sois libre ? tu négocieras avec plus d'avantage.

HENRI.

On ne tient pas à l'existence quand on est accablé sous le poids du malheur. Hélas ! tu daignes t'intéresser à mon sort. Ce qui me frappe le plus, dans cette occasion, c'est que tu ressembles si fort à mon Isabelle qui mille fois me rendit à la vie.

ISABELLE.

Ne sortiras-tu pas d'ici ?

HENRI.

Impossible.

ISABELLE.

Mais que deviendras-tu ?

HENRI.

J'y mourrai.

ISABELLE.

Pourquoi?

HENRI.

Pour expier mon crime.

ISABELLE.

Tu l'expies, malheureux!

HENRI.

Mon crime est inexpiable.

ISABELLE.

N'en désespère pas.

HENRI.

Je n'ai aucun espoir.

(Le comte de Barcelone, don Juan, le roi d'Irlande, Dyonise, Célinde, Clénard, Octave, Fabius, entrent.)

LE ROI.

Si, après t'avoir livré le comte, tu exiges quelque chose de plus, toi-même dicte des conditions honorables.

LE COMTE.

Ce sont ici des événemens extraordinaires dont le temps seul peut révéler les causes cachées. (*A Isabelle.*) Qu'as-tu fait du prisonnier?

ISABELLE.

Il est ici.

LE COMTE, à Henri.

Je suis content que tu vives encore, si toutefois tu mérites de vivre; tu pourras éclaircir des mystères que personne autre que toi ne saurait expliquer; avoir déshonoré l'infante, l'abandonner ensuite, et venir me tromper en Espagne, pour obtenir de moi cette fille bien-aimée dont tu m'as privé ! Ne valait-il pas mieux, misérable, te marier avec Dyonise, et répondre à son amour, que de nous ravir à elle son honneur, et à moi l'objet de toute ma tendresse ?

ISABELLE.

Seigneur, vous serez étonné que je vienne ici disculper un homme qui se présente devant vous chargé de tant de graves accusations. Mais, croyez-moi, vous allez connaître les motifs impérieux qui m'y obligent. Je vais vous les dire, et vous applaudirez mon triomphe.

D'abord si quelqu'un ose soutenir que le comte a déshonoré l'infante, je le démens à haute voix et je l'appelle au combat.

Il est vrai que Dyonise est dans l'erreur ; ses amours avec Henri ne sont pas une vaine chimère ; Unis par les sentimens les plus tendres, ils concertèrent entre eux de se voir une nuit dans l'appartement de l'infante. Henri ne put s'y rendre : le roi le fit jeter en prison cette nuit même. Moi qui étais son rival, quoiqu'ici personne ne me connaisse, je pénétrai dans l'appartement, en déguisant mes manières et surtout mon nom. Enfin, moins sobre d'actions que de paroles, je lui laissai en partant un anneau pour souvenir de tant de faveurs. Mes nobles armes, cinq fleurs de lis, et trois lions rampans sont gravés sur la pierre qui décore cet anneau. L'infante me remit en échange celui que je porte... Dyonise, mon récit vous étonne. Voilà le gage que je reçus de vous, dites si vous ne le reconnaissez pas ?

LE ROI.

Que dis-tu, ma fille?

DYONISE.

Demande le nom de cet homme, il a dit la vérité.

LE ROI.

Es-tu noble ou plébéien?

OCTAVE.

Un mot, soldat...

ISABELLE.

Duc, pourquoi te troubles-tu? Tu sais bien que j'ai dit la vérité.

LE ROI.

Qu'est-ce donc que tout ceci. Infâme! traître! tu l'as déshonorée; ingrat, tu savais quand, où!... vive Dieu!... Mais que dois-je faire?

OCTAVE.

Calmez-vous, sire. Soldat, qui gardes si mal ta foi, quoique noble, si tu ne te rétractes à l'instant, je déclare ton nom?

ISABELLE.

Je dirai donc, Octave, que ce fut toi qui trompas la fille du roi, et qui t'introduisis chez elle par le balcon... ce n'est pas moi, c'est toi. Duc, tes armes sont connues en Irlande.

OCTAVE.

Oui, je l'avoue, et je mets, sire, ma tête à votre disposition. Mais auparavant je veux faire connaître ce soldat.

LE ROI.

Si ma fille y souscrit, tu peux réparer mon

honneur ; duc, il sera plus convenable que tu l'épouses. Je donnerais mon royaume, mes états, mes titres, non pas à un duc, mais à un simple et pauvre gentilhomme.

OCTAVE.

Sire, lorsque je vous engageai à jeter Henri en prison, ce fut pour me mettre à sa place auprès de l'infante, cette nuit-là. Tel fut le motif de ma fuite de la cour, de cet exil volontaire qui a duré six années. Je reconnais ces armes, cet anneau. Sire, prenez ma vie, ou daignez m'accorder mon pardon.

LE ROI.

Qu'en dis-tu, Dyonise ?

DYONISE.

Je dis que je fus trompée ; et, quoique le duc méritât la mort par cette perfidie, je suis prête à l'épouser. Il vaut encore mieux qu'il me rende l'honneur que de rester vous et moi sans honneur et sans succession.

LE ROI.

Donne-lui la main.

OCTAVE.

Et moi je donne mon âme à celle qui veut bien m'honorer de son choix.

DON JUAN.

Duc, voilà votre affaire terminée ?

OCTAVE.

Qu'ordonnes-tu général ?

DON JUAN.

Écoute : c'est donc à cause de toi que le comte fit

mourir ma mère! je te défie au combat. Choisis le champ et les armes.

OCTAVE.

Tu es bien jeune, Espagnol; mais si quelqu'un des tiens se présente, je suis prêt.

LE COMTE.

Regarde mes cheveux blancs; c'est moi.

OCTAVE.

Illustre comte, ces cheveux blancs commandent le respect.

DON JUAN.

Mon aïeul, on vous refuse parce que votre âge commande le respect, et moi parce que je suis trop jeune encore... Maudite soit la barbe qui blanchit trop tôt ou tarde trop à venir (14).

HENRI.

C'est moi qui vous supplie de m'accorder le champ contre le duc. Sire, l'offense que j'ai reçue m'en donne le droit; c'est à cause de lui que je fis périr mon épouse. En voilà plus qu'il n'en faut pour nous arracher la vie l'un à l'autre.

OCTAVE.

Tu n'es qu'un prisonnier. Fais-toi remplacer.

ISABELLE.

Mon tour est venu. C'est à moi à présent.

OCTAVE.

Toi, oui, toi qui trahis les secrets qu'on te confie; j'accepte le combat, partout où tu voudras (15).

ISABELLE.

Ici même.

OCTAVE.

Je le veux bien : prépare-toi. Mais d'abord explique tes motifs.

ISABELLE.

Quel motif? Tu as trompé le comte Henri.

OCTAVE.

J'ai déjà répondu à cela. Je suis le mari de l'infante.

ISABELLE.

Il y en a d'autres.

OCTAVE.

Parle.

HENRI.

Tu es la cause de la mort d'Isabelle.

OCTAVE.

Et si je la rendais à la vie.

HENRI.

Plût au ciel !

OCTAVE.

Eh bien, calme-toi. Henri sera libre, et tout le monde sera content.

ISABELLE, au comte.

Mon père, le serez-vous ?

LE COMTE.

Je couronnerai mes vaisseaux de lauriers, et je reprendrai la route d'Espagne.

OCTAVE.

Eh bien, soyons tous heureux. Comte, faites lever l'ancre ; celle qui vient de parler est votre fille elle-même.

LE COMTE.

Quelle fille ?

OCTAVE.

Celle que vous voyez, seigneurs ; Fabius la fit déposer au bord de la mer : elle eut le bonheur de gagner un esquif qui, à travers mille dangers, fut conduit par les vagues à l'embouchure d'une rivière de mes états. J'y étais, occupé du plaisir de la pêche ; je la vis, je la sauvai.

LE COMTE.

Ma fille !

ISABELLE.

Seigneur !

DON JUAN.

Ma mère !

ISABELLE.

Mon amour !

HENRI.

Mon épouse !

ISABELLE.

Henri !

FABIUS.

Ah ! vivez des milliers d'années ; que le ciel vous comble de prospérités.

HENRI.

Mon cher Fabius, mes bras te retrouvent.

LE ROI.

Mais quel est ce bruit au dehors ?

CLÉNARD.

Ce sont, sire, des soldats qui amènent une femme prisonnière de ces montagnes voisines.

JOURNÉE III, SCÈNE V.

LE COMTE.

Il n'y a plus de guerre. Qu'on lui rende la liberté.

(Lucinde, Phénicio, Philippe enchaîné, en habit de femme.)

PHILIPPE.

Je vous en conjure, menez-moi à la mort.

LUCINDE.

Tu es bien entêté.

LE COMTE.

Qu'est-ce donc?

LUCINDE.

Ce gentilhomme qui s'était déguisé pour ne pas aller à la guerre.

OCTAVE.

C'est Philippe?

PHILIPPE.

Oui, c'est là mon nom.

OCTAVE.

Eh! que viens-tu faire dans ce costume?

PHILIPPE.

La dame que vous m'aviez chargé de conduire à Barcelone m'a causé cet agréable réveil. Et moi, pour n'être pas nu comme le père Adam, je me suis habillé en amazone.

ISABELLE.

Me reconnais-tu?

PHILIPPE.

Oui, perfide, c'est là mon habit.

FABIUS.

La comtesse aura soin de t'en faire donner un autre.

PHILIPPE.

Quelle comtesse?

HENRI.

Mon épouse.

PHILIPPE.

Seigneur comte, daignez me pardonner.

LE ROI.

Retournons à la ville; que tout le monde soit heureux de notre joie. Je veux marier Fabius avec Célinde, et leur donner une fortune considérable.

CÉLINDE.

Sire, ma reconnaissance!...

LE ROI.

Et, sans différer, qu'Octave épouse ma fille.

DYONISE.

Puisqu'il faut tout dire aujourd'hui, de cette aventure, de cette nuit fatale, j'eus une fille...

CÉLINDE.

Je l'ai vue. Duc, elle est votre portrait vivant.

LE ROI.

Celle-ci sera pour don Juan.

DON JUAN.

Disposez, sire, de vos fidèles serviteurs.

ISABELLE.

Mon cher Henri!

HENRI.

Épouse adorée !

PHILIPPE.

Seigneurs, laissez-moi dire un mot.

HENRI.

Non, la pièce est finie.

FIN DE LA TROISIÈME ET DERNIÈRE JOURNÉE.

NOTES

SUR

AMOUR ET HONNEUR.

---

(1) Allusion à la grande *armée navale* que Philippe II envoya contre l'Angleterre. L'anachronisme est patent.

(2) Son armure, sa cuirasse, ou une autre défense.

(3) *Offrir toute chose à la disposition de la personne à qui l'on parle, baiser les mains, baiser les pieds*, complimens d'usage en Espagne : on baise la main aux hommes, les pieds aux dames ; c'est le salut ordinaire. On baise également *les pieds* au roi, aux *infants* ; c'est le mot consacré : le roi veut bien se contenter d'une génuflexion, s'il ne s'agit que de présenter un placet ; mais il faut absolument mettre un genou en terre lorsqu'on a l'honneur de lui baiser la main.

(4) *Couvrez-vous* : le privilége caractéristique des *grands* d'Espagne est de se *couvrir*, de mettre leur chapeau sur la tête, en présence du roi ; c'est à cet acte même que se réduit toute la cérémonie de l'installation. Les femmes des grands s'assoient sur un tabouret (*almohada*) en présence de la reine. De là cette façon de parler généralement adoptée : le duc un tel a tant de *chapeaux* dans sa maison, pour dire qu'il possède plusieurs grandesses d'Espagne. — Madame une telle a l'*almohada ;* c'est-à-dire, qu'elle jouit des honneurs de la grandesse. — On sent bien cependant que les seigneurs espagnols n'abusent pas de leur privilége et qu'ils n'en jouissent pas tous les jours, mais seulement dans les occasions solennelles. Pendant le cours ordinaire de leur service auprès des personnes de la famille royale, en qualité de *chambellans* (*gentiles hombres de camara*), de *majordomes majors*, etc., leur attitude habituelle et leurs fonctions ne different pas de celles des derniers laquais ; ils le sentent, ils le disent, affectent de s'en plaindre. J'en ai vu

mourir de tristesse parce qu'on ne les avait pas appelés à leur
tour d'entrée ou de quartier au palais........

(5) *Huit années !* Ici Lope de Vega prend soin de manifester
lui-même son mépris pour la règle des vingt-quatre heures : il
aurait tout aussi-bien fait de prendre quelques années de plus,
afin de sauver une autre invraisemblance ; car à la fin de la
pièce c'est un enfant, né au bout de cette huitième année, qui
commande les troupes et joue le principal rôle dans le dénoûment.

(6) *Il en est digne (de s'asseoir).* C'est toujours pour annoncer que le monarque le traite en grand seigneur.

(7) *Albanie.* Il s'agit ici d'une contrée de l'Écosse.

(8) *Fuerza lastimosa* : Nécessité, violence déplorable : C'est
le titre de la pièce, fondé sur la douloureuse et terrible situation
du comte Henri.

(9) *Ce vieux à longue barbe.* Le texte dit : *Avec sa barbe de
lapin.* Je n'ai pas osé traduire littéralement, je me contente
de dénoncer l'expression au lecteur.

(10) *Qu'il n'y ait pas ici un Mandricard pour donner la mort
à Zerbin.* Je n'ai pas entendu cela ; j'ai supprimé les deux vers.

(11) *Au pape Jean :* lisez, *au prêtre Jean.* Voyez Moreri, à
l'article *prêtre Jean.* Je n'ai pas voulu étaler ici une érudition
dont peu de lecteurs me sauraient gré.

(12) Le texte signifie, je crois : *Je ne puis mieux m'acquitter
envers toi qu'en laissant au ciel le soin de te récompenser.* Je
crois, dis-je, que tel est le sens des deux vers espagnols. Car
il faut bien avouer qu'il n'est pas toujours permis d'entendre
des auteurs qui, peut-être, ne se sont pas bien entendus eux-mêmes.

(13) *Et comme je pleurerais en abondance, de cette hauteur
j'inonderais la terre d'une mer de larmes.* Je n'ai pas eu le courage de traduire littéralement.

(14) *Maudite soit ma barbe, amen : Si quelqu'un vient y
mettre le peigne, je le lui flanquerai par le visage.* Ainsi s'exprime le jeune homme devant cette grave assemblée. J'ai cru
devoir omettre cette seconde partie de sa réponse.

(15) *Sur mer, dans la plaine, et sur les montagnes,* dit le
duc Octave.

LE CHIEN DU JARDINIER,

COMÉDIE.

LE CHIEN DU JARDINIER.

PERSONNAGES.

DIANE, comtesse de Belflor.
THÉODORE, son secrétaire.
OCTAVIO, son écuyer.
FABIO, son gentilhomme.
MARCELLE,
DOROTHÉE, } femmes de sa chambre.
ANARDE,
TRISTAN, domestique de Théodore.
LE COMTE FRÉDÉRIC.
LE COMTE LUDOVIC.
LE MARQUIS RICARDO.
LÉONIDE, domestique de Frédéric.
CAMILLE, domestique de Ludovic.
CÉLIO, domestique de Ricardo.
FURIO,
LIRANO, } domestiques de place.
ANTONEL,

NOTICE

SUR

LE CHIEN DU JARDINIER.

La comtesse de Belflor, combattue entre le respect qu'elle doit à son nom, et l'amour qu'elle ressent pour Théodore son secrétaire, ne veut ni l'épouser, ni qu'il se marie avec une autre. Elle est comme *le chien du jardinier, qui ne mange ni ne laisse manger.* Ce premier titre est bien justifié dans la pièce. Le second, *aimer par imitation (amar por ver amar),* ne tient qu'à la situation indiquée, plutôt que traitée, dans le premier acte.

Le sujet de l'ouvrage est d'imagination : rien ne fixe même le temps où l'action s'est passée. Naples est indiqué comme le lieu de la scène, mais on n'y trouve rien de particulier aux mœurs de ce pays.

L'unité d'action est entière ; quoique le nombre des personnages soit assez considérable, il n'y en a aucun d'inutile. L'intérêt croît jusqu'à la fin. Peut-être eût-il mieux valu que Lope de Vega, moins occupé de peindre les situations, eût, ce qui ne lui aurait pas été difficile, rendu plus vraisemblables les événemens qui les amènent.

L'unité de lieu est passablement respectée ; tout se passe à Naples, et même dans un seul quartier de cette ville.

Dans chaque journée, l'action ne dure qu'à peu près le temps nécessaire à la représentation ; mais il y a un intervalle d'un mois au moins entre la première journée et la seconde ; et il s'écoule aussi plusieurs jours entre la seconde et la dernière.

Ce n'est pas précisément un caractère que Lope a voulu peindre dans le rôle de Diane. C'est une situation, et il l'a retracée avec un grand talent. Les combats entre les sentimens opposés qui la tourmentent, sont représentés avec force et avec grâce.

Quant aux mœurs, elles ne sont point prises hors de la nature. Elles ne sont pas même d'une nature relevée. Théodore passe sans difficulté, sans scrupule, de l'amour de la comtesse à celui de sa suivante. Marcelle, plus passionnée que lui, ne se résigne pas moins de bonne grâce à en épouser un autre. Les deux seigneurs ne sont que des assassins, et la comtesse elle-même ne se fait pas le plus léger scrupule de profiter de la fourberie de Tristan.

Parmi les scènes accessoires, on remarquera sans doute celle du raccommodement de Marcelle avec Théodore. Molière, qui a traité ce sujet plusieurs fois, et toujours avec un talent nouveau, paraît s'être servi de celle-ci dans le *Tartuffe*.

J'ai pris quelques libertés dans ma traduction; je les ai indiquées dans les notes; on y verra aussi combien j'ai été plus réservé que certain éditeur espagnol qui a indignement tronqué l'original, non-seulement en retranchant quelques sonnets qui ont bien leur prix, non-seulement en mettant son style à la place de celui de Lope, mais encore en supprimant un des morceaux les plus intéressans et les plus naturels, la scène de dépit de Marcelle.

Le comique est presque toujours dans la situation; Tristan, qui est le *gracioso* de la pièce, est un des personnages les plus essentiels.

Dans l'original, presque toute la pièce est en

redondilles ou *quintilles*. Les lettres qui contiennent la déclaration de Diane et la réponse de Théodore sont des sonnets, ainsi que tous les monologues; le récit de Tristan à Ludovic, et la fin du troisième acte, sont écrits en mètres de *romance*. On trouve aussi quelques morceaux en endécasyllabes libres, et même en octaves. C'est le mètre consacré au poëme héroïque, et il répond à nos vers alexandrins. Le style, moins varié que dans les autres pièces de l'auteur, parce qu'ici les interlocuteurs, sans être de la même condition, parlent tous la même langue, a la douceur, la facilité, l'harmonie, qui n'abandonnent jamais Lope de Vega. Dans ses sonnets seulement, on remarque de l'affectation, des antithèses trop étudiées. Les refrains qui se répètent dans quelques tirades sont en général bien amenés.

A. L. B.

LE CHIEN DU JARDINIER.

JOURNÉE PREMIÈRE.

SCÈNE PREMIÈRE.

Une salle de l'appartement de la comtesse.

THÉODORE et TRISTAN traversent le théâtre en fuyant.

THÉODORE.
Tristan, fuyons par ici.

TRISTAN.
C'est une étrange disgrâce.

THÉODORE.
Nous aura-t-on reconnus ?

TRISTAN.
Je l'ignore, et j'en ai peur.

(Ils sortent.)

(Diane entre en les suivant.)

DIANE.
Arrêtez, arrêtez, seigneur : attendez ; écoutez-moi ; est-ce ainsi qu'on doit en user envers moi ? Attendez, vous dis-je. Holà ! n'y a-t-il ici personne ?

holà! Pas un domestique! J'ai vu quelqu'un, ce n'est pas un songe. Holà! sont-ils donc tous endormis?

(Fabio entre.)

FABIO.

Votre seigneurie me demande-t-elle?

DIANE.

Dans la colère où je suis, ce flegme m'irrite encore; courez, malencontreux serviteur, et voyez quel est l'homme qui vient de sortir de cette salle.

FABIO.

De cette salle?

DIANE.

Marchez, et répondez en m'obéissant.

FABIO.

J'y cours.

(Fabio sort.)

DIANE.

Sachez qui c'est. Vit-on jamais une telle trahison?

(Octavio entre.)

OCTAVIO.

Quoique j'entendisse votre voix, je ne pouvais croire que ce fût vous qui, à cette heure, appelassiez de la sorte.

DIANE.

Votre tranquillité me charme : vous vous couchez de bonne heure, vous vous levez à votre aise, et ne vous hâtez pas de courir. Des hommes entrent dans ma maison, je les entends, ils étaient presque dans ma chambre; (j'ai peine à concevoir une telle insolence!) et vous, monsieur mon écuyer, tandis que je me désespère, vous êtes là tranquillement à m'écouter.

OCTAVIO.

Comme j'avais l'honneur de vous le dire, je ne croyais pas que ce fût votre seigneurie qui appelât à cette heure-ci.

DIANE.

Retournez donc chez vous ; ce n'est pas moi qui appelle. Allez, allez vous recoucher de peur que mal ne vous advienne.

(Fabio entre.)

OCTAVIO.

Mais, madame....

FABIO.

Je n'ai vu rien de tel, il a fui comme un oiseau.

DIANE.

As-tu reconnu...

FABIO.

Quoi donc?

DIANE.

Le manteau brodé d'or qu'il portait ?

FABIO.

Était-ce quand il descendait l'escalier ?

DIANE.

Les hommes de ma maison seraient meilleurs pour servir de duègnes.

FABIO.

Il a éteint la lampe en jetant son chapeau dessus ; il est descendu à la faveur de l'obscurité, et arrivé dans la cour, il a tiré son épée et a disparu.

DIANE.

Vous n'êtes qu'une poule mouillée.

FABIO.

Que vouliez-vous que je fisse ?

DIANE.

Belle question ! Le joindre et le tuer.

OCTAVIO.

Si c'était un homme comme il faut, eût-il été bien d'exposer ainsi votre réputation [1] ?

DIANE.

Un homme comme il faut ? Qu'est-ce à dire ?

OCTAVIO.

N'y a-t-il personne à Naples qui vous aime ? Celui qui aspire à votre main, doit chercher tous les moyens de vous voir. N'y a-t-il pas mille seigneurs que le désir de s'unir à vous rend aveugles d'amour ? Vous l'avez vu bien mis, et il a craint d'être reconnu.

DIANE.

Oui, ce sera quelque cavalier qui, par amour, aura cherché à séduire mes domestiques. Les honnêtes domestiques que j'ai, Octavio ! mais je saurai qui c'est. Son chapeau était orné de plumes. Il doit être resté sur l'escalier. Va le chercher.

FABIO.

Le trouverai-je ?

DIANE.

Imbécile, crois-tu qu'il soit revenu pour le reprendre ?

FABIO.

Je vais emporter de la lumière.

(Il sort.)

DIANE.

Je connaîtrai l'auteur de cette perfidie ; et s'il y a quelques traîtres, aucun ne restera chez moi.

OCTAVIO.

Vous ferez bien, puisque l'on a osé troubler de la sorte votre tranquillité. Mais, quoique j'aie tort, peut-être, de vous parler sur un sujet qui vous déplaît, et surtout en ce moment où vous êtes justement irritée, je dois vous dire, madame, que l'obstination que vous montrez à ne pas vouloir vous remarier est la cause de toutes les folies que font ceux qui voudraient vous engager à vous déclarer pour eux.

DIANE.

Parlez, vous savez quelque chose.

OCTAVIO.

Moi, madame, je ne sais rien, sinon que vous avez la réputation d'être belle autant qu'insensible, et que d'ailleurs le comté de Belflor occupe bien des têtes.

(Fabio entre.)

FABIO.

J'ai rencontré ce chapeau : on n'en peut trouver un pire.

DIANE.

Que portes-tu là ?

FABIO.

Ce que ce galant a jeté à la lampe.

DIANE.

Cela ?

OCTAVIO.

Je n'ai rien vu de plus sale.

FABIO.

C'est cependant lui.

DIANE.

C'est ce que tu as rencontré?

FABIO.

Croyez-vous que je voulusse vous tromper?

DIANE.

Belles plumes, en effet!

FABIO.

C'était quelque voleur, sans doute.

OCTAVIO.

Oui, il devait venir pour voler.

DIANE.

Vous me feriez perdre le sens.

FABIO.

Voilà pourtant le chapeau.

DIANE.

Il avait des plumes, vous dis-je. Il en portait avec excès, et c'est ce que vous me présentez?

FABIO.

Comme il les a jetées sur la lampe, elles se sont brûlées sans doute. Icare voulut s'approcher du soleil, et, ses plumes se brûlant, il tomba dans la mer profonde. C'est justement cela. Le chapeau était Icare, la lampe le soleil, les plumes se sont enflammées, et l'escalier, c'est la mer où....

DIANE.

Je ne suis point d'humeur de plaisanter, Fabio. Ceci me donne beaucoup à penser.

OCTAVIO.

Vous avez du temps pour reconnaître la vérité.

DIANE.

Du temps, Octavio! du temps!

OCTAVIO.

Dormez maintenant, et demain vous pourrez tout éclaircir.

DIANE.

Moi! moi! comme je suis Diane, comtesse de Belflor, je ne me coucherai pas jusqu'à ce que je sache ce qui en est. Appelle toutes mes femmes.

(Fabio sort.)

OCTAVIO.

Quelle nuit vous allez passer!

DIANE.

Je pense bien au sommeil, lorsque des soucis pareils m'occupent! Un homme dans ma maison!

OCTAVIO.

Il serait plus sage de s'informer avec précaution, et de faire ensuite des recherches secrètes.

DIANE.

Vous êtes par trop prudent, Octavio. Dormir sur une aventure pareille serait aussi un excès de discrétion.

(Fabio rentre avec Marcelle, Dorothée et Anarde.)

FABIO.

Je vous amène celles qui peuvent vous éclairer; les autres femmes de la maison sont déjà couchées, et celles de votre chambre sont les seules qui aient pu entendre quelque chose.

ANARDE, à part.

La nuit sera mauvaise, et l'orage nous menace. (*Haut.*) Voulez-vous rester seule avec nous?

DIANE.

Oui, sortez tous les deux.

FABIO, à Octavio.

Bel interrogatoire!

OCTAVIO, à Fabio.

Elle est folle.

FABIO, à Octavio.

Et elle me soupçonne.

(Ils sortent tous les deux.)

DIANE.

Approche, Dorothée.

DOROTHÉE.

Qu'ordonne votre seigneurie?

DIANE.

Quels sont les hommes qui parcourent cette rue?

DOROTHÉE.

Le marquis Ricardo, et quelquefois le comte Pâris.

DIANE.

Réponds sincèrement à ce que je vais te demander, je t'y engage pour ton bien.

DOROTHÉE.

Je n'ai rien à vous cacher.

DIANE.

A qui les as-tu vus parler?

DOROTHÉE.

Je serais sur un bûcher que je ne pourrais dire

que je les aie vus parler à qui que ce soit de la maison, si ce n'est à votre seigneurie.

DIANE.

On ne t'a jamais remis de lettres? aucun page n'est entré ici?

DOROTHÉE.

Jamais, madame.

DIANE.

Éloigne-toi.

MARCELLE, à Anarde.

C'est une inquisition.

ANARDE, à Marcelle.

Elle sera sévère.

DIANE.

Écoute, Anarde.

ANARDE.

Que désirez-vous?

DIANE.

Quel est l'homme qui est sorti?

ANARDE.

Un homme!

DIANE.

Oui, un homme est sorti de cette salle. Va, va, je connais tes manœuvres. Qui l'a amené ici? à laquelle de vous s'est-il confié?

ANARDE.

Ne croyez pas que parmi nous aucune eût une telle audace. Pouvez-vous penser qu'une de vos femmes osât introduire un homme dans votre appartement, et se rendre coupable d'une telle trahison envers vous? Non, madame, vous ne devez point croire cela : ce doit être tout autre chose.

DIANE.

Écoute. Éloignons-nous davantage. Tu me donnes à penser, si tu ne veux pas me tromper, que c'est pour quelqu'une de mes femmes que cet homme a osé pénétrer chez moi.

ANARDE.

Vous voir aussi justement affligée et irritée, cela me force, madame, à vous dire la vérité franchement, quoique je trahisse en le faisant l'amitié que j'ai pour Marcelle. Elle a du penchant pour un homme qui éprouve pour elle les mêmes sentimens, mais jamais je n'ai pu savoir qui c'était.

DIANE.

Tu as tort de ne pas le dire; puisque tu avoues le plus important, tu peux bien me déclarer le reste.

ANARDE.

Ne suis-je pas femme? et pour des secrets qui ne sont pas les miens, me laisserai-je tourmenter ainsi? Qu'il vous suffise de savoir qu'il est venu pour Marcelle; vous pouvez reposer tranquillement; il n'y a rien qui puisse ternir l'honneur de votre maison, et cette liaison commence à peine.

DIANE.

A-t-on vu pareille impudence! Que je dorme tranquille! Quelle réputation vais-je avoir? Une veuve! Des hommes entrer chez moi de nuit! Par la mémoire du comte! malheureuse!...

ANARDE.

Arrêtez. Permettez-moi de me disculper. L'homme qui vient voir Marcelle n'est point étranger à la maison, et pour lui parler n'a pas besoin d'exposer votre réputation.

DIANE.

C'est un homme à moi?

ANARDE.

Oui, madame.

DIANE.

Qui?

ANARDE.

Théodore.

DIANE.

Mon secrétaire!

ANARDE.

Je sais qu'ils se sont parlé : j'ignore le reste.

DIANE.

Éloigne-toi.

ANARDE.

Montrez ici votre prudence.

DIANE.

Je suis plus tranquille, sûre qu'il ne venait pas pour moi. Marcelle!

MARCELLE.

Madame.

DIANE.

Écoute.

MARCELLE.

Que voulez-vous? (*A part.*) Je tremble.

DIANE.

Toi qui avais toute ma confiance, Marcelle!

MARCELLE.

Que vous a-t-on dit de moi, madame, qui puisse vous faire soupçonner que j'aie manqué à la fidélité que je vous dois et que vous connaissez bien?

DIANE.

Toi, de la fidélité!

MARCELLE.

Vous ai-je offensée?

DIANE.

Et n'est-ce pas m'offenser que de recevoir dans ma maison, dans mon appartement, un homme qui vient te parler?

MARCELLE.

Partout où Théodore me rencontre, il me fait des déclarations par douzaines.

DIANE.

Par douzaines! l'année en est bonne.

MARCELLE.

Je veux dire, madame, que dès que je le vois, qu'il entre ou qu'il sorte, sa bouche sur-le-champ me révèle tous les sentimens de son cœur.

DIANE.

Sa bouche révèle ses sentimens! Et que te dit-il?

MARCELLE.

Je ne pourrais m'en rappeler.

DIANE.

Tu t'en rappelleras.

MARCELLE.

Tantôt il me dit : « Ces beaux yeux me font mourir »; tantôt : « C'est par ces beaux yeux que je vis ; je n'ai pu dormir la nuit dernière ; le désir, ta beauté, occupaient seuls ma pensée. » Il me demande des cheveux pour lui servir de chaînes [2]; il.... Mais pourquoi vous informer de toutes ces bagatelles ?

DIANE.

Tu prends du moins plaisir à les entendre ?

MARCELLE.

Mais, oui. Je pense que Théodore n'a d'autre but que de se marier avec moi ; et des vues aussi honnêtes....

DIANE.

Sans doute, l'amour n'est point criminel quand son objet est le mariage. Veux-tu que je m'occupe du tien ?

MARCELLE.

Oh ! comme ce serait heureux pour moi ! Tenez, madame, puisque je vois en vous tant de bonté, tant de générosité, je vous le dirai franchement ; je l'adore. Il n'y a pas de jeune homme plus aimable à la fois et plus prudent : nul n'a tant d'amour et tant de discrétion. Son seul regard me charme.

DIANE.

Je connais déjà son mérite et suis contente de lui.

MARCELLE.

Il y a bien de la différence, madame, de voir son esprit dans quelques lettres de cérémonie que vous lui faites écrire, ou de l'entretenir familièrement, d'entendre la douceur, la tendresse, la vivacité de ses discours amoureux.

DIANE.

Marcelle, je suis décidée à vous marier, lorsqu'il me paraîtra convenable; mais je me dois quelque chose à moi-même, au nom que je porte; je ne puis permettre que ces entretiens continuent, et je dois, au dehors du moins, montrer l'envie de te punir, puisque déjà tes compagnes connaissent ta liaison; tu pourras l'entretenir, mais que ce soit avec plus de discrétion; dans l'occasion je vous serai utile. Théodore est un jeune homme dont je fais cas, il est depuis long-temps chez moi; et quant à toi, Marcelle, tu sais quel est mon attachement pour toi, et je n'oublie pas que tu as l'honneur d'appartenir à ma famille.

MARCELLE.

Permettez à votre créature d'embrasser vos genoux.

DIANE.

Retire-toi.

MARCELLE.

Ma reconnaissance sera éternelle.

DIANE.

Laissez-moi seule.

ANARDE, à Marcelle.

Qu'y a-t-il eu?

MARCELLE, à Anarde.

Les ennuis de la comtesse vont faire mon bonheur.

ANARDE.

Elle connaît tes secrets?

MARCELLE.

Oui, et elle connaît aussi mon honnêteté.

(Elles sortent.)

DIANE.

J'avais mille fois remarqué la beauté, les grâces, l'esprit de Théodore; et, sans la distance que la naissance met entre nous, j'eusse estimé ses talens et sa gentillesse. L'amour, hélas! donne des lois à toute la nature. Que dis-je? mon honneur est avant tout. Je respecte ce que je suis, et je regarde comme une honte, même d'avoir de telles pensées. Je sais qu'il me restera l'envie. Ah! si l'on peut envier le bonheur d'une autre, j'ai de quoi m'affliger de celui de Marcelle. O Théodore, que ne peux-tu t'élever pour t'égaler à moi, ou que ne puis-je m'abaisser pour devenir ton égale!

(Elle sort.)

SCÈNE II.

Même décoration. La scène se passe le lendemain matin.

THÉODORE, TRISTAN.

THÉODORE.

Je n'ai pu reposer un seul instant.

TRISTAN.

Il y a de quoi perdre le repos, car vous êtes perdu si on découvre ce que c'est. Je vous avais bien dit de vous retirer. Vous ne voulûtes pas m'écouter.

THÉODORE.

On ne peut résister à l'amour.

TRISTAN.

Vous allez, vous allez, sans faire attention aux suites [3].

THÉODORE.

Ce n'est que comme cela qu'on réussit.

TRISTAN.

Vous réussiriez mieux en appréciant les dangers.

THÉODORE.

La comtesse m'aura-t-elle reconnu ?

TRISTAN.

Oui et non. Elle n'aura pas su qui vous étiez, mais elle aura eu des soupçons.

THÉODORE.

Lorsque Fabio me suivait en descendant l'escalier, je fus au moment de le tuer.

TRISTAN.

Comme je fus adroit à éteindre la lampe avec mon chapeau !

THÉODORE.

L'obscurité l'arrêta à propos, car s'il avait voulu passer plus avant, j'aurais su l'en empêcher.

TRISTAN.

Je dis à la lampe : Nous sommes des étrangers. Elle me répondit : Tu en as menti ; je lui jetai mon chapeau à la figure ; ne me suis-je pas bien vengé ?

THÉODORE.

Ce jour va décider de ma vie.

TRISTAN.

Vous autres, amans, vous faites toujours ces plaintes lors même que vous avez le moins de peines.

THÉODORE.

Mon cher Tristan, que ferai-je dans ce péril?

TRISTAN.

Cessez d'aimer Marcelle ; car la comtesse n'est pas femme à permettre ces amours dans sa maison, et tout votre esprit ne vous lèverait pas cet obstacle.

THÉODORE.

Et comment pourrai-je l'oublier?

TRISTAN.

Je vais vous enseigner la manière de n'être plus amoureux.

THÉODORE.

Tu vas me dire des folies.

TRISTAN.

Il faut de l'art en tout. Écoutez donc mes préceptes. D'abord, vous devez prendre la ferme résolution d'oublier vos amours sans penser que vous deviez jamais y retourner ; car, s'il vous reste de l'espérance, il n'y a pas moyen de perdre le souvenir ; où l'espoir demeure, le changement ne peut pénétrer. Pourquoi est-il quelquefois si difficile d'oublier une femme? c'est que la pensée du retour soutient l'existence de la tendresse. Ayez une résolution ferme, et tout le mouvement de l'imagination cessera aussitôt. N'avez-vous pas vu que quand le ressort d'une montre est à bout de chemin, les aiguilles s'arrêtent?

Ainsi fait l'amour quand le ressort de l'espérance ne le pousse plus.

THÉODORE.

Et ma mémoire ne renouvellera-t-elle pas sans cesse ma douleur en me rappelant les biens dont je me prive?

TRISTAN.

C'est un ennemi dont il est difficile de se séparer; mais l'imagination peut nous aider à le vaincre.

THÉODORE.

Par quel moyen?

TRISTAN.

En pensant aux défauts et non pas aux grâces de votre maîtresse. C'est en songeant aux beautés, en oubliant les imperfections que naît l'amour. Écoutez. Ne vous la peignez plus ornée de tous ses atours, paraissant brillante sur un balcon; ne vous représentez plus cette taille amincie par le tailleur, élevée par le cordonnier. Rappelez-vous du mot d'un sage : l'art des marchands est la moitié de la beauté. Figurez-vous son corps comme celui d'un pénitent que l'on va soigner de ses coups de discipline, et non pas revêtu de ses riches habits. Réfléchissez aux défauts, c'est là le grand remède. A table, vous n'avez qu'à penser à quelque spectacle qui vous ait dégoûté; votre appétit finira tout de suite. Ayez toujours les défauts de Marcelle présens à votre esprit, et si vous vous les rappelez, la mémoire ne servira qu'à chasser l'amour.

THÉODORE.

Ces grossiers remèdes sont bien dignes d'un charlatan comme toi, Tristan. Les femmes! les femmes! comment s'en faire des idées pareilles? C'est la couleur et le parfum de la rose; c'est l'éclat, la pureté du cristal.

TRISTAN.

Et surtout sa fragilité. Vous avez rencontré une comparaison exacte. Je n'y sais cependant autre chose; et tenez, ce moyen m'a réussi. Tel que vous me voyez, j'ai aimé une traîtresse, s'il en fut jamais; elle avait bien la cinquantaine, et, parmi ses autres attraits, une si énorme corpulence, que tous les papiers du greffe d'un tribunal y auraient été à l'aise. Que dis-je? les Grecs s'y seraient trouvés plus au large que dans le cheval de Troie. Vous avez entendu parler de ce noyer dont le vaste tronc contenait dans sa cavité un tisserand et sa famille : eh bien, c'était justement cela. Je voulais l'oublier; ma perfide mémoire me rappelait toujours la blancheur de la fleur d'orange, du lis, de la neige, du jasmin, que sais-je! Mais je lui jouai un bon tour; et, en homme de bon sens, je me mis à penser aux paniers des fruitières, aux vieilles malles, aux porte-manteaux des messagers, si bien que mon amour et mes espérances se changèrent en dédain, et que, toute volumineuse qu'était ma maîtresse, il ne m'en resta rien dans l'esprit.

THÉODORE.

Il n'y a point de défauts en Marcelle, et je ne puis songer à l'oublier.

TRISTAN.

Accusez-en votre mauvais génie, et suivez donc cette folle entreprise.

THÉODORE.

Elle a tant de grâces ! Que puis-je faire ?

TRISTAN.

Y penser si bien que vous perdiez les bonnes grâces de la comtesse.

(La comtesse entre.)

DIANE.

Théodore !

THÉODORE.

C'est elle-même.

DIANE.

Écoute.

THÉODORE.

Ordonnez, madame.

TRISTAN, à part.

Si elle vient à savoir la vérité, nous partons trois à la fois.

DIANE.

Une de mes amies qui ne se fie pas à elle-même m'a priée d'écrire pour elle ce billet. Forcée par l'amitié à lui complaire, et n'entendant rien aux choses de galanterie, je te le porte, tu le feras mieux que moi. Lis.

THÉODORE.

Si vous en êtes occupée, madame, ce serait en vain que je tâcherais de l'égaler. Je n'ai point l'orgueil d'y prétendre, et vous devez l'envoyer tel qu'il est.

DIANE.

Lis, lis.

THÉODORE.

Je suis étonné de cette défiance de vous-même. Je lirai pour apprendre le style de l'amour que je ne connais pas ; jamais je ne m'en suis occupé.

DIANE.

Jamais ! Est-il bien vrai ?

THÉODORE.

La connaissance de mes défauts m'a retenu ; j'ai peu de confiance en moi.

DIANE.

On le voit bien ; c'est pour cela que tu te caches sous ton manteau.

THÉODORE.

Moi, madame ! où donc ? quand ?

DIANE.

Mon majordome m'a dit qu'étant sorti par hasard hier au soir, il t'avait vu en habit de bonne fortune, enveloppé dans ton manteau jusqu'aux yeux.

THÉODORE.

Nous plaisantions avec Fabio.

DIANE.

Lis, lis.

THÉODORE.

J'ai peut-être, madame, des envieux.

DIANE.

Tu excites plutôt la jalousie. Lis, lis.

THÉODORE.

Je vais admirer.

(Il lit.)

« Aimer parce qu'on voit aimer, c'est de l'envie,
» et inspirer la jalousie avant d'avoir de la tendresse
» est une ruse merveilleuse de l'Amour. J'aime par-
» ce que je suis jalouse; je souffre de ce qu'étant
» plus belle, je ne suis pas assez heureuse pour ob-
» tenir cette félicité que j'envie à une autre. J'ai
» de la crainte sans motif, de la jalousie sans amour,
» je dois aimer pourtant, car je souffre, et je désire
» d'être préférée. Je ne cède ni ne me défends; je
» veux me taire et être comprise. Que celui qui
» le pourra m'entende. Je ne m'entends moi-même
» que trop bien. »

DIANE.

Qu'en dis-tu?

THÉODORE.

Si telles ont été les pensées de l'écrivain, elles ne pouvaient être mieux exprimées. Mais je ne conçois pas, je l'avoue, comment l'amour peut naître de la jalousie, c'est toujours la jalousie qui naît de l'amour.

DIANE.

J'ai des raisons de soupçonner que mon amie voyait ce jeune homme avec plaisir, mais sans attachement, et qu'en apprenant qu'une autre inclination l'occupe, l'envie a réveillé l'amour dans son cœur et animé sa tendresse. Cela ne peut-il pas être ainsi?

THÉODORE.

Sans doute, madame; mais cette jalousie eut pourtant un motif; et ce motif, c'était l'amour sans doute.

DIANE.

Je n'en sais rien. Tout ce que m'a dit cette dame, c'est qu'elle n'avait jamais eu pour ce cavalier que de la bienveillance, et qu'aussitôt qu'elle l'a vu amoureux, mille désirs indiscrets ont assailli son âme, et l'ont forcée de renoncer à l'indifférence dans laquelle elle voulait vivre [4].

THÉODORE.

Votre billet est charmant; et je ne puis y rien reprendre.

DIANE.

Eh bien! essaie d'y répondre sur le même ton.

THÉODORE.

Je n'ose le tenter.

DIANE.

Fais-le, je t'en supplie.

THÉODORE.

Vous voulez connaître mon ignorance, mais je ne saurai que dire.

DIANE.

Je t'attends ici, reviens bientôt.

THÉODORE.

Je vais exécuter vos commandemens.

(Il sort.)

DIANE.

Approche, Tristan.

TRISTAN.

Je cours pour me rendre à vos ordres : mais ce n'est pas sans quelque honte. Mon maître, votre secrétaire, est un peu court d'argent ces jours-ci. J'ai beau lui dire qu'il a tort, que les beaux habits de son laquais doivent être son plus bel ornement, que c'est là que l'on doit voir sa grandeur. Il n'en peut pas sans doute faire davantage.

DIANE.

Est-il joueur?

TRISTAN.

Plût au ciel! Celui qui joue trouve toujours quelque moyen d'avoir de l'argent. Autrefois les rois apprenaient un métier, afin que si, par hasard, ils venaient à perdre leur patrie et leurs états, ils eussent de quoi vivre; heureux à présent ceux qui dans leur enfance ont appris à jouer! Voilà un art noble, qui donne peu de peine et beaucoup de gain. Un habile peintre mettra tout son génie à un tableau : un sot viendra, et ne l'estimera pas dix écus; tandis qu'un joueur n'a qu'à dire *je tiens*, pour gagner cent pour cent.

DIANE.

Ainsi, Théodore ne joue pas.

TRISTAN.

Non; il est trop timide.

DIANE.

Il a donc quelque amour?

TRISTAN.

Lui! Bonne plaisanterie! Il est froid comme glace.

DIANE.

Un jeune homme de sa tournure, gentil, aimable, célibataire, pourrait-il ne pas avoir quelques inclinations honnêtes?

TRISTAN.

Je m'occupe de son cheval et de ses habits; je ne me mêle ni de ses billets doux ni de ses galanteries. Tout le jour il est employé à votre service. Voilà, je crois, sa seule occupation.

DIANE.

Ne sort-il jamais de nuit?

TRISTAN.

Je n'en sais rien, je ne l'accompagne pas. J'ai une douleur....

DIANE.

D'où te vient-elle?

TRISTAN.

Je puis bien vous répondre comme les mal mariées, lorsqu'elles disent que les meurtrissures de leur figure viennent de la jalousie. Je suis tombé dans un escalier.

DIANE.

Tu as roulé.

TRISTAN.

J'ai dégringolé du haut en bas; mes côtes ont compté toutes les marches.

DIANE.

Ça été ta faute, Tristan : pourquoi éteignais-tu la lampe?

TRISTAN, à part.

Diable! je suis perdu : elle sait tout.

DIANE.

Tu ne me réponds pas.

TRISTAN.

Je cherchais à me rappeler l'époque. Eh! tenez :

c'était hier au soir. Il y avait des chauve-souris qui voltigeaient, je les chassais avec mon chapeau, et l'une d'elles s'approchant trop de la lampe, je l'ai éteinte, et si bien que, les deux pieds me manquant à la fois, j'ai roulé toutes les montées.

DIANE.

Vraiment ! Écoute : un livre de secrets dit que le sang de chauve-souris est bon pour bien des remèdes. Il faudra que je fasse saigner celles-là ⁽⁵⁾.

TRISTAN, à part.

Nous voilà bien. Heureux, si je m'en tire avec les galères !

DIANE.

Que je suis agitée !

(Fabio entre.)

FABIO.

Le marquis Ricardo est là.

DIANE.

Arrangez vite des siéges.

(Le marquis et Célio entrent.)

RICARDO.

Amené près de vous, belle Diane, par la crainte et par un désir si vif qu'il doit triompher de tous les obstacles, je viens vous offrir mes hommages, et solliciter moi-même ma cause. Peut-être quelqu'un de mes rivaux, donnant plus d'étendue à ses espérances, croira mon ambition mal fondée. Il aura plus de confiance et moins d'amour que moi. Je ne vous demande pas comment vous vous portez, je vous vois charmante, et chez les femmes la beauté est toujours le signe de la santé : je n'aurai point la maladresse de vous faire cette question, c'est de moi que je m'informerai, et je vous prierai de me dire vous-même dans quel état je suis.

DIANE.

Je me porte à merveille, et si vous voulez honorer ma santé du nom de beauté, vous avez beau jeu à me faire des complimens. Quant à ce que vous me demandez de vous, vous ne m'appartenez pas assez, marquis, pour que je puisse vous répondre.

RICARDO.

L'honnêteté de ma passion devrait vous engager pourtant à me faire cette faveur. Vos parens approuvent mes prétentions, et votre consentement, le seul but de mes espérances, manque seul à notre union. Si, au lieu des terres dont je viens d'hériter et qui égalent ma fortune à ma noblesse, toute la terre du couchant à l'aurore était réunie sous mes lois, si tout cet or, divinité des hommes, si tous les trésors de perles et de diamans m'appartenaient, je vous en ferais un égal hommage. Pour vous, je n'hésiterais pas à aller jusqu'aux extrémités du monde, jusqu'aux lieux où le soleil resserre sa lumière, aux dernières limites qu'ait atteintes l'audace humaine.

DIANE.

Je crois à votre attachement, marquis, et vos sentimens me plaisent ; je m'occuperai de vos propositions ; mais vous savez les égards que je dois au comte Frédéric, mon cousin.

RICARDO.

Je connais quelle est son adresse, et c'est le seul

avantage qu'il ait sur moi. Mais j'espère en vous, et la justice de mes prétentions fera taire les siennes.

(Théodore entre.)

THÉODORE.

Vos ordres sont exécutés, madame.

RICARDO.

Si vous êtes occupée je ne dois point vous faire perdre votre temps.

DIANE.

Ce n'est rien d'essentiel. J'avais à écrire à Rome.

RICARDO.

Rien n'est plus importun qu'une longue visite un jour de courrier.

DIANE.

Vous êtes discret.

RICARDO.

Je cherche à vous plaire. (*A Célio en s'en allant.*) Que t'en semble ?

CÉLIO.

Je voudrais qu'un amour aussi bien placé eût déjà reçu le prix qu'il mérite.

(Ils sortent (6).)

*DIANE.

Tu as écrit ?

THÉODORE.

Avec bien peu de confiance; mais enfin c'était votre volonté, et j'étais forcé d'obéir.

DIANE.

Voyons.

THÉODORE.

Lisez, madame.

DIANE, lisant.

« Aimer parce qu'on voit aimer ne serait que de l'envie, si l'amour n'existait pas avant qu'on ne le vît ailleurs ; car celle qui avant d'aimer ne serait pas disposée à l'amour, ne serait pas séduite par les tableaux qu'il offre. L'amour qui cherche ce qui plaît montre son pouvoir dans l'influence d'une tendresse étrangère, et les expressions du cœur passent sur les lèvres aussi involontairement que les couleurs montent à la figure. Je n'en dis pas davantage; je me défends d'être heureux, car, si je me trompe, j'offense la grandeur du sein de la bassesse. Je ne parle que de ce que je puis comprendre. Je ne veux point entendre ce que je ne mérite pas, de peur de donner à entendre que je crois le mériter. »

DIANE.

Tu as fort bien gardé les convenances.

THÉODORE.

Vous vous moquez.

DIANE.

Plût au ciel !

THÉODORE.

Que dites-vous ?

DIANE.

Que ton billet, Théodore, est le meilleur.

THÉODORE.

Je devrais en être fâché; car auprès de certains grands ce n'est pas un petit tort dans leurs domestiques que d'être supérieurs à leur maître. On raconte qu'un roi dit un jour à son favori : Je ne suis pas content de telle dépêche que j'ai faite ; écrivez-en une autre sur ce sujet, je choisirai. Le seigneur la fit, et ce fut la meilleure ; lorsqu'il vit que le roi la préférait, il rentre chez lui et dit à l'aîné de ses trois fils : Quittons soudain le royaume, nous sommes en grand péril. Le fils troublé lui demanda la cause de cette crainte. Le roi, répondit le père, s'est aperçu que j'en sais plus que lui. Qu'un malheur pareil ne me fût pas arrivé !

DIANE.

Non, Théodore, si je préfère ton écrit, c'est qu'il suit l'idée que je t'avais donnée ; ne va pas croire que, si je suis obligée à tes talens, je me défie pour cela des miens. J'en suis sûre, quoique femme, sujette à l'erreur, et bien peu raisonnable, comme on ne le voit que trop. Au reste, tu dis que tu crains que ta bassesse n'offense la grandeur : tu te trompes ; lorsque l'on aime, il n'en est pas ainsi ; quelque inégalité qu'il y ait, ce n'est jamais en aimant que l'on blesse. La haine seule ou l'indifférence peuvent nous offenser.

THÉODORE.

C'est ce que nous dit la nature, et l'on nous enseigne pourtant que Phaéton, qu'Icare ont été précipités sur les montagnes escarpées, dans les profondes mers pour avoir voulu s'approcher trop du soleil.

DIANE.

Le soleil n'eût rien fait de tel, si le soleil eût été femme. Si jamais tu portes tes vœux en lieu élevé, aie des soins et de la confiance. L'amour n'est que la constance et la ténacité, et nos cœurs ne sont point de pierre. J'emporte ce billet; je veux le revoir à loisir.

THÉODORE.

Pardonnez, il est plein de fautes.

DIANE.

Je n'y en trouve point.

THÉODORE.

Vous voulez récompenser ma bonne volonté. J'ai là le vôtre.

DIANE.

Tu peux le garder. Mais non, il vaut mieux le déchirer.

THÉODORE.

Le déchirer !

DIANE.

Oui; cette perte est peu de chose quand on en risque de plus grandes.

(Elle sort.)

THÉODORE.

Elle sort! Qui eût jamais cru qu'une femme si noble et si sage osât donner aussi brusquement à connaître son amour? Mais non; je dois me tromper... Cependant jamais elle ne m'avait dit : Cette perte est peu de chose, quand on en risque de plus grandes. De plus grandes pertes! Sans doute, si elle parlait d'elle... Mais à quoi m'arrêté-je? et cette perte, et tous ces discours, ce ne sont que des plaisanteries. Eh non! la comtesse est si raisonnable, si sage! Rien ne serait plus contraire à son caractère que de pareils badinages. Les plus grands seigneurs de Naples lui font la cour; et moi! moi! je crois que je suis en grand danger. Elle a su peut-être que j'aimais Marcelle. Voilà sur quoi elle a établi son projet. Elle veut se moquer de moi... Ma crainte est mal fondée : ce n'est point par moquerie que le plus vif incarnat a coloré sa figure, qu'elle m'a dit en tremblant, on risque de plus grandes pertes. Comme la rose se colore et s'entr'ouvre aux pleurs de l'aurore, ainsi, brillante d'une couleur plus animée, elle fixait ses regards sur moi. Ce que je vois, ce que j'entends, si ce n'est point une illusion, c'est trop peu pour la vérité, et trop pour une plaisanterie. Arrête-toi, cœur insensé ; tu cours après la grandeur. Non, c'est après la beauté : Diane est charmante, et son esprit égale ses attraits.

(Marcelle entre.)

MARCELLE.

Pouvons-nous causer?

THÉODORE.

Profitons de cette occasion ; pour toi, ma chère Marcelle, la mort ne m'effraierait pas.

MARCELLE.

Pour te voir et pour te parler, j'exposerais mille vies ; j'ai attendu le jour avec l'impatience de la tourterelle laissée seule dans son nid, et lorsque j'ai vu que l'aurore annonçait le lever du soleil, j'ai dit : Moi aussi, je vais voir celui qui est mon jour, ma vie. Il s'est passé bien des choses depuis que tu m'as quittée. La comtesse ne voulut point se retirer qu'elle n'eût éclairci ses soupçons : des amies qui enviaient mon bonheur lui racontèrent déloyalement toutes nos amours ; car il n'y a point d'amitié véritable entre ceux qui servent dans la même maison. Enfin

JOURNÉE I, SCÈNE II.

elle sait tout [7]; mais je t'assure, Théodore, que ce sera pour notre bien. Je lui ai dit combien tes intentions étaient pures ; que tu voulais ma main ; j'ai fait plus, j'ai osé lui confier que je t'adore. Je lui ai peint tes qualités, tes agrémens, ton esprit; et alors sa grande âme a été si émue en ma faveur, qu'elle m'a assuré voir avec plaisir mes vœux pour être à toi, et m'a donné sa parole de nous marier bientôt : je croyais qu'elle allait s'irriter, nous chasser tous les deux, et punir mes compagnes ; mais son sang aussi généreux qu'illustre l'a mieux inspirée; son esprit aussi élevé que prudent lui a fait reconnaître ton mérite. Heureux, heureux, qui sert bon maître [8] !

THÉODORE.

Elle a promis, dis-tu, de nous marier?

MARCELLE.

Es-tu surpris qu'elle favorise une de ses parentes?

THÉODORE, à part.

Je me suis trompé. Malheureux ! je croyais que c'était d'elle que parlait la comtesse. Comment ai-je pu penser qu'elle m'aimât, et qu'elle s'abaissât à vouloir faire une conquête aussi indigne d'elle [9] ?

MARCELLE.

Que dis-tu là tout seul?

THÉODORE.

Marcelle, Diane m'a parlé ; mais elle ne m'a point donné à connaître qu'elle sût que ce fût moi qui sortis hier de son appartement.

MARCELLE.

Elle a fait sagement, pour n'être pas forcée à nous

punir d'une autre manière que par le mariage; c'est le châtiment le plus doux pour deux cœurs qui s'aiment bien.

THÉODORE.

C'est aussi le moyen le plus honorable de réparer l'offense que nous avons commise.

MARCELLE.

Y consentiras-tu?

THÉODORE.

Avec joie.

MARCELLE.

Assure-le moi.

THÉODORE.

Viens sur mon cœur, ce sont les traits de la plume de l'amour, et il n'y a point de meilleure signature d'une telle promesse qu'un tendre embrassement [10].

(Diane entre.)

DIANE.

Il paraît que vous vous corrigez. Je dois être satisfaite; celui qui reprend est bien aise de voir le fruit de ses avis : ne vous dérangez pas.

THÉODORE.

Madame, je disais à Marcelle combien j'avais eu de chagrin lorsque je sortis de votre appartement; j'ai craint que vous ne pensassiez que la témérité que m'inspirait le projet de me marier avec elle, eût eu pour but de vous offenser. J'ai pensé en mourir; elle m'a répondu que vous vouliez montrer, en nous unissant, votre bonté et votre grandeur d'âme. Je l'embrassais, et songez, madame, que, si je voulais tromper votre seigneurie, je pourrais chercher d'autres détours; mais auprès d'une personne aussi sage, dire la vérité est toujours le meilleur.

DIANE.

Théodore, vous avez manqué au respect que vous deviez à ma maison; vous méritez d'être puni, et la générosité que j'ai eue envers vous ne devait point vous autoriser à prendre plus de licence. Lorsque l'amour passe certaines bornes, il ne peut plus servir d'excuse. Jusques à votre mariage, il sera plus convenable que Marcelle soit enfermée. Je ne veux pas que mes autres femmes vous voient ensemble, et qu'elles suivent de tels exemples. Dorothée! Dorothée!

(Dorothée entre.)

DOROTHÉE.

Madame?

DIANE.

Prends la clef de ma chambre, et enfermes-y Marcelle; j'ai à l'y faire travailler; et ne croyez point que je sois fâchée contre elle.

DOROTHÉE, à Marcelle.

Qu'est ceci, Marcelle?

MARCELLE, à Dorothée.

La puissance de l'amour et du malheur. Elle m'enferme à cause de Théodore.

DOROTHÉE.

Ne crains point ici de prison. L'amour sait ouvrir toutes les portes.

(Elles sortent.)

DIANE.

Ainsi, Théodore, tu veux te marier?

THÉODORE.

Moi, madame, je ne veux que ce qui pourra vous plaire; et croyez-moi, mon offense est moindre qu'on ne vous l'a dit. Vous savez que l'envie à la langue de serpent habite les palais des grands, et non les déserts des montagnes.

DIANE.

Tu n'aimes donc pas Marcelle?

THÉODORE.

Je puis vivre sans la posséder.

DIANE.

Elle m'a dit que tu perdais l'esprit pour elle.

THÉODORE.

C'est si peu de chose que la perte serait légère; croyez-moi, madame, quoique je sache que Marcelle est digne de beaucoup d'amour, je ne ressens point pour elle tout celui qu'elle mérite.

DIANE.

Mais ne lui as-tu pas fait des déclarations, dit des galanteries qui auraient pu émouvoir des cœurs plus difficiles à conquérir que le sien?

THÉODORE.

Les paroles coûtent peu.

DIANE.

Voyons; que lui as-tu dit? Répète-le moi; comment les homme parlent-ils d'amour?

THÉODORE.

Ils désirent, ils demandent, et revêtent de mille

paroles une seule vérité, encore n'y est-elle pas toujours.

DIANE.

Oui, mais quels sont ces discours ?

THÉODORE.

Votre seigneurie est pressante. Je lui disais... Ces yeux, ces yeux charmans, sont la lumière qui m'éclaire ; le corail et les perles qui ornent cette bouche céleste...

DIANE.

Céleste ?

THÉODORE.

Ces paroles et bien d'autres sont l'alphabet des amoureux.

DIANE.

Tu as mauvais goût, Théodore ; n'en sois pas fâché, mais je perds beaucoup de la bonne opinion que j'avais de toi. Marcelle a plus de défauts que d'attraits ; je la vois de plus près, et j'ai eu souvent à la gronder... Je ne veux pas te dégoûter d'elle ; il y a telle chose que je pourrais t'apprendre.... Mais laissons là ses défauts et ses qualités ; je suis bien aise que tu l'aimes, et que vous vous mariiez. A la bonne heure. Maintenant, donne-moi un conseil, toi qui es amoureux, pour cette amie dont je t'ai parlé, et qui depuis long-temps est tourmentée de l'amour qu'elle ressent pour un homme au-dessous d'elle. Si elle se déclare, elle se manque à elle-même ; si elle se tait, elle meurt de jalousie, parce que ce jeune homme, qui ne soupçonne pas tant d'amour, quoiqu'il ne manque pas d'esprit, est timide et craintif auprès d'elle.

THÉODORE.

Je n'entends rien à l'amour, madame; en vérité, je ne saurais quel conseil vous donner.

DIANE.

Réponds que tu ne le veux point. Comment dis-tu à Marcelle? ne lui contais-tu pas des galanteries? Ah! si ces murailles pouvaient parler...

THÉODORE.

Ces murailles n'auraient rien à dire.

DIANE.

Arrête, tu rougis, et ce que ta langue nie, ta rougeur me l'avoue,

THÉODORE.

Si elle vous a conté quelque chose, elle vous a trompée; je ne sais de quoi elle pourrait se plaindre; je lui ai pris une seule fois la main.

DIANE.

Oui, mais des mains comme celles-là ne reviennent pas sans avoir reçu des baisers [11].

THÉODORE, à part.

Cette pauvre Marcelle était folle. (*Haut*). Il est vrai qu'une fois j'eus la hardiesse de rafraîchir l'ardeur de mes lèvres sur le lis et la neige...

DIANE.

La neige et le lis; je suis bien aise de connaître un tel remède contre l'inflammation des lèvres. Maintenant tu ne peux t'en défendre. Que me conseilles-tu, ou que dois-je conseiller à mon amie?

THÉODORE.

Si cette dame aime un homme si fort au-dessous d'elle, si l'amour qu'elle a pour lui doit tellement la dégrader, qu'elle se déguise, et que par quelque ruse, sans être connue de lui [12]...

DIANE.

Il pourrait s'en douter lui-même. Ne vaudrait-il pas mieux le faire tuer ?

THÉODORE.

On dit que Marc-Aurèle en fit autant pour un gladiateur, aimé de sa femme ; mais de tels crimes appartiennent aux païens.

DIANE.

S'il y eut alors une Faustine, à présent les Lucrèces sont rares. Écris quelque chose sur ce sujet ; adieu. Ahie ! je suis tombée... Donne-moi la main.

THÉODORE, lui donnant la main.

Je n'osais vous la présenter.

DIANE.

A quoi bon le coin de ce manteau ?

THÉODORE.

C'est ainsi qu'Octavio vous la donne lorsqu'il vous accompagne à la messe.

DIANE.

Quelle main aussi ! Elle a plus de soixante-dix ans. Elle est desséchée, et le drap qui la couvre est son drap mortuaire. Envelopper sa main pour la donner à quelqu'un qui tombe, c'est faire comme celui qui va revêtir sa cotte de mailles quand un ami l'appelle au secours : lorsqu'il arrive, l'autre est déjà mort ; et d'ailleurs la main, comme l'homme lui-même, si elle est honnête, n'a pas besoin de se voiler.

THÉODORE.

Agréez mes remercîmens de la grâce que vous me faites.

DIANE.

Lorsque tu seras écuyer, alors tu pourras, Théodore, offrir ta main enveloppée dans les plis d'un large manteau. Aujourd'hui tu es secrétaire... Et, prends-y bien garde, sois secret sur la chute que j'ai faite, si tu ne veux pas tomber.

(Elle sort.)

THÉODORE.

Puis-je croire à la vérité de ce que je vois ? Sans doute, Diane est femme, et en me demandant ma main, l'expression de la crainte fut écartée par les roses qui couvrirent sa charmante figure. Sa main a tremblé ; je l'ai senti. Que ferai-je ? je suivrai mon heureux destin. Je ne donne rien à la crainte ; c'est du courage que j'attends tout. Mais abandonner Marcelle... C'est une injustice. Une femme ne doit pas recevoir de tels affronts pour prix de ses bontés... Ma foi, elles nous abandonnent quand il leur plaît, pour leur intérêt, pour une fantaisie nouvelle. Imitons-les... Elles en mourront tout comme les hommes en meurent.

FIN DE LA PREMIÈRE JOURNÉE.

JOURNÉE DEUXIÈME.

SCÈNE PREMIÈRE.

Une place publique.

LE COMTE FRÉDÉRIC, LÉONIDE.

FRÉDÉRIC.

Tu l'as vue passer ici.

LÉONIDE.

Oui, elle a été à l'église, en embellissant tout sous ses pas comme la lumière du jour embellit la campagne lorsqu'elle commence à l'éclairer. Elle n'y restera pas long-temps. Je connais le prêtre, et sais qu'il est expéditif.

FRÉDÉRIC.

Je voudrais pouvoir lui parler.

LÉONIDE.

Étant son cousin, il est de votre devoir de l'accompagner.

FRÉDÉRIC.

Les vues que j'ai sur elle ont rendu ma parenté suspecte. Avant de l'aimer, je n'avais jamais connu cette crainte. Un homme qui visite librement une femme comme parent ou comme ami, s'il vient à l'aimer, s'éloigne, est timide et n'ose plus lui parler. C'est ce qui m'est arrivé avec ma cousine la comtesse; je suis fâché de l'adorer, parce qu'il m'est à présent impossible de jouir de sa société avec autant de liberté qu'auparavant.

(Le marquis Ricardo entre avec Célio son domestique.)

CÉLIO.

Je vous répète qu'elle est sortie à pied avec les gens de sa maison.

RICARDO.

L'église est si près, et Diane est si belle, qu'elle aura voulu se montrer.

CÉLIO.

N'avez-vous pas vu le soleil faire disparaître dans ses rayons d'or les brillantes étoiles du taureau, au milieu de nuages d'écarlate. C'est un poëte qui dit cela. Eh bien, la comtesse de Belflor a paru de même, si ce n'est qu'au lieu d'un soleil, ses yeux nous en montraient deux tout à la fois.

RICARDO.

Ta comparaison est d'autant meilleure que le soleil va parcourant divers signes, ce sont les rivaux qui se la disputent. Voilà Frédéric qui attend ses rayons.

CÉLIO.

Lequel de vous deux sera le taureau ?

RICARDO.

Lui que sa parenté rapproche d'elle. Mais moi, qui ne viens qu'après, je serai le lion.

FRÉDÉRIC.

Voilà Ricardo.

LÉONIDE.

C'est lui-même.

FRÉDÉRIC.

J'aurais été bien étonné qu'il eût manqué cette occasion.

LÉONIDE.

Il est brillant, notre marquis.

FRÉDÉRIC.

Tu serais jaloux toi-même, que tu ne l'aurais pas mieux remarqué.

LÉONIDE.

Vous êtes jaloux?

FRÉDÉRIC.

Ne fût-ce que de ce que tu lui donnes des éloges.

LÉONIDE.

Si Diane n'aime personne, de quoi pouvez-vous avoir de la jalousie?

FRÉDÉRIC.

De ce qu'elle pourrait l'aimer. Elle est femme.

LÉONIDE.

Oui, mais si vaine, si hautaine, si dédaigneuse, que vous pouvez tous être bien tranquilles.

FRÉDÉRIC.

La hauteur sied à la beauté.

LÉONIDE.

L'indifférence n'embellit pas.

CÉLIO, au marquis.

Diane sort, monsieur.

RICARDO.

Le jour va se lever pour moi.

CÉLIO.

Vous voulez lui parler?

RICARDO.

Sans doute, si mon rival me le permet.

(Diane entre précédée de Fabio et de Théodore, appuyée sur la main d'Octavio; derrière elle sont Marcelle, Anarde, Dorothée et d'autres domestiques.)

FRÉDÉRIC, à Diane.

Je vous attendais pour avoir le bonheur de vous voir.

DIANE.

Je suis enchantée de vous avoir rencontré.

RICARDO, à Diane.

Je viens aussi, madame, vous accompagner, et vous offrir mes hommages.

DIANE.

Je suis flattée de cette courtoisie, marquis; agréez mes remercîmens.

RICARDO.

Je ne pouvais moins faire pour vous.

FRÉDÉRIC, à Léonide.

Je crois que je ne suis ni bien vu, ni bien reçu.

LÉONIDE, à Frédéric.

Parlez-lui, ne vous troublez pas.

FRÉDÉRIC, à Léonide.

Ah! Léonide, est-il étonnant que celui qui sait qu'on ne l'écoute pas avec plaisir se trouble et garde le silence?

(Tous sortent.)

SCÈNE II.

Chambre de Théodore.

THÉODORE.

Nouveau désir qui me tourmentes, arrête, arrête. Quelle folie à moi de t'écouter! Quelle audace!.. Lorsque le prix est grand, l'audace n'est point imprudente, et si le bien que j'espère est infini il doit m'être permis de le désirer. Mais sur quoi est-ce que je me fonde? ce que j'ai vu, l'occasion qui se présente, ne sont que des bases bien faibles, pour une entreprise pareille. Non, ce n'est pas la faute de mes désirs, si l'amour les élève si haut que j'en suis moi-même effrayé, c'est parce que je suis placé trop bas. Perdons-nous, puisqu'il le faut, en suivant ces vaines et douces pensées... Encor, n'est-ce pas se perdre que de succomber dans une entreprise aussi belle. D'autres se félicitent de leur bonheur, je me féliciterais de mon malheur aujourd'hui; il est si glorieux, qu'il peut donner de l'envie à la félicité.

(Tristan est entré pendant le monologue.)

TRISTAN.

Si, au milieu de toutes ces méditations, peut trouver place un billet de Marcelle, qui se console avec vous de sa détention, le voilà. On n'aime pas à voir ceux dont on n'a pas besoin ; les grands seigneurs, et vous ne les imitez pas mal, ont, lorsqu'ils sont heureux, des visites qui les importunent et les fatiguent ; lorsque la fortune leur tourne le dos, tous les fuient comme s'ils étaient pestiférés. Comme ce billet est de Marcelle, et qu'elle n'est pas en faveur, ne seriez-vous pas d'avis que nous le passassions au vinaigre, crainte de contagion ?

THÉODORE.

Et le billet et toi vous êtes bien importuns. Donne : A Théodore, mon époux ; mon époux ! quelle sottise !

TRISTAN.

Oui, c'est une sotte.

THÉODORE.

Demande à la Fortune, à la hauteur où elle m'a élevé, si je puis regarder une violette.

TRISTAN.

Lisez, lisez, je vous en prie, quelque divin que vous soyez. Il ne faut point dédaigner le vin parce qu'il y a des moucherons, et je me souviens du temps où cette Marcelle, qui est une violette, s'élevait à vos yeux à se perdre dans les nues comme un cèdre.

THÉODORE.

Mon cher Tristan, mes regards fixés sur le soleil ne peuvent plus s'arrêter à elle ; je suis étonné même de l'apercevoir encore.

TRISTAN.

Vous maintenez bien votre dignité, mais que ferons-nous du billet?

THÉODORE.

Le voilà.

TRISTAN.

Vous le déchirez?

THÉODORE.

Sans doute.

TRISTAN.

Pourquoi?

THÉODORE.

Pour avoir répondu plus vite.

TRISTAN.

C'est aussi par trop rigoureux.

THÉODORE.

Ne t'étonne pas; je ne suis plus le même.

TRISTAN.

Messieurs les amans, vous êtes des pharmaciens d'amour; les papiers, les ordonnances, les billets doux, se suivent l'un l'autre, et sont enfilés à la même aiguille. Récipé des soupçons, des querelles suivies d'une saignée. Récipé une absence lorsque vos affaires vous retiendraient à la ville. Récipé du *matrimonium*, drogue amère qu'il faut adoucir avec des sirops, et récipé de l'ennui et de la jalousie, après dix jours de plaisir. Récipé dans les boutiques des bijoux, des chiffons, des diamans, pour en faire des applications confortatives de l'amour, et après que tous les papiers sont bien réunis, bien arrangés, le jour du paiement arrive enfin, le malade est mort, l'amour s'est dissipé, on règle le compte, et l'on met au rebut tous les chiffons inutiles. Mais vous ne deviez pas au moins déchirer celui-là sans le lire.

THÉODORE.

Je crois que le vin lui fait perdre la raison.

TRISTAN.

Je crois que l'ambition commence à altérer la vôtre.

THÉODORE.

Tristan, chacun a sa portion de bonheur dans ce monde; ceux qui ne l'atteignent pas, c'est qu'ils n'osent pas reconnaître les occasions et aspirer à la fortune. Ou je mourrai dans l'entreprise, ou je serai comte de Belflor.

TRISTAN.

Il y avait un duc César, qui portait dans ses armoiries : Ou César ou rien. Après bien des succès le sort lui devint contraire, et l'on écrivit : Tu avais voulu être César ou rien, tu es devenu l'un et l'autre, tu fus César et n'es plus rien.

THÉODORE.

Quoi qu'il en soit, je l'entreprends ; et qu'ensuite la Fortune fasse de moi ce qu'elle voudra.

(Ils sortent.)

SCÈNE III.

Une salle de l'hôtel de la comtesse.

MARCELLE, DOROTHÉE.

DOROTHÉE.

Si entre tes compagnes de service, il y en a quelqu'une qui soit sensible à tes peines, crois, Marcelle, que c'est moi.

MARCELLE.

Dans la prison où on m'avait renfermée, notre amitié s'est augmentée, et je t'ai tant d'obligations, que je puis t'assurer, Dorothée, que tu n'as pas de meilleure amie que moi. Anarde croit sans doute que j'ignore ses amours avec Fabio, c'est pour cela qu'elle a osé raconter à la comtesse mes entretiens avec Théodore.

(Théodore et Fabio entrent.)

DOROTHÉE.

Le voilà.

MARCELLE.

Mon ami!

THÉODORE.

Arrête, Marcelle.

MARCELLE.

Quoi, mon cher, toi que j'adore...

THÉODORE.

Prenez garde à ce que vous faites, à ce que vous dites. Les tapisseries ont souvent révélé des secrets, et si elles représentent des figures, c'est pour nous rappeler qu'elles peuvent nous cacher quelque indiscret. La crainte a fait articuler des sons aux muets, et la méchanceté peut faire parler les murailles.

MARCELLE.

As-tu lu ma lettre?

THÉODORE.

Je l'ai déchirée sans la lire, et j'ai reçu une telle leçon, que j'ai rompu en même temps les liens de mon amour.

MARCELLE.

Et tu en tiens là les morceaux?

THÉODORE.

Oui.

MARCELLE.

Ainsi tu renonces à mon amour?

THÉODORE.

Dites-moi, cela ne vaut-il pas mieux que d'être à tous momens dans les plus grands embarras, dans des situations périlleuses? si vous êtes de mon avis, pour éviter tant de maux nous renoncerons à de vains projets.

MARCELLE.

Que dis-tu?

THÉODORE.

Que je suis décidé à ne plus donner à la comtesse de sujets de plaintes.

MARCELLE.

Ah! je ne l'avais que trop souvent aperçue, cette triste vérité!

THÉODORE.

Adieu, ma chère Marcelle, s'il ne doit plus y avoir d'amour entre nous, toujours nous conserverons notre amitié.

DOROTHÉE.

Cruel Théodore, pouvez-vous dire cela à votre amie?

THÉODORE.

J'aime la tranquillité, et je veux conserver pour la maison qui m'a donné toute mon existence le respect que je lui dois.

MARCELLE.

Écoute, écoute.

THÉODORE.

Laissez-moi.

MARCELLE.

Monstre, c'est ainsi que tu m'abandonnes!

THÉODORE.

Quelle fureur mal placée!

(Il sort.)

MARCELLE.

Tristan, Tristan!

TRISTAN.

Que voulez-vous?

MARCELLE.

Explique-moi ce que c'est.

TRISTAN.

De l'inconstance; Théodore veut imiter certaines jeunes personnes.

MARCELLE.

Quelles jeunes personnes?

TRISTAN.

Des filles qui sont tout sucre et tout miel.

MARCELLE.

Explique-toi.

TRISTAN.

Je n'ai rien à dire, Théodore a parlé; je suis la poignée de cette épée, le cachet de cette lettre, le manteau de ce voyageur, l'ombre de ce corps, la queue de cette comète, l'ongle de ce doigt, et ce n'est qu'en me coupant que l'on peut me séparer de lui.

(Il sort.)

MARCELLE.

Que penses-tu de cela, Dorothée?

DOROTHÉE.

Je n'ose en parler.

MARCELLE.

Eh bien je parlerai.

DOROTHÉE.

Non pas, moi.

MARCELLE.

Si bien, moi.

DOROTHÉE, bas.

Prends garde, Marcelle, ce qu'il disait des tapisseries n'était pas si déraisonnable.

MARCELLE.

Dans la fureur où je suis, il n'est point de dangers que je ne brave. Si je ne connaissais l'orgueil de la comtesse, je dirais que Théodore a quelques espérances : car ce n'est pas sans un secret motif que depuis quelques jours elle le favorise tant.

DOROTHÉE.

Tais-toi, la colère t'égare.

MARCELLE.

N'importe, je me vengerai, et je ne suis pas si innocente que j'ignore les moyens de leur donner du chagrin.

(Fabio entre.)

FABIO.

Le secrétaire est-il là ?

MARCELLE.

Voulez-vous vous moquer de moi ?

FABIO.

Mon Dieu non ! je le cherche, parce que madame m'a ordonné de l'appeler.

MARCELLE.

Que cela soit ou non, demandez à Dorothée comment je viens de le traiter. N'est-ce pas un fat, un ennuyeux, notre cher secrétaire ?

FABIO.

Croyez-vous me donner le change par ces paroles? pensez-vous que j'ignore vos secrets, et combien vous êtes d'accord ensemble ?

MARCELLE.

Nous d'accord ! vous êtes bon.

FABIO.

Vous avez beau dire, je vois que vous voulez me tromper.

MARCELLE.

Je l'avoue, autrefois j'ai écouté les folies que me

disait Théodore, mais aujourd'hui j'en aime un autre, un autre qui vous ressemble beaucoup.

FABIO.

Qui me ressemble?

MARCELLE.

Comme vous vous ressemblez à vous-même.

FABIO.

Vous? et c'est à moi que vous le dites, Marcelle!

MARCELLE.

Si je veux vous tromper, si vos regards ne me charment pas, si votre tournure ne me convient pas, si je ne suis pas à vous quand vous le voudrez, puissé-je mourir du plus grand des chagrins, du chagrin de me voir refusée.

FABIO.

Si ce n'est que cela, vous n'en mourrez pas; ne disposez de votre vie que pour me la consacrer. Mais que ce ne soit pas un piége, je vous en prie; quel avantage en retireriez-vous?

DOROTHÉE.

Prenez courage, Fabio, et profitez de l'occasion. Il faut aujourd'hui que Marcelle vous aime; elle y est forcée.

FABIO.

Si elle m'aimait volontairement, ce serait un véritable amour.

DOROTHÉE.

Théodore a d'autres vues; il vous laisse le champ libre.

FABIO.

Je vais le chercher pour remplir ma commission. Je ne suis que votre pis-aller, et comme une lettre à double adresse, vous êtes à Fabio en l'absence de Théodore. Mais quoique mon orgueil en souffre, je me trouve encore trop heureux. Nous en parlerons plus à loisir, et vous pouvez compter sur moi.

(Il sort.)

DOROTHÉE.

Qu'as-tu fait?

MARCELLE.

Que sais-je? je ne suis plus maîtresse de moi-même. Anarde n'aime-t-elle pas Fabio?

DOROTHÉE.

Sans doute.

MARCELLE.

Eh bien, je me vengerai des deux à la fois. Amour est le dieu et de l'envie et de la vengeance.

(La comtesse entre avec Anarde.)

DIANE.

Telle a été l'occasion, ne m'en parle plus.

ANARDE.

L'excuse que vous me donnez me rend confuse moi-même : voilà Marcelle, madame, qui parle avec Dorothée.

DIANE.

Je ne pouvais à présent voir d'objet qui me fût plus désagréable. Rentrez, mesdemoiselles.

MARCELLE, bas à Dorothée.

Sortons, Dorothée ; je disais bien, ou qu'elle me soupçonne, ou qu'elle est jalouse de moi.

(Elles sortent.)

ANARDE.

Puis-je vous parler ?

DIANE.

Parle.

ANARDE.

Les deux seigneurs qui viennent de vous quitter sont pleins d'amour pour vous, votre dédain pour eux passe tout ce que nous content les histoires et les romans ; et, lorsque l'on a tant de hauteur, il arrive....

DIANE.

Je suis déjà fatiguée de t'écouter.

ANARDE.

Avec qui votre seigneurie veut-elle se marier ? Le marquis Ricardo, par sa générosité, sa bonne mine, ne surpasse-t-il pas, ou du moins n'égale-t-il pas nos plus grands seigneurs ? La femme la plus distinguée ne peut-elle pas devenir l'épouse de votre cousin Frédéric ? Pourquoi les avoir congédiés, et encore avec tant de mépris ?

DIANE.

Parce que l'un est un étourdi, l'autre un sot, et toi, qui ne sais pas m'entendre, plus insupportable que tous les deux. Je ne les aime point, parce que j'aime ; et j'aime parce que je n'ai pas d'espoir.

ANARDE.

Qu'entends-je, ô ciel ! vous de l'amour !

DIANE.

Ne suis-je pas femme ?

ANARDE.

Oui, mais insensible comme le rocher, froide comme la glace.

DIANE.

Hé bien, mon insensibilité, ma froideur, tout est tombé devant un homme du plus bas étage.

ANARDE.

Qui donc ?

DIANE.

Le sentiment de ce que je me dois m'empêche de te le nommer. Sache seulement que mon attachement pour lui peut faire tort à mon honneur.

ANARDE.

Mais, après tout, madame, si c'est un homme, il est de notre espèce, et je ne vois pas le tort que cela peut vous faire. Si l'on en croyait l'histoire, les païennes étaient moins scrupuleuses.

DIANE.

Celle qui aime peut haïr, si elle le veut. C'est là le mieux. Mon parti est pris, je veux cesser d'aimer.

ANARDE.

Le pourrez-vous ?

DIANE.

Sans doute, j'ai aimé quand j'ai voulu, je cesserai d'aimer quand il me plaira. Qui chante ?

ANARDE.

C'est Fabio et Clara.

DIANE.

Voyons si leur chant dissipera mes ennuis.

ANARDE.

Écoutez ; la musique et l'amour se conviennent à merveille.

(Chant, derrière la scène.)

Que ne peut-on, à son gré, tour à tour,
Pour oublier une inhumaine,
Pour payer un tendre retour,
Passer de l'amour à la haine,
Passer de la haine à l'amour.

ANARDE.

Vous avez entendu la chanson. Elle dit que vous vous trompez.

DIANE.

Je la ferai mentir ; je me connais moi-même, et tu verras s'il n'est pas en mon pouvoir de haïr comme d'aimer.

ANARDE.

C'est plus loin que ne va la force humaine.

(Théodore entre.)

THÉODORE.

Fabio m'a dit, madame, que vous l'aviez chargé de m'appeler.

DIANE.

Il y a déjà long-temps que je t'attendais.

THÉODORE.

Je suis venu dès que j'ai connu vos ordres. Pardonnez-moi si j'ai manqué.

DIANE.

Tu as vu ces deux seigneurs, mes deux amans?

THÉODORE.

Oui, madame.

DIANE.

Ils sont bien l'un et l'autre.

THÉODORE.

Très-bien.

DIANE.

Je ne veux pas me déterminer sans ton conseil. Auquel des deux crois-tu que je doive accorder ma main?

THÉODORE.

Quel conseil voulez-vous, madame, que je vous donne sur ce qui ne dépend que de votre goût? Celui que vous me choisirez pour maître sera le meilleur à mes yeux.

DIANE.

Tu reconnais bien mal l'honneur que je te fais en te demandant un avis dans une occasion aussi importante.

THÉODORE.

Mais, madame, n'avez-vous pas parmi vos serviteurs des gens plus mûrs, qui sont plus en état que moi de décider de ces choses? Octavio, votre écuyer, par son âge et ses connaissances...

DIANE.

Je veux que le maître que je te donnerai te plaise.

Dis-moi, le marquis Ricardo ne te semble-t-il pas préférable à mon cousin?

THÉODORE.

Sans doute, madame.

DIANE.

Eh bien, je choisis le marquis. Va lui en porter la nouvelle.

(Elle sort avec Anarile.)

THÉODORE.

Y a-t-il un malheur semblable, une résolution plus prompte, un changement plus subit? Voilà donc où en sont mes projets. J'ai voulu m'élever jusqu'à un ange, je suis retombé jusqu'à terre.... Diane s'est trompée elle-même. Ah! combien j'ai eu tort de me fier à quelques paroles tendres! Combien les nœuds d'amour se lient mal entre des personnes de condition inégale? Dois-je être surpris que ces beaux yeux m'aient séduit? Ils auraient séduit le plus sage [21]. Je ne puis me plaindre que de moi... mais de quoi me plaindre? Qu'ai-je perdu? Je croirai que j'ai eu un violent délire, et que, pendant qu'il a duré, j'ai rêvé ces extravagances.[22] Pensées orgueilleuses, adieu. Comte de Belflor, retournez la proue vers votre rivage accoutumé. Revenons à Marcelle.... à Marcelle... oui, il faut bien qu'elle me suffise. Que les dames cherchent de grands seigneurs, l'amour veut de l'égalité. Idées vaines, rentrez dans le néant d'où vous êtes sorties; on ne fait que hâter sa chute lorsque l'on veut trop s'élever.

(Fabio entre.)

FABIO.

Tu as déjà vu la comtesse?

THÉODORE.

Oui, je viens de lui parler, et je suis très-satisfait, parce qu'enfin elle se décide à changer d'état; de ces deux amans que tu connais, et qui l'un et l'autre l'adorent, sa sagesse choisit le marquis.

FABIO.

C'est une preuve de bon sens.

THÉODORE.

Elle m'a chargé de lui en porter la nouvelle; mais comme je suis ton ami, Fabio, je veux te céder le cadeau que le marquis fera sans doute à celui qui la lui donnera le premier. Va vite, et remplis cette agréable commission.

FABIO.

Ta générosité me prouve ton amitié et te garantit la mienne. Je pars et je reviendrai bientôt, enchanté de toi, satisfait de ce mariage. Le marquis Ricardo peut croire à son mérite, car il n'était pas facile de décider la comtesse à fixer son choix.

(Il sort.)

(Tristan entre.)

TRISTAN.

Je viens, tout troublé, vous chercher. Ce que l'on m'a dit est-il vrai?

THÉODORE.

Si l'on t'a dit que je suis cruellement détrompé, c'est vrai.

TRISTAN.

J'avais déjà vu sur leurs deux fauteuils les deux

seigneurs qui ennuyaient et obsédaient la comtesse, [23] mais j'ignorais qu'elle eût fait un choix.

THÉODORE.

Eh bien! Tristan, elle est venue tout à l'heure, cette inconstante, cette volage, cette girouette, ce monstre d'instabilité [24], cette femme enfin, cette enchanteresse, qui veut me perdre pour déshonorer sa victoire; elle est venue, elle m'a ordonné de lui dire lequel des deux me paraissait le plus aimable, parce qu'elle ne voulait pas se marier sans mon conseil: je suis resté atterré, immobile, ayant tellement perdu le sens, que je n'ai pas même eu la force de répondre des folies. Elle m'a dit enfin que le marquis lui plaisait davantage; et c'était moi qu'elle avait chargé de le lui annoncer!

TRISTAN.

Ainsi elle se marie?

THÉODORE.

Avec le marquis Ricardo.

TRISTAN.

Si je ne voyais dans quel état vous êtes, s'il n'était inhumain d'affliger encore ceux qui sont dans l'affliction, je vous rappellerais ces prétentions que vous aviez à être comte.

THÉODORE.

Oui, sans doute, je les ai eues, et encore...

TRISTAN.

C'est une faute que vous avez faite.

THÉODORE.

Sans doute ; j'ai été trop facile à croire aux regards d'une femme.

TRISTAN.

Je vous l'ai dit souvent, mon cher maître, il n'y a pas de vase de poison plus dangereux que les yeux de ces ingrates.

THÉODORE.

J'ose à peine lever les miens de honte et de colère. Qu'y faire? c'est fini ; le seul remède c'est d'ensevelir dans l'oubli et l'amour que j'avais, et les chimères qu'il m'avait inspirées.

TRISTAN.

Et de revenir à Marcelle.

THÉODORE.

La voilà. Nous serons bientôt amis.

(Marcelle entre.)

MARCELLE, se croyant seule.

Qu'il est malaisé de feindre un amour qu'on ne sent pas! qu'il est pénible d'oublier un amour qu'on a éprouvé! Plus je cherche à en détourner mes pensées, plus il obsède ma mémoire. Mais il le faut, il le faut pour mon honneur. Je dois me venger de la tromperie dont je fus la victime; un goût nouveau guérira les plaies de mon ancien amour, c'est le seul moyen d'en perdre le souvenir. Mais pourrai-je aimer, tandis que je ressens une autre passion? au lieu de me venger, n'est-ce pas moi qui souffrirai? Non, je ferai mieux d'attendre que de me perdre.

Souvent l'amour se rallume au moment où l'on croit qu'il va s'éteindre [25].

THÉODORE.

Marcelle !

MARCELLE.

Qui est-ce ?

THÉODORE.

C'est moi. C'est donc ainsi que tu m'oublies ?

MARCELLE.

Et je vous ai si bien oublié, que je voudrais être hors de moi-même, pour ne pas me rappeler de vous ; je ne veux ni vous voir, ni penser à vous ; quoique vous puissiez être bien sûr que je n'oublie pas votre conduite. Comment avez-vous osé me nommer ? Comment votre bouche a-t-elle osé répéter le nom de Marcelle ?

THÉODORE.

Je voulais éprouver ta constance. Mais tu en as eu si peu, que tu ne m'as pas laissé le temps de savoir à quoi m'en tenir. On m'a dit que vous aviez déjà jeté les yeux sur un amant qui doit me remplacer.

MARCELLE.

Théodore, jamais un homme sage n'éprouva ni verre ni femme ; mais ne crois pas me tromper par ce conte. Je te connais, Théodore. Je sais les pensées qui t'ont égaré. Eh bien, comment va ? Tes projets réussissent-ils comme tu l'imaginais ? Ne te coûtent-ils pas plus qu'ils ne valent ? Il n'y a point de perfections qui puissent égaler les qualités de ton adorable maîtresse. Mais que t'est-il arrivé ? qu'as-tu ? Tu me sembles troublé ? Est-ce que le vent aurait changé ? Viens-tu à présent chercher ton égale, ou veux-tu seulement rire de sa crédulité ? Certes, je l'avoue, Théodore, je serais bien aise que tu me fisses l'honneur de me donner des espérances.

THÉODORE.

Si tu veux me punir, Marcelle, tu en es la maîtresse. Mais songe que l'amour est généreux ; ne montre pas tant de sévérité ; la vengeance est une lâcheté dans le vainqueur. Tu as vaincu, Marcelle, pardonne-moi mon erreur, s'il te reste quelque amour : je reviens à toi ; ce n'est point parce que je ne puis poursuivre de vaines espérances, mais parce que ces changemens ont réveillé en moi ton souvenir. Que ton amour se réveille aussi, puisque j'avoue ta victoire.

MARCELLE.

A Dieu ne plaise que je détruise ainsi les fondemens de ta grandeur ! Sers ta belle, tu fais bien ; obstine-toi, ne quitte pas l'entreprise, ton amante t'accuserait de lâcheté. Suis le bonheur que t'offre l'orgueil : moi, je suis celui que l'amour me présente. Je ne t'offense point en aimant Fabio, puisque tu m'as abandonnée ; et, quoique peut-être il ne vaille pas mieux que toi, il me suffit de venger mon injure. Adieu, je suis déjà fatiguée de te voir, et je crains que Fabio, qui est presque mon époux, ne nous rencontre ensemble.

THÉODORE.

Arrête-la, Tristan ; elle veut sortir.

TRISTAN.

Écoutez, écoutez donc, mademoiselle ; s'il a cessé

de vous aimer, il est prêt à recommencer; s'il a eu tort de vous quitter, il le répare en vous recherchant. Écoutez-moi donc, Marcelle.

MARCELLE.

Que veux-tu, Tristan?

TRISTAN.

Attendez un moment.
(Il lui parle.)

(La comtesse et Anarde paraissent à la porte.)

DIANE, bas à Anarde.

Théodore et Marcelle ici!

ANARDE.

Vous paraissez fachée qu'ils se parlent.

DIANE.

Prends cette portière et couvrons-nous. La jalousie réveille mon amour.

MARCELLE.

Au nom de Dieu, Tristan, laisse-moi.

ANARDE.

Tristan cherche à les mettre d'accord; ils doivent être brouillés.

DIANE.

Ce coquin de laquais me met hors de moi [26].

TRISTAN.

L'éclair ne passe pas plus vite que ne passe à ses yeux la beauté froide et régulière de celle qui l'adore. Il méprise ses richesses; votre gentillesse, vos attraits valent mieux que tous ses trésors. Cet amour a disparu comme disparaît une comète. Écoutez Théodore.

DIANE.

Le drôle est bon courtier.

THÉODORE.

Si, engagée à Fabio, elle m'avoue qu'elle l'aime, pourquoi m'appelles-tu ?

TRISTAN.

Voilà l'autre qui se fâche.

THÉODORE.

Ils feront mieux de se marier.

TRISTAN.

Vous aussi ! Voilà une belle rancune. Allons, finissons, donnez-moi votre main, et faites la paix.

THÉODORE.

Crois-tu donc me persuader ?

TRISTAN.

Donnez votre main, mademoiselle, pour l'amour de moi.

THÉODORE.

Ai-je jamais dit à Marcelle que j'avais un autre amour ? Et elle m'a dit....

TRISTAN.

C'était une ruse pour vous punir de votre brusquerie.

MARCELLE.

Non, ce n'est point par ruse, c'est bien vrai.

TRISTAN.

Allons, petite folle, venez. Vous avez tous les deux perdu l'esprit.

THÉODORE.

J'ai prié d'abord, mais à présent que je meure si je fais la paix.

MARCELLE.

Que le ciel....

TRISTAN.

Chut. Ne jurez pas....

MARCELLE.

Quoique je sois en colère, je crains de me trouver mal.

TRISTAN.

Tenez-vous bien, et restez là.

DIANE, bas à Anarde.

Comme le fripon est adroit!

MARCELLE.

Laisse-moi, Tristan, j'ai affaire.

THÉODORE.

Oui, laisse-la.

TRISTAN.

Eh bien! qu'elle parte; je ne l'arrête pas.

THÉODORE.

Retiens-la.

MARCELLE.

Je reste, mon amour.

TRISTAN.

Que ne sortez-vous l'un et l'autre, puisque je ne vous tiens plus.

MARCELLE.

Ah! mon ami, je ne puis m'éloigner de toi.

THÉODORE.

Ma constance sera inébranlable.

MARCELLE.

Viens dans mes bras.

THÉODORE.

Je te presserai dans les miens.

TRISTAN.

Si vous n'aviez pas besoin de moi, pourquoi me donner tant de peine?

ANARDE, à Diane.

Ce spectacle vous plaît.

DIANE.

Je suis bien aise de voir combien peu il y a à se fier à un homme ou à une femme.

THÉODORE.

Comme tu m'as traité, Marcelle!

TRISTAN.

Vous êtes d'accord, j'en rends grâces au ciel; car c'est une déshonneur pour un courtier quand il ne peut conclure son marché.

MARCELLE.

Si jamais je veux t'abandonner pour Fabio ou pour tout autre, que je meure des chagrins que tu me donneras!

THÉODORE.

Mon amour renaît aujourd'hui, et si je t'oublie jamais, que pour ma punition je te voie entre les bras de Fabio!

MARCELLE.

Veux-tu réparer tes torts?

THÉODORE.

Que ne ferai-je pas pour toi et près de toi?

MARCELLE.

Dis que toutes les femmes sont laides.

THÉODORE.

Comparées à toi, certainement. Que veux-tu de plus?

MARCELLE.

J'ai quelque jalousie. Puisque tu veux être mon ami, dis-moi... Quoique Tristan y soit, n'importe.

TRISTAN.

N'importe : quand vous parleriez de moi.

MARCELLE.

Dis que la comtesse est laide.

THÉODORE.

Sa vue est pénible pour moi [27].

MARCELLE.

Elle est étourdie.

THÉODORE.

A l'extrême.

MARCELLE.

Bavarde, précieuse.

THÉODORE.

Sans contredit.

DIANE, à Anarde.

Il faut que je les dérange, ils pourraient aller trop loin ; je brûle et tremble à la fois.

ANARDE.

Arrêtez, madame, ne vous montrez pas.

TRISTAN,

Si vous voulez entendre dire du mal de la comtesse, de son port, de ses manières, c'est moi qu'il faut écouter.

DIANE.

L'écouter! a-t-on vu pareille impudence?

TRISTAN.

Premier point...

DIANE.

Je n'attendrai pas le second, ce serait folie.

(Elles se montrent.)

MARCELLE.

Je m'en vais, Théodore.

(Elle sort en saluant la comtesse.)

TRISTAN.

La comtesse!

THÉODORE.

La comtesse!

DIANE.

Théodore.

THÉODORE.

Veuillez, madame....

TRISTAN.

L'orage commence, je ne veux pas attendre le tonnerre.

(Il sort.)

DIANE.

Anarde, porte une table, je veux que Théodore écrive une lettre sous ma dictée.

(Anarde sort.)

THÉODORE.

Je tremble; aura-t-elle entendu ce que nous avons dit ?

DIANE, à part.

La jalousie a plus que jamais rallumé mon amour. Cet ingrat aime Marcelle, et moi, je n'ai donc pas assez de qualités pour qu'il m'aime aussi? Ils peuvent se moquer de moi !

THÉODORE, à part,

Elle murmure et se plaint. Je n'ai que trop oublié ce que je disais, que dans les palais les murs ont des oreilles.

(Anarde porte une table, une écritoire, etc.)

ANARDE.

J'ai porté cette table et votre écritoire.

DIANE.

Approchez, Théodore, et prenez la plume.

THÉODORE, à part.

Elle va me faire tuer, ou me chasser.

DIANE.

Écrivez.

THÉODORE.

Parlez, madame.

DIANE.

Vous n'êtes pas bien avec un genou en terre. Donne-lui un coussin, Anarde.

THÉODORE.

Je suis à merveille.

DIANE.

Fais ce que je te dis.

JOURNÉE II, SCÈNE III.

THÉODORE, à part.

Après des soupçons et des ennuis, tant d'honneurs me sont suspects [28]. (*Haut.*) J'attends, madame.

DIANE.

Écrivez.

(Elle s'assied.)

THÉODORE.

Puissent ces croix détourner le mal qui me menace !

DIANE dicte.

« Lorsqu'une dame de qualité s'est déclarée en faveur d'un homme de néant, il est de la dernière indignité qu'il parle encore à une autre... Mais celui qui n'a pas su apprécier sa fortune, qu'il reste.... ce qu'il est, un sot. »

THÉODORE.

« Un sot. » Vous n'ajoutez rien ?

DIANE.

Que voulez-vous de plus ? Pliez cette lettre.

ANARDE, bas à Diane.

Que faites-vous, madame ?

DIANE, bas à Anarde.

Des folies que m'inspire l'amour.

ANARDE.

Qui donc aimez-vous, madame ?

DIANE.

Tu ne le vois pas, imbécile, tandis qu'il me semble que les pierres de mon palais me le reprochent ?

THÉODORE.

La lettre est pliée. Il ne manque que l'adresse.

DIANE.

Pour toi ; et que Marcelle n'en sache rien. Peut-être parviendras-tu à la comprendre si tu la lis à loisir.

(Elle sort avec Anarde.)

THÉODORE, seul.

Quelle étrange confusion ! Quelle inconstance ! Quelle inégalité dans les accès de son amour !

(Marcelle rentre.)

MARCELLE.

Que t'a dit la comtesse, mon ami ? J'attendais en tremblant dans la pièce voisine.

THÉODORE.

Elle m'a déclaré qu'elle voulait vous marier avec Fabio ; et la lettre qu'elle m'a fait écrire, que voilà, est pour envoyer dans ses terres chercher l'argent de votre dot.

MARCELLE.

Que dis-tu ?

THÉODORE.

Vous savez comme elle est impérieuse. Que ce soit pour votre bonheur, Marcelle ! je le désire ; mais puisque vous vous mariez, je vous prie de ne plus vous occuper de moi.

MARCELLE.

Écoute.

THÉODORE.

Ce n'est pas à présent le moment de se plaindre.

(Il sort.)

MARCELLE.

Non, je ne puis croire que ce soit la cause de ce nouvel outrage. Quelques epérances que lui aura

JOURNÉE II, SCÈNE III.

données cette folle l'auront fait changer ainsi. Tantôt elle l'abaisse, tantôt elle l'élève [29]; c'est un jouet entre ses mains. Ingrat Théodore! dès que sa grandeur frappe ta vue, tu m'oublies; si elle t'aime, tu me laisses; si elle t'abandonne, tu reviens à moi! Est-il patience ni amour qui puissent tenir à tant de maux?

(Le marquis et Fabio entrent.)

RICARDO.

Je n'ai pu attendre, Fabio; je viens la remercier de ses bontés.

FABIO.

Allez dire à madame la comtesse que M. le marquis est ici.

MARCELLE, à part.

Cruelle jalousie, où veux-tu m'entraîner à présent? Quelles folles pensées!

FABIO.

Vous n'y allez pas?

MARCELLE.

J'y cours.

FABIO.

Allez. Dites-lui que notre maître, son époux, l'attend ici.

(Marcelle sort.)

RICARDO.

Vous me suivrez, Fabio; je vous donne mille écus d'or et un cheval de la meilleure race.

FABIO.

Je mériterai vos bontés au moins par ma reconnaissance.

RICARDO.

Ce n'est que le commencement. Vous êtes serviteur de la comtesse, je veux que vous soyez mon ami.

FABIO,

Vous me voyez à vos pieds.

RICARDO.

Et ce n'est pas encore assez payer le bonheur que je vous dois.

(La comtesse entre.)
DIANE.

Vous ici, marquis?

RICARDO.

Ne devais-je pas m'empresser pour vous remercier de ce que Fabio vient de me dire de votre part. Après le refus que j'avais éprouvé, vous daignez me choisir pour votre époux, ou plutôt pour votre esclave. Permettez-moi de vous rendre grâces à genoux d'un bien si grand que je crains qu'il ne me tourne la tête. Aurais-je pu jamais espérer que je méritasse tant de bontés! Ah! ma félicité passe toutes mes espérances.

DIANE.

Je cherche à vous répondre, et je ne puis. Moi, marquis, je vous ai envoyé appeler?

RICARDO.

Fabio, qu'est ceci?

FABIO.

Croyez-vous que j'eusse osé vous donner cette nouvelle, si Théodore ne m'en eût chargé de la part de madame?

DIANE.

Marquis, tout ceci est une erreur de Théodore. Il m'a entendu vous vanter, et mettre vos qualités au-dessus de celles de Frédéric, quoique celui-ci soit mon parent, et que sa fortune et ses vertus ne soient point à dédaigner. Il a cru, d'après cela, que j'étais déjà décidée. Pardonnez à ces étourdis; c'est le zèle et l'attachement qu'ils ont pour vous qui les a égarés.

RICARDO.

S'ils n'étaient pas dans un lieu où votre présence leur sert de sauvegarde, je ne sais si je pourrais me contenir... Adieu, madame, je n'en reconnais pas moins votre bonté, et j'espère que ma constance triomphera enfin de vos refus.

(Il sort.)

DIANE.

Voilà pourtant comment vous me compromettez, imbécile !

FABIO.

Pourquoi votre seigneurie s'irrite-t-elle contre moi ?

DIANE.

Appelez Théodore. (*A part.*) Comme cet ennuyeux marquis arrivait à propos au moment où je meurs de jalousie ?

FABIO.

Voilà un cheval et mille écus d'or qui sont perdus.

(Il sort.)

DIANE.

Que me veux-tu, amour ? n'avais-je pas déjà oublié Théodore, que me veux-tu ? Non, je ne l'avais pas oublié; ma froideur n'était qu'une apparence. Tourmens de la jalousie, jusqu'où me conduirez-vous? Que nous sommes malheureuses, quand nous suivons les conseils de cette passion qui renverse toutes les barrières qui peuvent garder notre vertu! J'aime Théodore. Hélas! et si je l'aime, je dois me perdre pour lui. Je ne vois de tous côtés que dangers; et si dans cet orage je m'abandonne à l'amour, pourrai-je éviter le naufrage [30]?

(Théodore entre en parlant à Fabio.)

FABIO.

Il voulait me tuer; mais, à te dire la vérité, les mille écus sont ce qui me tient le plus au cœur.

THÉODORE.

Je vais te donner un avis. Le comte Frédéric est désespéré du mariage de madame avec le marquis; va lui annoncer qu'il est rompu, il te paiera cette nouvelle de manière à te dédommager.

FABIO.

J'y cours.

(Il sort.)

DIANE.

Il fait bien de s'éloigner.

THÉODORE.

J'ai lu, j'ai médité votre lettre, madame. J'ai vu votre pensée, et si j'ai été trop timide, mon respect seul en est la cause. J'en conviens, j'étais un sot, et les bontés que vous me témoignez auraient dû triompher de cette gêne. Je vous l'avouerai donc, je vous aime, madame, je vous adore, avec le respect le plus profond.... Pardonnez, vous voyez mon trouble.

DIANE.

Je te crois, Théodore; comment ne m'aimerais-tu pas? je suis ta maîtresse, je t'estime et te favorise plus que mes autres domestiques. J'ai dû toujours compter sur ton affection.

THÉODORE.

Je n'entends plus ce langage.

DIANE.

Il n'y a rien à entendre que ce que je te dis; et prends garde de ne pas franchir cette limite. Contiens ton amour. D'une femme comme moi envers un homme comme toi, la faveur la plus légère doit suffire et faire à jamais ton bonheur et ta gloire.

THÉODORE.

Je supplie votre seigneurie d'excuser ma hardiesse; mais je suis forcé de vous le dire, cet esprit si brillant qui charme en vous n'a pas toujours un éclat égal. Était-il bien de m'avoir donné des espérances telles que, ne pouvant supporter le poids de mon bonheur, j'en ai été, vous le savez, malade pendant un mois? Puisque j'ose vous en parler, si dès que je m'éloigne vous vous enflammez, si, quand vous croyez que je brûle pour vous, vous devenez de glace, que ne me laissiez-vous avec l'amour de Marcelle? Pardon encore, madame, je ne puis m'empêcher de vous rappeler le conte du CHIEN DU JARDINIER. Pleine de jalousie, vous ne voulez pas me donner Marcelle, et si je l'abandonne, vous me traitez de manière à m'ôter le jugement, à me faire croire que vos bontés sont un de ces songes vains que le réveil dissipe. Mangez ou laissez manger. Je ne puis vivre d'espérances si incertaines, et je reviendrai du moins à aimer là où je suis aimé.

DIANE.

Pour cela, non. Je t'avertis que tu dois renoncer à Marcelle : jette les yeux sur toute autre ; mais pour celle-là, c'est une chose décidée.

THÉODORE.

Une chose décidée ! Et votre seigneurie pense-t-elle, si je l'aime et qu'elle m'aime, pouvoir diriger nos volontés ? Croit-elle que, pour lui complaire, je puisse porter mon affection là où mon goût ne m'attire pas ? J'ai de l'attachement pour Marcelle ; elle m'adore ; cet amour est honnête et vertueux, et...

DIANE.

Scélérat, votre vie me paiera votre insolence.

THÉODORE.

Que faites-vous, madame?

DIANE.

Je vous traite comme on doit traiter un infâme comme vous.

(Elle lui donne des soufflets.)

(Fabio et le comte Frédéric entrent.)

FABIO.

Arrêtez, monsieur.

FRÉDÉRIC.

Tu as raison. Mais non. Il vaut mieux entrer. Qu'est-ce donc, madame?

DIANE.

Ce n'est rien ; des mécontentemens que les domestiques donnent à leurs maîtres.

FRÉDÉRIC.

Pourriez-vous recevoir ma visite ?

DIANE.

Oui, je voudrais vous parler.

FRÉDÉRIC.

J'aurais été bien aise de vous trouver dans un moment où vous fussiez de meilleure humeur.

DIANE.

Toujours enchantée de vous voir. Ce n'est rien. Entrez, je veux que vous sachiez mes projets relativement au marquis.

(Elle sort.)

FRÉDÉRIC.

Fabio ?

FABIO.

Monsieur ?

FRÉDÉRIC.

Je soupçonne que dans cette colère il y a quelque affection cachée.

FABIO.

Je l'ignore ; je suis confondu de voir madame traiter si mal quelqu'un de sa maison. Elle ne l'avait jamais fait jusqu'ici.

FRÉDÉRIC.

Son sang coule abondamment.

(Ils sortent.)

THÉODORE.

Si ce n'est pas l'amour, comment appellera-t-on

des extravagances pareilles?... Est-ce donc ainsi qu'aiment les grandes dames! C'est une furie, et non pas une femme. Si sa grandeur lui défend des plaisirs qui sont égaux pour tous les rangs, est-ce une raison pour être cruelle, et, en mourant d'amour, pour tuer celui qu'elle adore. Main charmante, que n'ai-je osé, reconnaissant du tendre châtiment, te couvrir de mille baisers!... Cependant je ne m'attendais pas à te trouver si lourde ; si c'est pour t'approcher de moi que tu m'as frappé, il n'y a que toi qui aies trouvé du plaisir dans cette preuve d'amour. [31]

(Tristan entre.)

TRISTAN.

Je suis comme l'épée du poltron ; j'arrive toujours après l'événement.

THÉODORE.

Ah! mon pauvre Tristan!

TRISTAN.

Qu'est-ce donc ? Votre mouchoir teint de sang!

THÉODORE.

Que veux-tu ? c'est la jalousie qui veut faire entrer l'amour de cette manière.

TRISTAN.

C'est une sotte espèce de jalousie.

THÉODORE.

Ne t'en étonne pas. Elle n'ose céder à son amour, et s'est vengée sur moi des toumens qu'elle ressent à cause de moi.

TRISTAN.

Monsieur, que Jeanne ou Lucie jalouses m'attaquent dans la fureur de leurs soupçons, qu'elles déchirent à beaux ongles de Dieu la chemise qu'elles m'ont donnée, qu'elles m'arrachent une poignée de cheveux ou m'égratignent la figure pour savoir si je ne leur ai pas fait quelque tricherie, ou pour s'en venger, à la bonne heure; telles gens, telles actions; mais que madame la comtesse se manque à elle-même à ce point ! par ma foi, c'est un peu trop fort.

THÉODORE.

J'en perds la tête, Tristan. Tantôt elle m'adore et tantôt elle me déteste. Elle ne veut pas que je sois à Marcelle, et ne me veut pas pour elle-même. Si je lui parle, elle me rebute; si je me tais, elle cherche des prétextes pour me parler. C'est le CHIEN DU JARDINIER, il ne mange ni ne laisse manger, il n'est dedans ni dehors.

TRISTAN.

On m'a raconté qu'un docteur, savant et professeur, avait une gouvernante et un domestique qui disputaient sans cesse. Ils disputaient en dînant, en soupant; pendant la nuit, ils l'empêchaient de dormir; le jour, il ne pouvait étudier. Un matin qu'il faisait sa classe, il fut forcé de revenir chez lui; en entrant dans sa chambre sans être y attendu, il trouva laquais et gouvernante ensemble, en grand silence, et parfaitement d'accord. Dieu soit loué ! leur dit-il, une fois je vous vois en paix. Il en sera de même un jour de vous.

(La comtesse entre.)

DIANE.

Théodore.

THÉODORE.

Madame ?

TRISTAN.

Cette femme est un esprit follet, elle est partout.

DIANE.

Je viens savoir comment tu te trouves.

THÉODORE.

Vous le voyez.

DIANE.

Es-tu bien ?

THÉODORE.

Très-bien.

DIANE.

Tu ne dirais pas : à votre service.

THÉODORE.

Non certainement. Je ne puis pas y rester long-temps si vous me traitez ainsi.

DIANE.

Ah! Théodore que tu me connais mal !

THÉODORE.

Si mal, que je vous vois et ne puis vous comprendre. Je n'entends point vos paroles et je sens vos coups; vous êtes indignée si je vous aime; vous êtes outrée si je ne vous aime pas; vous m'écrivez si je vous oublie; je vous insulte si j'ose vous parler. Vous voulez que je vous entende; si je vous entends, je ne suis qu'un sot. Tuez-moi, madame, ou donnez-moi la vie. Mettez fin à tous mes tourmens.

DIANE.

Tu as perdu du sang.

THÉODORE.

Cela serait arrivé à moins.

DIANE.

C'est là ton mouchoir?

THÉODORE.

Oui.

DIANE.

Donne.

THÉODORE.

Pourquoi?

DIANE.

Je le veux. Tu iras parler à Octavio, qui te donnera de ma part deux mille écus.

THÉODORE.

Pourquoi donc?

DIANE.

Pour acheter des mouchoirs.

(Elle sort.)

THÉODORE.

En voilà une nouvelle.

TRISTAN.

Ce sont des enchantemens.

THÉODORE.

Elle me donne deux mille écus.

TRISTAN.

A ce compte je prendrais bien, moi, une douzaine de soufflets.

THÉODORE.

Elle a emporté mon mouchoir teint de sang.

TRISTAN.

Elle a voulu vous en payer le prix, ce sera un présent de noces (32).

THÉODORE.

Le CHIEN DU JARDINIER caresse après avoir mordu.

TRISTAN.

Tout cela finira comme l'histoire de mon docteur.

THÉODORE.

J'en accepte l'augure.

FIN DE LA DEUXIÈME JOURNÉE.

JOURNÉE TROISIÈME.

SCÈNE PREMIÈRE.

Une rue ou place.

FRÉDÉRIC, RICARDO, CÉLIO.

RICARDO.

Vous l'avez vu ?

FRÉDERIC.

Je l'ai vu.

RICARDO.

Elle lui a donné des soufflets !

FRÉDÉRIC.

Le service peut fournir des occasions de mecontentement, mais je ne crois pas que ce soit ici cette cause. Pour qu'une femme comme elle mette la main sur un homme, il faut qu'il y ait des motifs d'une autre nature. Vous voyez aussi combien depuis ce temps son crédit a augmenté.

RICARDO.

Vous connaissez l'empire que les femmes laissent quelquefois prendre à leurs domestiques.

FRÉDÉRIC.

Elle cherche sa perte. Dans le voyage qu'ils faisaient ensemble sur un ruisseau, le pot de terre évitait le pot de fer, de peur qu'à la moindre rencontre il ne se brisât. J'en pense autant de la femme et de l'homme, et lorsque l'argile s'approche autant du fer, elle court grand risque de se briser [33].

RICARDO.

La hauteur et la fierté de Diane m'avaient étonné, et il n'est point surprenant que, ce jour-là, je n'aie pas su bien voir. Mais depuis, Théodore a des chevaux, des pages, des parures, des bijoux qu'assurément il n'aurait pas eus sans une telle occasion.

FRÉDÉRIC.

Avant que l'on n'en parle davantage à Naples, et que l'honneur de notre sang ne soit terni, que nos soupçons soient vrais ou faux, il faut que Théodore meure.

RICARDO.

Sans doute, c'est un service à rendre à la comtesse; fût-ce malgré elle.

FRÉDÉRIC.

Mais comment nous en défaire?

RICARDO.

Rien de plus facile. Nous avons des braves, à Naples, qui vivent de ce métier, et qui reçoivent en or le prix du sang qu'ils doivent verser. Il n'y a qu'à chercher un de ces hommes, et qu'il le dépêche bien vite.

FRÉDÉRIC.

Au plus tôt, je vous en prie.

JOURNÉE III, SCÈNE I.

RICARDO.

Dès ce soir son insolence recevra son châtiment.

FRÉDÉRIC.

Ces hommes que je vois....

RICARDO.

Oui, ils ont tout l'air d'être de ces gens-là.

FRÉDÉRIC.

Le ciel, offensé comme nous, se plaît à seconder nos justes desseins.

(Tristan entre habillé de neuf avec Furio, Antonel et Lirano.) ([34].)

FURIO.

Il faut, mon cher, que vous nous payiez l'étrenne de ce bel habit qu'on vous a donné.

ANTONEL.

Notre bon Tristan sait bien que c'est juste.

TRISTAN.

Je le ferai, messieurs, avec le plus grand plaisir.

LIRANO.

Il est vraiment beau, ton habit.

TRISTAN.

Bon! tout cela ne sont que des bagatelles, auprès de ce que je serai bientôt; si la fortune ne change, vous me verrez bientôt secrétaire du secrétaire.

LIRANO.

La comtesse fait beaucoup pour ton maître.

TRISTAN.

C'est lui qu'elle protége ; il est à présent sa main droite, et c'est par lui qu'elle dispense ses faveurs.

ANTONEL.

Laissons là les faveurs, et buvons.

FURIO.

Il me semble que dans ce temple de Bacchus il doit y avoir du lacryma-christi excellent, et de la délicieuse malvoisie.

TRISTAN.

Essayons du vin grec. Je veux parler grec, et il n'y a rien qui enseigne aussi bien cette langue.

RICARDO.

Cet homme brun, au teint jaune, doit être le plus brave de tous ; voyez quelle figure, et comme tous les autres lui montrent des égards. Célio ?

CÉLIO.

Monsieur ?

RICARDO.

Appelle cet homme pâle qui est parmi ces messieurs.

CÉLIO.

Cavalier, avant que vous n'entriez dans ce saint ermitage, le marquis, mon maître, voudrait vous dire un mot.

TRISTAN.

Camarades, un grand seigneur me fait appeler, et vous sentez que je ne puis pas poliment refuser d'aller savoir ce qu'il désire : buvez quelques brocs de

JOURNÉE III, SCÈNE I.

vin, et mangez deux doigts de fromage, pendant que je m'informe de ce qu'il veut de moi.

ANTONEL.

A la bonne heure; mais hâtez-vous.

(Furio, Antonel et Lirano sortent.)

TRISTAN.

Je vous suivrai de près. Que demande votre seigneurie?

RICARDO.

L'air déterminé que nous vous avons vu nous a engagés, le comte Frédéric et moi, à vous appeler pour savoir si vous seriez homme à nous défaire de quelqu'un... en payant bien entendu.

TRISTAN, à part.

Ce sont, ma foi, les galans de la comtesse; il y a quelque chose là-dessous; dissimulons.

FRÉDÉRIC.

Vous ne répondez pas.

TRISTAN.

Je craignais que votre seigneurie ne voulût tourner en ridicule notre manière de vivre. Chacun subsiste de son état, mais, vive celui qui donne des forces aux hommes! il n'y a point d'épée à Naples qui ne tremble au bruit de mon nom. Vous avez entendu parler d'Hector; eh bien, où je suis, qu'Hector disparaisse; s'il l'a été à Troie, je le suis à Naples.

FRÉDÉRIC.

C'est justement l'homme qu'il nous faut. Sur notre tête nous parlons sérieusement. Si votre valeur répond à votre nom, et que vous veuillez tuer un homme, nous vous donnerons tout l'argent que vous voudrez.

TRISTAN.

Je me contente de deux cents écus, fût-ce un diable.

RICARDO.

Vous en aurez trois cents, et dépêchez-le ce soir.

TRISTAN.

Je n'ai besoin que de savoir son nom, et d'un à-compte.

RICARDO.

Vous connaissez Diane, la comtesse de Belflor.

TRISTAN.

Oui; j'ai même des amis dans sa maison.

RICARDO.

Pourrez-vous bien tuer un de ses domestiques?

TRISTAN.

Autant qu'il vous plaira; domestiques, servantes, et jusqu'aux chevaux de son carrosse, si vous le désirez.

RICARDO.

Eh bien, c'est de Théodore qu'il faut nous débarrasser.

TRISTAN.

Alors il faut arranger l'affaire d'une autre manière. Théodore, d'après ce que je sais, ne sort plus de nuit, et, sans doute dans la crainte de votre ressentiment, il m'a fait prier de l'accompagner et de le servir ces jours-ci. Permettez-moi d'aller auprès de lui, et je vous promets de lui donner un de ces jours deux petites saignées qui lui feront avoir un beau *Requiem ;* et moi, et vous, messieurs, nous serons tranquilles et à l'abri du soupçon. Hein ! c'est-il parler cela !

FRÉDÉRIC.

Nous n'aurions pu trouver dans tout Naples quelqu'un qui fît notre affaire aussi sûrement. Servez-le donc. Tuez-le un de ces jours, sans qu'on s'en doute ; et venez vous réfugier chez nous.

TRISTAN.

Messieurs, j'ai besoin de cent écus aujourd'hui.

RICARDO.

En voilà cinquante ; et dès que je vous verrai dans la maison de Diane, vous en aurez cent, et plusieurs cents.

TRISTAN.

Je n'ai pas besoin de tant de cents, tenez seulement vos promesses ; vous pouvez vous en aller et être tranquilles. Bras-de-Fer, Brise-Murailles, Arfuz, et Peur-au-Diable m'attendent, et je ne veux point qu'ils puissent soupçonner quelque chose de nos projets.

RICARDO.

Vous dites bien. Adieu.

FRÉDÉRIC.

Quelle heureuse rencontre !

TRISTAN.

Vous pouvez commander l'enterrement de notre homme.

FRÉDÉRIC.

La bonne mine de coupe-jarret qu'a ce gaillard-là !

(Ricardo, Frédéric et Célio sortent.)

TRISTAN.

Il faut que j'avertisse Théodore. Pardon au vin muscat et à mes camarades ; mais c'est le plus pressé. Justement je l'aperçois. (*Théodore entre.*) Où allez-vous, monsieur ?

THÉODORE.

Je n'en sais rien moi-même. Je suis dans un tel état que j'ignore ce que je fais et quelle force me conduit. Je suis seul, sans idées ; un sentiment unique me domine, il me dit de porter ma vue audacieuse jusques au soleil ; mais hélas ! Tu vis hier comment me parla la comtesse ; eh bien ! au ton dont elle me parle aujourd'hui, à peine l'on croirait qu'elle me connaisse, et Marcelle jouit de mes douleurs.

TRISTAN.

Écartons-nous un peu, il ne faut pas qu'ici l'on nous voie ensemble [35].

THÉODORE.

Pourquoi donc ?

TRISTAN.

Je vais vous dire qui tend des embûches à votre vie.

THÉODORE.

A ma vie ! qui pourrait l'attaquer ?

TRISTAN.

Parlez plus bas, et pensez au danger qui vous menace ; Ricardo et Frédéric veulent votre mort. Ils m'ont parlé pour que je vous assassine, et nous sommes d'accord sur le prix.

THÉODORE.

Le marquis et le comte !

TRISTAN.

D'après le traitement que vous reçûtes l'autre jour, ils soupçonnent l'amour de la comtesse ; et m'ayant pris pour un de ces lions de nuit qui gagnent leur vie à ces crimes, ils m'ont acheté la vôtre pour trois cents écus. J'en ai reçu cinquante pour les arrhes du marché. Je leur ai dit que vous m'aviez fait prier de vous servir, et que je le ferais pour pouvoir vous tuer plus à mon aise ; de sorte que vous ne risquez rien encore.

THÉODORE.

Ah ! plût au ciel que quelqu'un me délivrât de cette vie plus importune que la mort !

TRISTAN.

A cette fois vous êtes tout-à-fait fou.

THÉODORE.

Comment ne désirerais-je pas mourir ? Songe, Tristan, que si Diane trouvait un moyen quelconque de se marier avec moi elle n'hésiterait pas un instant ; et moi, toujours plein de l'espérance de ce bonheur, je vois que plus elle s'enflamme, plus elle craint de compromettre sa gloire ; que plus elle aime, plus elle m'accable de froideur et de mépris.

TRISTAN.

Que diriez-vous si j'aplanissais ces difficultés ?

THÉODORE.

Que tu as plus de ressources qu'Ulysse.

TRISTAN.

Si je trouvais le moyen de conduire chez vous un père généreux qui rendît votre naissance égale à celle de la comtesse, ne seriez-vous pas hors d'affaire ?

THÉODORE.

Sans doute.

TRISTAN.

J'ai ce qu'il vous faut : le comte Ludovic, envoya il y a vingt ans à Malte, son fils, neveu du grand-maître. Il fut pris par les Mores, et depuis il n'en a jamais su de nouvelles ; il sera votre père, vous serez son fils, et c'est moi qui arrangerai tout cela.

THÉODORE.

Songe, Tristan, que tu pourrais former tel projet qui nous coûterait à tous deux l'honneur et la vie.

TRISTAN.

Soyez tranquille ; retournez chez vous, et demain, avant midi, vous serez mari de la comtesse.

(Il sort.)

THÉODORE.

J'ai bien d'autres pensées. Il faut que j'apporte un remède à mes maux, et l'absence est le plus efficace que je puisse employer. Ainsi je mettrai fin à tous mes malheurs. Quelle que soit la force de l'amour, ses traits ne pourront franchir la distance qui nous séparera. Ils tomberont dans la terre quand je la mettrai entre la comtesse et moi, et dans cette terre qui sera entre nous, la tendresse viendra s'ensevelir [36].

(Il sort.)

SCÈNE II.

Appartement de la comtesse.

LA COMTESSE, THÉODORE.

DIANE.

Es-tu guéri de ta tristesse, Théodore?

THÉODORE.

Ah! madame, j'adore ma tristesse; je chéris mon mal, et ne veux point guérir des maux que j'endure, puisque je ne souffre que lorsque je cherche à m'en délivrer. Heureuses douleurs, qui sont si douces à supporter, que celui qui se voit périr aime encore sa perte! Mon seul chagrin c'est d'être forcé par mon mal de m'éloigner de celle qui le cause.

DIANE.

Tu veux t'absenter? Pourquoi?

THÉODORE.

On en veut à mes jours; et votre réputation.....

DIANE.

Ah! je le craignais.

THÉODORE.

On porte envie à mes maux qui viennent d'un si grand bien, et je prends la liberté de vous demander la permission de passer en Espagne.

DIANE.

Tu as raison. Tu montres à la fois ton courage et ta prudence. Tu t'éloigneras de ce qui ne peut que t'affliger; et si tu déchires mon âme, du moins tu dissiperas les soupçons qui pourraient ternir mon honneur. Depuis que Frédéric fut témoin de ce soufflet, il m'a montré ouvertement de la jalousie, et cela m'oblige à consentir à ton départ. Va en Espagne : tu peux prendre six mille écus pour les frais de ton voyage.

THÉODORE.

Je ferai, par mon absence, taire vos ennemis. Souffrez que je vous rende grâces à vos pieds.

DIANE.

Théodore, Théodore, laisse une faible et malheureuse femme.

THÉODORE.

Vous pleurez? Que dois-je faire?

DIANE.

Enfin, Théodore, tu pars !

THÉODORE.

Oui, madame.

DIANE.

Attends... Pars... Écoute.

THÉODORE.

Qu'ordonnez-vous ?

DIANE.

Ah ! rien. Va.

THÉODORE.

Je vais partir.

DIANE.

Je me meurs! Y a-t-il tourment égal à celui que j'endure? Tu ne pars pas?

THÉODORE.

Je m'en vais, madame.

(Il sort.)

DIANE.

Honneur, honneur, maudit sois-tu! Détestable invention des hommes, tu renverses les lois de la nature; qu'on ne dise pas que ton frein est utile et juste. Malheur sur celui qui t'inventa!

(Théodore rentre.)

THÉODORE.

Je viens savoir si je pourrai partir dès aujourd'hui.

DIANE.

Le sais-je? Tu ne devines pas, Théodore, que ta vue me fatigue, puisque tu viens encore.

THÉODORE.

Pourrai-je m'éloigner, madame? c'est auprès de vous, c'est en vous que j'existe [37]; me sera-t-il possible de me séparer de moi-même?

DIANE.

Et qu'as-tu à me demander? Pars, je t'en supplie, l'amour lutte contre l'honneur [38], et ta présence lui donne trop d'avantages. Éloigne-toi, éloigne-toi. Tu n'iras pas seul dans les terres étrangères, mon cœur ne te quittera pas.

THÉODORE.

Que Dieu conserve votre seigneurie!

DIANE.

Maudite soit ma seigneurie qui m'empêche d'être à celui que j'adore. (*Théodore sort.*) Me voilà seule et sans celui qui était la lumière de mes yeux. Qu'ils ressentent leur infortune; qui eut tort de regarder aura raison de pleurer.

C'est vous, mes yeux, qui êtes la cause de mon malheur. Pourquoi vous êtes-vous fixés sur lui? Mais non ne pleurez pas; les larmes vous soulageraient. Qu'ils ressentent leur infortune; qui eût tort de regarder aura raison de pleurer.

Mais sont-ils donc si coupables! le soleil voit tout et sa lumière n'en est pas altérée. Cessez, mes yeux, de verser des pleurs. Mais non; qu'ils ressentent leur infortune; qui eût tort de regarder aura raison de pleurer.

(Marcelle entre.)

MARCELLE.

Si, après le temps que j'ai passé à votre service, je puis humblement vous en demander la juste récompense, vous pouvez me l'accorder aujourd'hui, et, si j'ai eu le malheur de vous offenser, ôter de devant vos yeux un objet qui vous est désagréable.

DIANE.

Que veux-tu dire, Marcelle? quelle est cette récompense? Je suis prête à t'écouter.

MARCELLE.

On dit que Théodore, craignant de secrètes embûches, part pour l'Espagne; et si vous voulez m'envoyer avec lui comme son épouse, ma présence ne blessera plus vos regards.

DIANE.

Sais-tu s'il le voudrait ?

MARCELLE.

Croyez-vous que j'eusse osé vous le demander, si je n'avais lieu d'espérer...

DIANE.

Lui as-tu parlé ?

MARCELLE.

Sans doute ; je lui ai demandé la même faveur qu'à vous.

DIANE.

Il ne me manquait plus que ce malheur.

MARCELLE.

Il le permet, madame et disposera toutes choses pour que notre voyage se fasse avec plus de commodité.

DIANE.

Pardonne, pardonne, honneur ! aux folies que l'amour me fait faire ; mais pour cette fois, je puis sans t'offenser m'éviter ce dernier chagrin.

MARCELLE.

Que décidez-vous, madame ?

DIANE.

Je ne puis vivre sans toi, ma chère ; en voulant me quitter tu fais tort à mon attachement et à celui de Fabio qui t'adore : je te marierai avec lui. Laisse partir Théodore.

MARCELLE.

J'abhorre Fabio, et j'aime Théodore.

DIANE.

Faudra-t-il que je montre encore ma passion ? Non : affectons le calme. Fabio te convient mieux.

MARCELLE.

Madame.

DIANE.

Ne réplique pas.

(Elle sort.)

MARCELLE.

Que fera mon amour déterminé à résister à cet injuste pouvoir ? Il faut que je risque une folie. Non, arrêtons-nous au bord du précipice. Les amours malheureux sont des arbres flétris par la gelée au milieu de leur floraison. Ils réjouissaient la vue par leurs couleurs, ils donnaient les plus douces espérances lorsqu'une cruelle gelée les couvrit de deuil : une passion contrariée proscrit d'autres affections. Qu'importe à présent la beauté des fleurs, si elles se sont perdues avec le fruit qu'elles promettaient.

(Elle sort.)

SCÈNE III.

Appartement du comte Ludovic.

LUDOVIC, CAMILLE.

CAMILLE.

C'est le seul moyen que vous ayez de conserver votre nom.

LUDOVIC.

De grandes ennemies m'en empêchent. Ce sont

JOURNÉE III, SCÈNE III.

les années dont je suis chargé, et, quoiqu'un motif aussi légitime que celui là pût faire excuser le mariage d'un vieillard, la crainte m'empêche de me décider. Il pourrait arriver que je n'eusse point d'enfans, et je resterais marié. La jeune femme est près d'un vieux mari comme le lierre auprès de l'orme : il l'embrasse, il le pare, mais l'arbre se sèche, pendant que les festons qui le couvrent brillent de tout leur éclat. Ne me parle plus de mariage, Camille, c'est me rappeler mon malheur et renouveler mes regrets. Il y a vingt ans qu'abusé par de vaines espérances, j'attends chaque jour mon Théodore que je pleure chaque jour.

(Un page entre.)

LE PAGE.

Il y a là un marchand grec, qui demande à parler à votre seigneurie.

LUDOVIC.

Dis-lui qu'il entre.

(Le page sort : Tristan et Furio, habillés en Arméniens, entrent.)

TRISTAN.

Permettez-moi de vous baiser les mains, seigneur ; et que le ciel accomplisse les plus ardens de vos désirs.

LUDOVIC.

Soyez le bienvenu, seigneur. Quel est le motif qui vous a attiré dans ce pays éloigné ?

TRISTAN.

Je suis venu de Constantinople à Chypre et de là à Venise avec un navire chargé de toiles de Perse ; et me trouvant en Italie, ayant d'ailleurs le désir d'éclaircir certains doutes, j'ai voulu, pendant que mes commis débitent la cargaison, voir cette fameuse ville de Naples, dont la grandeur et la beauté surpassent encore ce que j'en avais ouï dire.

LUDOVIC.

Il est peu de villes aussi grandes, aucune n'est aussi belle.

TRISTAN.

Il est vrai. Seigneur, mon père était marchand en Grèce, et son principal commerce était celui des esclaves. Un jour, à la foire d'Aztéclies, il acheta un enfant, le plus beau que la nature eût pu former pour montrer sa puissance. C'étaient des Turcs qui le vendaient. Il avait été pris sur une galère de Malte, à la hauteur de Céfalonie, par les vaisseaux d'un certain Ali-Pacha.

LUDOVIC.

Camille, mon cœur se trouble.

TRISTAN.

Mon père s'affectionna à cet enfant, et, au lieu de le vendre aux Turcs, il trouva le moyen de l'emmener en Arménie, où il fut élevé avec moi et une sœur que j'ai.

LUDOVIC.

Ami, attendez, laissez-moi respirer. Je ne sais.....

TRISTAN, à part.

Cela n'entre pas mal.

LUDOVIC.

Comment se nomme-t-il ?

TRISTAN.

Théodore.

LUDOVIC.

Ah! quelle est la force de la vérité! Les pleurs inondent mon visage. Continuez, mon cher ami.

TRISTAN.

Serpalitonie, ma sœur, et ce beau jeune homme, (plût au ciel qu'il eût été laid comme moi!) élevés ensemble, ressentirent les attraits de l'amour; et ils avaient quinze à seize ans, lorsqu'en l'absence de mon père cet amour s'accrut de manière que le sein de Serpalitonie ne montrait que trop son existence. Théodore effrayé s'enfuit de chez nous, et laissa ma sœur dans le plus grand embarras. Catiborrato, mon père, fut encore moins affligé de ce malheur que du départ de son fils adoptif; l'âge et le chagrin terminèrent ses jours. Presqu'en même temps nous eûmes à l'ensevelir et à baptiser le fils de Théodore; car l'église d'Arménie est chrétienne, quoique séparée de la vôtre. Nous appelâmes cet enfant Térimaconis; c'est un des plus beaux de la ville de Tépécas, où nous résidons. Arrivé à Naples, je me suis informé, comme je le fais partout, de Théodore, et une esclave grecque, qui sert dans mon logis, m'a dit que peut-être c'était le fils du comte Ludovic.

LUDOVIC.

C'est lui, il vit sans doute, mais où le trouver?

TRISTAN.

Je m'informe de votre palais. Je m'explique mal, on m'envoie dans celui d'une comtessse, la comtesse de Belflor, et la première personne que j'y vois.....

LUDOVIC.

Mon cœur bat.

TRISTAN.

C'est Théodore.

LUDOVIC.

Théodore !

TRISTAN.

Il voulait se cacher, mais ce fut impossible; j'hésitais d'abord à le reconnaître, parce que l'âge et la barbe ont un peu changé sa figure. Je l'ai suivi, et enfin il m'a reconnu, mais je n'ai pu le décider à me suivre. Il m'a supplié de ne point parler de cet événement, de peur que l'état d'esclavage où il a été ne lui fasse tort à Naples. Et quoi! lui ai-je dit, toi qui peut-être est le fils d'un grand seigneur de ce pays, pourquoi serais-tu humilié d'un esclavage qui n'est pas de ta faute? Moi! fils d'un grand seigneur! a-t-il répondu, quelle folie! Maintenant, si ce que m'a dit cette esclave grecque est vrai, je viens vous supplier, non de rendre votre fils à la tendresse de ma sœur, quoique Serpalitonie soit aussi noble que qui que ce soit, mais de daigner avoir quelques bontés pour mon neveu, votre petit-fils, de lui permettre du moins de venir à Naples baiser les pieds de son illustre aïeul.

LUDOVIC.

Embrassez-moi mille fois. La joie de mon âme atteste la vérité de ce que vous venez de me dire. Ah! fils de mon cœur, qu'après tant d'années d'absence je retrouve pour ma félicité..... Que me conseilles-tu, Camille? ne dois-je pas aller le voir et le reconnaître?

CAMILLE.

Sans doute, courons, volons, et que sa présence vous rende une vie nouvelle.

LUDOVIC.

Si vous voulez venir avec moi, suivez-moi. Si vous voulez vous reposer, attendez-moi, et demandez pour prix du service que vous m'avez rendu toutes mes richesses; mais je ne puis m'arrêter.

TRISTAN.

Pardon, une petite affaire en diamans que j'ai à traiter me force à vous quitter. Je reviendrai dans votre palais en même temps que vous. Partons, Marcaponios.

FURIO.

Partaquis.

TRISTAN, à Furio.

Cela ne va pas mal jusqu'ici.

FURIO.

Trebonis.

TRISTAN.

Defilonis.

CAMILLE.

Quelle langue !

LUDOVIC.

Suis-moi.

(Ils sortent.)

SCÈNE IV.

Place publique ou rue.

TRISTAN, FURIO.

TRISTAN.

Ils continuent leur route.

FURIO.

Le vieux comte vole, sans attendre ni voiture ni domestiques.

TRISTAN.

Il serait plaisant que j'eusse rencontré, et que Théodore fût vraiment son fils.

FURIO.

Il pourrait bien y avoir de la vérité dans tes mensonges.

TRISTAN, quittant son turban et sa robe.

Emporte ces habits ; quoique bien déguisé, je ne veux pas risquer que quelqu'un me reconnaisse.

FURIO.

Dépêche-toi.

TRISTAN.

Jusqu'où va l'amour paternel !

FURIO.

Où t'attendrai-je ?

TRISTAN.

A la taverne de l'Orme.

JOURNÉE III, SCÈNE IV.

FURIO.

Adieu.

(Il sort.)

TRISTAN.

Voilà ce que peut faire l'esprit. Remettons notre costume que j'avais caché sous mes vastes habits, pour pouvoir, en cas de besoin, jeter dans la première allée mon turban arménien et ma houppelande grecque.

(Il range son manteau et met son chapeau.)

(Ricardo et Frédéric entrent.)

FRÉDÉRIC.

Voilà notre brave, celui qui devait tuer Théodore.

RICARDO.

Un mot, cavalier. Est-ce ainsi qu'entre des gens d'honneur on est fidèle à sa parole ? et quelqu'un qui tient à sa gloire ne devrait-il pas accomplir plus vite ce qu'il fut si empressé de promettre ?

TRISTAN.

Messieurs...

FRÉDÉRIC.

Croyez-vous, par hasard, que nous soyons vos égaux ?

TRISTAN.

Ne me condamnez pas s'en m'entendre. Je sers déjà Théodore, qui doit être envoyé *ad patres* par cette main que vous voyez. Mais le tuer publiquement, serait risquer de vous compromettre, messieurs. La prudence est un trésor céleste, et les anciens la mettaient au-dessus de toutes les vertus. Vous pouvez déjà le compter entre les morts. Il est fort mélancolique, vit retiré tout le jour, et la nuit reste enfermé dans son appartement ; il doit avoir la tête pleine de quelque grand souci : laissez-moi faire. Je vous l'expédierai bientôt; mais ne précipitez pas tant les choses. Je sais où et comment je dois lui donner son compte.

FRÉDÉRIC.

Il me semble, marquis, qu'il a quelque raison. S'il a commencé à le servir, c'est quelque chose. Soyez-en sûr, il le tuera.

RICARDO

Oui, je le crois; c'est un homme mort.

FRÉDÉRIC.

Parlons plus bas.

TRISTAN.

En attendant que nous terminions, n'auriez-vous pas sur vous, messieurs, une cinquantaine d'écus d'or? On m'a proposé un bon cheval, et vous sentez que dans la circonstance il serait bon que je l'eusse à ma disposition.

RICARDO.

Les voilà. Soyez sûr qu'après la réussite l'argent sera le moindre témoignage de notre reconnaissance.

TRISTAN.

Je hasarde ma vie ; mais on doit servir les honnêtes gens. Adieu. Je ne voudrais pas que des fenêtres du palais de la comtesse l'on me vît parler avec vous.

FRÉDÉRIC.

Vous êtes de bon sens.

TRISTAN.

Vous le verrez bien mieux à la manière dont j'arrangerai tout cela.

(Il sort.)

FRÉDÉRIC.

C'est un brave homme.

RICARDO.

Il a de l'esprit et de l'adresse.

FRÉDÉRIC.

Il le tuera parfaitement.

RICARDO.

A merveille.

(Célio entre.)

CÉLIO.

A-t-on vu un événement plus étrange ?

FRÉDÉRIC.

Célio, où vas-tu ? arrête-toi. Qu'est-ce donc ?

CÉLIO.

Une nouvelle remarquable et qui peut-être vous fera de la peine. Ne voyez-vous pas la foule qui se porte vers l'hôtel du comte Ludovic ?

RICARDO.

Est-il mort ?

CÉLIO.

Écoutez-moi, je vous prie. On s'empresse de se rendre chez lui pour le féliciter d'avoir retrouvé le fils qu'il avait perdu.

RICARDO.

Et qu'importe à nos projets qu'il ait eu ou non ce bonheur ?

CÉLIO.

Ne vous importe-t-il pas que ce fils soit précisément ce Théodore, secrétaire de l'objet de vos prétentions ?

FRÉDÉRIC.

Il m'a tout troublé.

RICARDO.

Lui, fils du comte ! Comment est-on venu à le savoir ?

CÉLIO.

On raconte cette histoire de tant de diverses manières, que je n'ai eu ni assez de temps, ni assez de mémoire pour m'en rappeler.

FRÉDÉRIC.

Peut-il y avoir un malheur égal ?

RICARDO.

Le bonheur que j'espérais s'est changé en désespoir.

FRÉDÉRIC.

Je veux voir ce qui en est. Je vais passer chez Ludovic.

RICARDO.

Je vous suis.

CÉLIO.

Vous verrez bientôt que je vous ai dit la vérité.

SCÈNE V.

Appartement de la comtesse.

MARCELLE, THÉODORE en habit de voyage.

MARCELLE.

Enfin, Théodore, tu pars ?

THÉODORE.

C'est toi qui en es la cause; la rivalité entre des personnes si inégales ne peut produire que des maux.

MARCELLE.

Excuses aussi fausses que l'attachement que tu feignais pour moi ! Tu m'abhorrais, tu aimais la comtesse, et il ne te reste plus que l'espérance de l'oublier.

THÉODORE.

Moi ! j'aimais Diane !

MARCELLE.

Il est trop tard pour nier les folles prétentions qui ont amené ta perte. Tu reçois le juste prix de ta lâcheté, puisqu'elle a pu garder le respect qu'elle se devait; de ton audace, puisque tu osais prétendre à elle. Mais l'honneur a mis entre vos amours des barrières de glace que vous ne pouvez franchir. Je suis vengée; je t'aimais encore, mais la vengeance me fera oublier ma passion. Si tu te rappelles de moi, souviens-toi que je t'oublie, pour en avoir plus de rage et de regrets.

THÉODORE.

Que de folies pour finir par te marier à Fabio !

MARCELLE.

C'est toi qui m'y forces ; c'est ton dédain qui me décide à la vengeance.

(Fabio entre.)

FABIO.

Théodore devant rester ici si peu de temps, tu fais bien, Marcelle, de profiter du peu d'instans que tu as encore à le voir.

THÉODORE.

Tu n'as pas de quoi être jaloux de celui que tant de mers vont éloigner d'elle.

FABIO.

Tu t'en vas donc, mon ami?

THÉODORE.

Tu le vois.

FABIO.

Madame veut encore te parler.

(Diane entre avec Dorothée et Anarde.)

DIANE.

Déjà prêt, Théodore?

THÉODORE.

Rien ne pourra m'éloigner assez rapidement de ces lieux [39].

DIANE, à Anarde.

As-tu rangé ce que je t'ai ordonné?

ANARDE.

Tout est emballé, madame.

FABIO.

Il s'en va tout de bon.

MARCELLE.

Et tu es encore jaloux.

DIANE, à Théodore.

Écoute.

THÉODORE.

Je suis à vos ordres.

DIANE.

Tu pars, Théodore, et je t'aime.

THÉODORE.

Votre cruauté me force à fuir.

DIANE.

Tu sais qui je suis. Que pouvais-je faire?

THÉODORE.

Vous pleurez?

DIANE.

Non; quelque chose m'est tombé dans les yeux.

THÉODORE.

L'amour, peut-être.

DIANE.

Il y est depuis long-temps; et maintenant sans doute il veut sortir avec mes larmes.

THÉODORE.

Je m'en vais, ma noble amie, mais mon cœur reste avec vous. Vous ne vous apercevrez pas de mon absence. C'est avec mon cœur que je devais vous servir. Qu'avez-vous à m'ordonner encore, puisque je suis tout à vous?

DIANE.

Quel triste départ!

THÉODORE.

Je m'en vais, ma noble amie, mais mon cœur reste avec vous.

DIANE.

Tu pleures?

THÉODORE.

Quelque chose sans doute est tombé dans mes yeux.

DIANE.

Ce sont mes ennuis peut-être.

THÉODORE.

Ils se sont unis aux miens.

DIANE.

Je t'ai donné quelques bagatelles que tu trouveras dans tes effets. C'est tout ce que j'ai pu faire. Quand tu les prendras, dis, en voyant ces dépouilles de la cruelle victoire que nous remportons : Diane en rassemblant ces dons les a baignés de larmes bien amères.

ANARDE, à Dorothée.

Ils mourront de chagrin.

DOROTHÉE, à Anarde.

Que l'amour est difficile à cacher!

ANARDE.

Il ferait mieux de rester. Ils se prennent la main et échangent des anneaux.

DOROTHÉE.

Comme le chien du jardinier, Diane va mourir de faim.

ANARDE.

Elle s'adoucit un peu tard.

DOROTHÉE.

Mangez, ou laissez manger.

(Le comte Ludovic entre avec Camille.)

LUDOVIC.

La joie où je suis et mon âge doivent me faire pardonner, madame la comtesse, d'entrer aussi librement chez vous.

DIANE.

Qu'est-ce donc, monsieur le comte?

LUDOVIC.

Vous seule ignorez, madame, ce que tout Naples sait à présent. On s'empressait autour de moi; à peine ai-je pu traverser les rues, et je n'ai pas encore vu mon fils.

DIANE.

Quel fils? je ne comprends pas....

LUDOVIC.

Avez-vous oublié mon histoire, madame la comtesse? Ne vous souvenez-vous pas qu'il y a vingt ans mon fils, que j'envoyais à Malte auprès de son oncle, fut pris par les galères d'Ali-Pacha?

DIANE.

Je m'en souviens; eh bien?

LUDOVIC.

Eh bien, le ciel bienfaisant m'a fait enfin retrouver mon enfant après mille malheurs qu'il a éprouvés.

DIANE.

Je vous remercie, comte, de la bonne nouvelle que vous me donnez; croyez que j'y prends part, et...

LUDOVIC.

Mais vous, madame, devez à votre tour me rendre ce fils, qui est à votre service sans se douter que je suis son père. Ah! si sa pauvre mère avait vu ce moment!

DIANE.

Votre fils chez moi! Serait-ce Fabio?

LUDOVIC.

Non, non madame, il se nomme Théodore.

DIANE.

Théodore!

LUDOVIC.

Oui, madame.

THÉODORE.

Qu'entends-je?

DIANE.

Approche, Théodore, parle; le comte est-il ton père?

LUDOVIC.

C'est lui!

THÉODORE.

Monsieur le comte, que votre seigneurie songe...

LUDOVIC.

A quoi songer, mon cher fils? à mourir de joie dans tes bras!

DIANE.

Étrange aventure!

ANARDE.

Quoi, madame, Théodore est donc d'une naissance égale à la vôtre?

THÉODORE.

Seigneur, le saisissement et le trouble m'ôtent la voix; puis-je croire que je sois votre fils?

LUDOVIC.

Quand je n'en serais pas certain d'ailleurs, il n'y a qu'à te voir; c'est ainsi que j'étais lorsque j'avais ton âge?

THÉODORE.

Pardon, mais, je vous en supplie, permettez-moi de vous dire....

LUDOVIC.

Ne me dis rien. Laisse-moi à mes transports. Quelle figure! Dieu puisse te bénir! Quel air de dignité! Ah! que la nature a bien écrit sur ton front la noblesse du sang que je t'ai transmis! Partons; viens avec moi, mon fils; viens prendre possession de ta maison; viens entrer sous ces portes que tu verras surmontées des armoiries les plus nobles du royaume.

THÉODORE.

J'étais au moment de partir pour l'Espagne, et je dois, seigneur...

LUDOVIC.

Comment, pour l'Espagne! l'Espagne est pour toi dans mes bras.

DIANE.

Je vous en prie, monsieur le comte, laissez un moment Théodore ici, pour qu'il se calme et qu'il aille vous reconnaître dans un habit plus convenable. Je ne voudrais point qu'il sortît de ma maison au milieu de la foule qui s'est réunie à votre suite.

LUDOVIC.

Vous avez raison, madame, et mon désir doit céder à votre prudence. Je souffre de l'abandonner, ne fût-ce qu'un instant; je m'en vais seul cependant pour obliger votre seigneurie, en la priant que le jour ne finisse pas sans que je presse mon unique bien dans mes bras paternels.

DIANE.

Je vous en donne ma parole.

LUDOVIC.

Adieu, mon cher Théodore.

THEODORE.

Je suis à vos pieds.

LUDOVIC.

Camille, qu'à présent la mort me frappe quand elle voudra.

CAMILLE.

Qu'il est beau! qu'il paraît aimable!

LUDOVIC.

Je ne veux point y trop penser, j'en deviendrais fou.

(Il sort avec Camille.)

FABIO, à Théodore.

Permettez-nous de vous baiser la main.

ANARDE.

Accordez-nous cette faveur.

DOROTHÉE.

A présent que vous êtes grand seigneur...

MARCELLE.

Les grands seigneurs sont affables. Embrassez-nous.

DIANE.

Écartez-vous, laissez-moi passer, ne lui dites point de folies... Votre seigneurie veut-elle recevoir mes complimens ?

THÉODORE.

Laissez-moi tomber à vos pieds : plus que jamais je suis votre esclave.

DIANE.

Écartez-vous un peu ; laissez-nous seuls.

MARCELLE, à Fabio.

Qu'en dis-tu, Fabio ?

FABIO.

Je suis enchanté.

DOROTHÉE, à Anarde.

Que penses-tu de ceci ?

ANARDE.

Que madame ne voudra plus être le CHIEN DU JARDINIER.

DOROTHÉE.

Elle n'empêchera plus les autres de manger.

ANARDE.

Plus qu'auparavant, mais du moins elle mangera elle-même ⁽⁴⁰⁾.

(Les domestiques sortent.)

DIANE.

Vous n'allez plus en Espagne?

THÉODORE.

Moi!

DIANE.

Votre seigneurie ne me dit plus : Je m'en vais, ma noble amie, mais mon cœur reste avec vous.

THÉODORE.

Vous riez de voir les faveurs de la fortune.

(Il lui baise la main.)

DIANE.

Que faites-vous?

THÉODORE.

Nous pourrons nous traiter d'égal à égal, comme font les grands seigneurs.

DIANE.

Vous me paraissez tout autre.

THÉODORE.

Déjà peut-être vous m'aimez moins; vous êtes fâchée que je sois votre égal; vous me préfériez votre domestique, parce que l'amour est bien aise d'avoir la supériorité, pour pouvoir l'abandonner.

DIANE.

Tu te trompes; à présent tu seras tout à moi, et dès ce soir je recevrai ta main.

JOURNÉE III, SCÈNE V.

THÉODORE.

O comble du bonheur ! Fortune, arrête-toi !

DIANE.

Je serai, j'en suis sûre, la plus heureuse des femmes ; mais va t'habiller.

THÉODORE.

Il faut que j'aille voir ce majorat que je fonde, et ce père que je me trouve avoir, je ne sais comment.

DIANE.

Adieu donc, comte.

THÉODORE.

Adieu, comtesse.

DIANE.

Écoute donc.

THÉODORE.

Parlez ?

DIANE.

Parlez. Est-ce comme cela qu'un serviteur répond à sa maîtresse ?

THÉODORE.

Chacun a son tour, à présent je suis maître.

DIANE.

Que votre seigneurie se souvienne qu'elle ne doit plus me donner de jalousie avec Marcelle, quelque regret qu'elle puisse y avoir.

THÉODORE.

Des gens comme nous ne s'abaissent pas à aimer des servantes.

DIANE.

Songez à ce que vous dites.

THÉODORE.

Est-ce vous faire affront que de me défendre de ce goût?

DIANE.

Et moi, qui suis-je donc [41]?

THÉODORE.

Ma femme.

(Théodore sort.)

DIANE.

Je n'ai plus rien à désirer; et, comme le disait Théodore : fortune, arrête toi !

(Ricardo et Frédéric entrent.)

RICARDO.

Au milieu de tant de réjouissances vous ne faites point part à vos amis...

DIANE.

De quoi, messieurs? ce sera avec le plus grand plaisir.

FRÉDÉRIC.

Nous nous attendions que vous nous annonceriez la haute condition à laquelle s'est élevé votre domestique, pour que nous vous en félicitassions.

DIANE.

Eh bien, félicitez-moi tout à la fois de ce que Théodore est comte, et de ce qu'il est mon époux.

(Elle sort.)

RICARDO.

Que vous semble de cela?

FRÉDÉRIC

J'en perds la tête.

RICARDO.

Ah! si ce coquin l'avait tué!

(Tristan entre.)

FRÉDÉRIC.

Le voilà qui vient.

TRISTAN, à part.

Tout va à merveille, et voilà comment un tour de laquais peut émouvoir toute une ville.

RICARDO.

Hector, ou qui que tu sois, arrête.

TRISTAN.

Mon nom véritable est : Arrache-les-Ames.

FRÉDÉRIC.

Il y paraît bien!

TRISTAN.

Ah! ma foi, s'il n'était devenu comte, il était mort avant ce soir.

RICARDO.

Qu'importe sa qualité?

TRISTAN.

Lorsque je fis l'arrangement pour les trois cents écus, je ne convins d'autre chose que de tuer Théodore domestique, et non pas comte. Théodore comte, c'est autre chose; il faut changer le prix; il est bien différent de tuer un grand seigneur ou une demi-douzaine de domestiques qui sont déjà à moitié morts, quelquefois de faim, souvent d'ennui, toujours d'envie.

FRÉDÉRIC.

Combien veux-tu pour le tuer tout de suite?

TRISTAN.

Mille écus.

RICARDO.

Je te les promets.

TRISTAN.

Il me faut quelques arrhes du marché.

RICARDO.

Cette chaîne d'or...

TRISTAN.

Vous pouvez aller compter l'argent.

FRÉDÉRIC.

Je vais disposer la somme.

TRISTAN.

Et moi le tuer... Écoutez.

RICARDO.

Que veux-tu de plus?

TRISTAN.

Bouche close.

(Frédéric et Ricardo sortent.)
(Théodore entre.)

THÉODORE.

J'ai vu que tu parlais avec ces deux assassins.

TRISTAN.

Naples n'a pas deux plus grands imbéciles. Ils m'ont donné cette chaîne, et promis mille écus pour que je vous tue aujourd'hui.

THÉODORE.

Le changement qui s'est fait dans ma fortune est-il une ruse de toi? J'en tremble, Tristan.

TRISTAN.

Si vous m'entendiez dire du grec, vous me paieriez aussi bien que ces gens-là. En vérité ce n'est pas difficile ; il ne s'agit que de parler, comme pour les autres langues. Mais quels beaux noms n'ai-je pas inventés ; et il faudra que vous les appreniez. Astéclies, Catiborrato, Serpalitonie, Térimaconis. Au bout du compte, cela peut bien être grec, car personne ne le comprend, et je l'ai fait passer pour tel.

THÉODORE.

Je suis désolé ; car enfin si l'on connaît ta fourberie, il m'en coûtera la tête et l'honneur.

TRISTAN.

A présent vous pensez à cela ?

THÉODORE.

Il faut que tu sois...

TRISTAN.

Laissez courir la fortune, et attendez la fin.

THÉODORE.

La comtesse vient.

TRISTAN.

Et moi je m'éloigne pour vous laisser libres.

(Diane entre.) (Il sort.)

DIANE.

Vous n'avez pas été voir votre père, Théodore?

THÉODORE.

Un grand souci me retient ; et j'en reviens à vous demander la permission de me retirer en Espagne.

DIANE.

Encore Marcelle, j'en suis sûre!

THÉODORE.

Moi, Marcelle!

DIANE.

Qu'avez-vous donc?

THÉODORE.

A peine j'ose vous le dire.

DIANE.

Parle, fût-ce contre moi-même.

THÉODORE.

Tristan, qui a mérité aujourd'hui le prix de la fourberie, voyant mon amour et ma tristesse, informé de la perte que le comte Ludovic a faite de son fils, a arrangé toute cette intrigue; je suis un homme de rien; je ne connais pas mon père : mon esprit et ma plume m'ont donné jusqu'à présent mon existence. Le comte croit que je suis son fils, et, quoique je pusse être votre époux et avoir autant de bonheur que de richesse, la franchise de mon cœur ne me permet pas de vous tromper. Je ne suis pas noble, mais je suis honnête homme. Permettez-moi donc d'aller en Espagne, je ne veux ni tromper votre amour, ni faire injure à votre sang et à vos qualités.

DIANE.

Vous avez bien fait en me déclarant avec tant de noblesse qui vous êtes; mais vous vous êtes trompé si vous avez pensé que je fusse assez simple pour que cela m'arrêtât dans mes projets. Je voulais un moyen de couvrir la bassesse de ta naissance, je l'ai trouvé ; je n'en veux pas davantage. Le plaisir n'est pas dans la grandeur, mais dans l'union des âmes. Je recevrai ta main; et, pour que Tristan ne puisse révéler ce secret, le puits de mon hôtel nous garantira sa discrétion.

(Tristan entre.)

TRISTAN.

Place ! place !

DIANE.

Qui est-ce ?

TRISTAN.

Tristan qui se plaint avec raison de la plus grande ingratitude que femme ingrate ait jamais montrée. Quoi ! parce que je couronne vos désirs, vous me jetez dans un puits ! je ne vous aurais rendu aucun service que vous ne devriez pas le faire.

DIANE.

Tu m'as entendue ? Écoute.

TRISTAN.

Ne croyez pas m'attraper.

DIANE.

Reviens.

TRISTAN.

Quelque sot.

DIANE.

Reviens : je te donne parole d'être ta meilleure amie : mais il faut que tu me promettes de garder le secret sur ta fourberie.

TRISTAN.

Il m'importe assez que l'on n'en sache rien pour que vous soyez assurée de ma discrétion.

THÉODORE.

Quel est donc ce bruit?

(Ludovic, Frédéric et Ricardo entrent avec leurs domestiques, Fabio et les femmes de la comtesse.)

RICARDO, à Ludovic.

Nous voulons accompagner votre fils.

FRÉDÉRIC.

Naples toute entière attend qu'il sorte.

LUDOVIC.

Permettez, madame; mon fils, une voiture nous est préparée, et toute la noblesse de Naples à cheval veut nous faire l'honneur de nous accompagner. Viens chez toi; viens revoir, après tant d'années d'absence, les lieux où tu reçus le jour.

DIANE.

Avant qu'il y aille, je veux que vous appreniez de moi-même qu'il sera mon époux.

LUDOVIC.

Que la fortune arrête à présent sa roue avec un clou d'or. Je venais chercher un enfant, j'en emmènerai deux.

FRÉDÉRIC.

Avancez, Ricardo, et félicitez-les.

RICARDO.

Je pourrais vous féliciter non-seulement du mariage de Théodore, mais de sa vie. Jaloux de la comtesse, j'avais promis à ce coquin mille écus sans la chaîne qu'il porte, pour qu'il l'assassinât. Faites-le arrêter; c'est à coup sûr un voleur.

THÉODORE.

Non; celui qui défend son maître ne fait que son devoir.

RICARDO.

Et qui est-ce donc ce brave prétendu?

THÉODORE.

Mon domestique; et pour reconnaître le service qu'il m'a rendu en défendant ma vie, et le payer de tout ce qu'il a d'ailleurs fait pour moi, je le marie avec Dorothée, puisque madame la comtesse a déjà marié Marcelle à Fabio.

RICARDO.

Je ferai un présent de noces à Marcelle.

FRÉDÉRIC.

Et moi à Dorothée.

LUDOVIC.

Un fils! mon nom conservé! et la dot de la comtesse!

THÉODORE, au public.

Maintenant, noble assemblée, il nous reste à vous prier de ne dire à personne mon secret. C'est ainsi que finit, si vous le voulez bien, la fameuse comédie du CHIEN DU JARDINIER.

FIN DE LA TROISIÈME ET DERNIÈRE JOURNÉE.

NOTES

SUR

LE CHIEN DU JARDINIER.

---

(1) (*Littéralement*) « Aurait-il été bon de jeter après lui votre réputation de la cour dans la rue ? »

(2) (*Litt.*) « Il me demande un seul de mes cheveux pour attacher ses désirs, afin qu'ils demeurent tranquilles. »

(3) (*Litt.*) « Vous tirez bien ; mais vous n'ajustez pas. »

(4) (*Litt.*) « Mille pensers brigands ont couru sus à mon honneur, et ont dépouillé mon âme de ses idées de réserve. »

(5) (*Litt.*) « J'ai lu dans un livre de secrets que le sang de chauve-souris est bon pour faire tomber les cheveux. Il faudra que je fasse saigner celles-là pour enlever les cheveux à l'occasion. »

(6) On s'est avisé, dans les dernières éditions de cette pièce, de supprimer toute la partie de cette scène où paraît le marquis Ricardo.

(7) Jeu de mots sur le double sens du mot Diane, qui désigne aussi la lune.

(8) *Servir à senor discreto*, est un proverbe espagnol.

(9) (*Litt.*) « Qu'un tel faucon s'abaissât à prendre une si vile proie. »

(10) Cette idée a été empruntée avec succès par MM. Barré, Radet et Desfontaines.

> De tous actes que font entre eux
> Fille et garçon bien amoureux;
> C'est là la bonne signature.
>
> (*Arlequin afficheur.*)

(11) (*Litt.*) « Sont comme la paix qu'on nous présente à l'église; elles ne reviennent point sans avoir été baisées. »

(12) On devinera le sens des mots espagnols qui terminent la phrase : *Pueda gozarle.*

(13) On a supprimé, dans les dernières éditions, le commencement de cet acte jusqu'ici.

(14) Toute cette tirade est, dans l'original, une sorte de dialogue où Théodore cause avec sa pensée.

(15) L'original est un baragouin mêlé d'espagnol et de latin macaronique ; en voilà un échantillon :

> *Recipe signus celeste*
> *Qui capricornius dicitur;*
> *Esse enfermo morietur*
> *Si no es quo patientia preste.*

(16) Les derniers éditeurs ont impitoyablement tronqué cette scène depuis le départ de Théodore.

(17) (*Litt.*) « Dépassé la dureté d'Anaxarte, la chasteté de Lucrèce. »

(18) (*Litt.*) « Vous êtes une image de glace que le soleil même du ciel peut frapper, mais non pas brûler. » J'ai supposé quelque faute d'impression dans l'original.

(19) (*Litt.*) « Si Pasiphaé aima un taureau, Sémiramis un cheval, d'autres des monstres que je ne veux pas nommer par respect pour elles, quelle honte pouvez-vous trouver à aimer un homme quel qu'il soit ? »

(20) (*Litt.*) « Va lui demander l'étrenne de cette nouvelle. » L'usage de faire des cadeaux, *albricias*, aux porteurs de bonnes nouvelles était si général, que ce mot, changé en interjection, a fini par signifier les nouvelles elles-mêmes, et même la part qu'y prend celui qui les annonce. Traduire les phrases où il se trouve au figuré est une des plus grandes difficultés que présente la langue castillanne. Ici il est employé dans son sens naturel, comme on le verra dans les scènes suivantes.

(21) (*Litt.*) « Ils auraient été capables de tromper Ulysse. »

(22) Ici commence une autre suppression des nouvelles éditions. On a coupé jusqu'à l'arrivée de Tristan. Ce retranchement est tout aussi raisonnable que les autres.

(23) (*Litt.*) « J'avais vu sur les deux fauteuils les deux battans de foulon qui moulaient (ennuyaient) la comtesse. »

(24) (*Litt.*) « Cette rivière, voisine de son embouchure, qui remonte contre son courant ; cette Diane changeante comme la lune, la Diane du ciel. »

(25) Tout ce monologue est retranché dans les éditions modernes.

(26) La comtesse, au lieu du mot coquin, emploie dans l'original l'expression propre, *alcahuete*.

(27) (*Litt.*) « C'est un diable à mes yeux. »

(28) (*Litt.*) « Celle qui honore les genoux veut faire tomber la tête. »

(29) (*Litt.*) « C'est le sceau d'une roue à pots ; il se remplit lorsqu'il est en bas, et se vide quand il s'élève. »

(30) Encore un monologue supprimé.

(31) Autre suppression.

(32)   *Pagò la sangre y te ha hecho*
    Doncella por las narizes.

Allusion au présent du lendemain de noces. *Pretium virginitatis*, *Morgen Blad*, etc.

(33) Nouvelle coupure.

(34) Ici l'éditeur s'est donné le plaisir, non-seulement de mutiler, mais d'altérer Lope de Vega. Au lieu de la scène de domestiques qui suit, il montre Tristan refusant l'étrenne à ses camarades et les chassant à coups d'épée. Il a aussi abrégé tout le reste de la scène jusqu'à l'arrivée de la comtesse, et a changé les *redondilles* de l'auteur en vers de *rmance* de sa façon.

(35) Pendant ce dialogue, Tristan et son maître sont supposés marcher dans la rue. C'est ce qu'on ne devrait jamais se permettre, puisque l'illusion théâtrale ne peut être poussée assez loin pour l'indiquer.

(36) L'expression : mettre de la terre entre lui et moi, pour dire m'éloigner de lui, est très-commune en Espagne : c'est là-dessus que sont fondés tous les jeux de mots de ce sonnet.

(37) (*Litt.*) « Je reviens me chercher. »

(38) (*Litt.*) « Et tu aides le premier à donner le croc-en-jambe à l'autre. »

(39) (*Litt.*) « Je puis bien avoir aux pieds des éperons ; je voudrais y avoir des ailes. »

(40) (*Litt.*) Dorothée ajoute : « Eh bien, qu'elle mange jusqu'à crever. »

(41) Théodore vient de dire qu'il était *maître*. Il ajoute qu'il n'aimera pas des servantes : la comtesse, en feignant de s'appliquer cette expression, veut dire qu'elle devient la servante de Théodore. Cette expression de compliment est encore plus usitée en Espagne qu'en France.

LA PERLE DE SÉVILLE [1],

COMÉDIE.

---

[1] Le véritable titre est la *Fille d'argent* (en espagnol *La Niña de Plata*). Il est impossible de conserver ce titre dans la traduction française.

NOTICE

SUR

LA PERLE DE SÉVILLE.

Pierre ou don Pèdre dit le Cruel, roi de Castille, et Henri de Transtamare, sont des personnages tout-à-fait historiques. Lope de Vega les peint tels qu'il les a trouvés dans toutes les chroniques du temps. Pierre laisse déjà entrevoir cette sévérité qui lui a fait donner un odieux surnom. Ce prince ardent, passionné, hautain, ne manquait pourtant pas de générosité : il aimait naturellement la justice. La révolte de son frère, la présence des étrangers dont les deux compétiteurs furent forcés de mendier le dangereux appui, la défection des grands qui abandonnaient alternativement le plus faible, enfin les malheurs et les excès inséparables des guerres civiles, aigrirent le caractère de ce roi, et lui firent commettre des cruautés que les historiens ont impitoyablement recueillies : cela devait être. Son rival, son meurtrier, le remplaça sur le trône et s'y maintint. Privé de la couronne et de la vie,

Pierre fut ensuite calomnié : les historiographes n'écrivent guère que pour le prince régnant ou sa descendance immédiate.

Lope de Vega choisit une époque antérieure aux dissensions qui armèrent ces deux princes l'un contre l'autre, et mirent une seconde fois, sur le trône de Castille, l'usurpation à la place de la légitimité.

Ces galanteries nocturnes, ces dames voilées, ces enlèvemens continuels, ces rendez-vous d'amour qui finissent toujours par des querelles et des combats, ce mélange de politesse, de barbarie et d'héroïsme, caractérise bien l'époque et le pays... C'est à ces souvenirs de famille, à cette couleur locale et contemporaine, qu'il faut attribuer le vif intérêt que des compositions par trop irrégulières, excitent encore chez les Espagnols. Leur goût est sans doute assez éclairé pour ne pas approuver les fautes contre les règles de l'art, les invraisemblances, la brusquerie de l'action, les lacunes dans la liaison des événemens, l'abus de l'esprit, la trivialité des plaisanteries; mais les torts de leurs anciens auteurs sont rachetés par des beautés de plus d'un genre et presque toujours par l'éclat du style poétique.

J. E.

LA PERLE DE SEVILLE.

PERSONNAGES.

LE ROI DON PÈDRE.
L'INFANT DON HENRI,
LE GRAND-MAITRE DE SAINT-JACQUES, } frères du roi.
DON JUAN, gentilhomme de Séville.
DON FÉLIX, frère de Dorothée.
DON ARIAS, gentilhomme de Séville.
DONA DOROTHÉE, la perle de Séville.
DONA MARCÈLE, dame de Séville.
THÉODORA, suivante.
LE PÈRE DON JUAN, XXIV de Séville (1).
CHACON,
LÉONEL, } valets.
UN ÉCUYER, vieillard.
UN PAGE.
DEUX DOMESTIQUES.

La scène est à Séville.

(1) L'un des 24 régidors ou notables du corps municipal de Séville. On les désigne ainsi : Le XXIV un tel. Cette dénomination n'est connue que dans quelques villes principales de l'Andalousie....

LA PERLE DE SÉVILLE.

JOURNÉE PREMIÈRE.

SCÈNE PREMIÈRE.

Séville. — Rue des Armes, et dans la maison de Dorothée.

THÉODORA et DOROTHÉE, au balcon.

THÉODORA.

On dit que l'infant don Henri va passer.

DOROTHÉE.

Il faut témoigner la joie que nous en avons. Veux-tu tendre le tapis de soie devant la fenêtre? S'il n'est pas aussi beau que ceux de nos voisins, il n'en attestera pas moins la part que nous prenons à la fête...

THÉODORA.

Je vais tendre le tapis. Il paraît que l'infant arrive. J'entends la musique, il y a foule vers la porte royale, des cris de joie s'élèvent de ce côté.

DOROTHÉE.

Le roi viendra aussi.

THÉODORA.

Mais ils ne sont pas bien ensemble.

DOROTHÉE.

Alors, je ne conseille pas à l'infant de rester dans Séville. Le roi don Pèdre est très-sévère.

THÉODORA.

Henri est un brillant chevalier : le roi pourrait bien être jaloux de l'affection que lui montrent chaque jour les peuples de Castille et d'Andalousie.

DOROTHÉE.

Le roi est très-sévère, Théodora...

THÉODORA.

Il ne le serait pas autant s'il ne voyait avec jalousie l'accueil que reçoit son frère; nul doute à cela.

(L'infant, le grand-maître de Saint-Jacques, suite, don Juan, gentilhomme de Séville, entrent.)

LE GRAND-MAITRE.

Comment trouvez-vous la ville?

HENRI.

La huitième merveille du monde : en nommant Séville, c'est tout dire. Comment s'appelle cette rue?

LE GRAND-MAITRE.

La rue *des Armes.*

HENRI.

Avec raison : mais je pense qu'on a voulu dire les armes d'amour, à cause de cette quantité de belles dames qu'on y voit; ces armes là sont les plus dangereuses. C'est ici qu'on en rencontre beaucoup. Je redoute plus une jolie main blanche, qu'une compagnie de gens de guerre. Quelle est cette dame qui est à ce balcon?

LE GRAND-MAITRE.

C'est une dame aussi belle que spirituelle; on dit que c'est la dixième muse, la quatrième grâce, qu'elle surpasse les trois autres : c'est la gentillesse de Cléopâtre, la beauté de Vénus; en un mot, c'est l'objet de tous les vœux. Puisqu'il faut la nommer, c'est la *Perle de Séville*, dont vous avez entendu parler, ce prodige de perfection qui fait la gloire de cette capitale. On a beau parler de son fleuve, de son palais, de ses rues, de ses guerriers, de sa richesse, on finit par avouer que sa plus grande merveille, c'est la *Perle de Séville*.

HENRI.

En effet j'ai entendu faire beaucoup d'éloges de ses talens et de sa beauté.

LE GRAND-MAITRE.

C'est tout ce qu'il faut admirer ici.

HENRI.

Grand-maitre, saluons ce balcon. Quand même la voix de la renommée ne nous en ferait pas un devoir, je le saluerais pour vous être agréable.

LE GRAND-MAITRE.

Ne vous arrêtez pas; nous aurons d'autres occasions. Le roi attend : il est juste d'aller lui rendre nos hommages.

(*Ils s'en vont.*)

(*Don Juan entre.*)

DON JUAN, dans la rue.

Belle Dorothée, vous êtes une syrène. Séville offre beaucoup de choses dignes d'être vues, c'est vous seule qui fixez les regards d'un roi. On ne peut passer dans la rue où vous vous montrez, sans y rester enchaîné. Vous absorbez toute l'attention; la prudence d'Ulysse n'y tiendrait pas.

DOROTHÉE.

S'il est vrai que je sois une syrène dont les charmes exercent tant de pouvoir sur un monarque, don Juan, vous n'en devez être que plus glorieux. Mon triomphe relève l'éclat du vôtre. J'enchaîne un grand roi, dites-vous, et vous m'avez enchaînée moi-même.

DON JUAN.

Théodora, que dis-tu de tant d'amour et de peines?

THÉODORA.

Je voudrais pouvoir sur-le-champ guérir cette passion.

DON JUAN.

Pourquoi donc?

THÉODORA.

Parce que votre père, le XXIV, malgré toutes les instances possibles, n'a jamais voulu consentir à votre union avec ma maîtresse; et puisqu'elle ne doit pas être à vous, il est évident que vos soins compromettent de plus en plus son honneur et sa réputation.

DON JUAN.

L'avarice de mon père s'oppose à mes vœux, parce que Dorothée est pauvre. Il veut me vendre pour de l'or à une femme sotte et laide; mais j'ai dans mon cœur une perle qui fait ma richesse et mon supplice. Je suis tellement décidé que, avant un mois, Dorothée sera mon épouse et avec une dot qui ne laissera rien à dire.

THÉODORA.

Don Juan, je crois bien que c'est là votre plus ardent désir, je sais quel est votre amour; mais l'avarice d'un père, l'autorité d'un vieillard qui aime plus l'argent que l'honneur; tout cela..... tenez, je m'en vais... l'onzième commandement du catéchisme d'amour, dit qu'il ne faut pas être importun.

(Elle s'en va.)

DOROTHÉE.

Plus de dispute, Don juan, votre père vous marie à son gré. Il n'est pas juste que désormais cette maison, où tout est à vous plus qu'à moi-même, soit compromise par des assiduités indiscrètes; je vous en conjure; nous allons au palais; là vous pourrez me voir, cher ami.

(Elle sort.)

DON JUAN.

Elle est partie! lumière de mes yeux, tu t'enfuis. Le soleil a disparu de l'horizon; je reste dans les ténèbres.

(Chacon entre.)

CHACON.

Que le manteau et le chapeau andalous ont bien joué leur rôle! les Castillans perdent l'esprit..... Séville, ta magnificence les éblouit. Les belles ont fait tourner toutes les têtes...

DON JUAN.

En des jours tels que celui-ci, les valets abandonnent-ils leurs maîtres?

CHACON.

Mille pardons, seigneur; la foule m'a retenu. Un

étrange fanfaron s'est jeté sur mon passage; nous avons eu de fortes paroles; j'étais au moment de tirer ma dague, mais la confrérie du sang, la parenté, dis-je, s'en est mêlée, on m'a apaisé. La colère a été noyée dans les verres. Mon homme a montré d'abord de la peur, ensuite beaucoup de cordialité. Ces disputes, suivant le proverbe, sont comme les marrons rôtis; il faut du vin à la suite.

DON JUAN.

Que ne suis-je de bonne humeur pour écouter tes prouesses?

CHACON.

Avons-nous du nouveau?

DON JUAN.

Aujourd'hui, l'amour est fou...

CHACON.

C'est un démon; lorsqu'il prend la mouche, il n'y a plus moyen de lui résister. D'où vient aujourd'hui le vent de la jalousie? De Castille?

DON JUAN.

La beauté que j'adore pourrait inspirer de la jalousie au soleil lui-même. Mais il ne s'agit pas de jalousie, c'est un dédain cruel.

CHACON.

Elle ne t'aime donc pas; pure coquetterie, en bon termes. Fais-toi saigner avant la maladie.

DON JUAN.

Je ne me plains pas de trop de bonheur; ce serait injuste : je me plains de la voir changer de résolution. Mon père lui refuse une chose qui est légitime, qu'elle desire ; cependant, comme elle a un esprit supérieur, je crois que ces dédains ne sont qu'une manière honnête de sauver son honneur. Mais n'en doute pas, les Castillans, sur sa renommée seule, voudront lui faire la cour.

CHACON.

Il y a mille femmes dans Séville qui se chargeront de te consoler. Je t'ai dit maintes fois de te délivrer de ce souci, et de mettre du pays entre vous deux. Tu es fou d'un objet qui est tout esprit, subtil comme la pensée, en un mot, un ange, un séraphin qui n'a pas de corps. Eh ! morbleu ! prends une femme bonne pour l'usage, pour le chaud, pour le froid, pour la plaisanterie, et pour la réalité, pour la ville et pour la campagne, où il y ait du gras et du maigre, entrelardée comme le jambon ; voilà les femmes qui durent autant que des souliers de bon cuir. Où diable as-tu fourré ta pensée ? Ne vaut-il pas mieux une chose un peu plus commune ? Mais, puisque tu la veux si délicate, as-tu vu dans des boîtes mignonnes, ces petits diablotins qui viennent de Flandre ? Voilà comme sont les femmelettes de cette espèce. C'est joli à la vue ; et l'on ne peut s'en servir. Eh ! choisis-les bien drus ; pousse-les bien fort, et qu'ils se tiennent debout, quand même un bras vigoureux essaierait de les renverser.

DON JUAN.

Ah ! Chacon, mon bonheur est passé. Si mon père, entêté de la fortune, s'obstine à me refuser ce que je désire, sois sûr que j'en mourrai : cela est certain ⁽¹⁾. Viens au palais avec moi. Elle m'a dit qu'elle allait s'y rendre.

CHACON.

Le palais est superbe, on l'a parfaitement décoré ; allons, allons.

DON JUAN.

Allons, mais ne sois pas fou : je te traite avec amitié.

CHACON.

Ah ! que Dieu nous soit en aide. Madame la Perle, je vous donnerais le fouet.

(Ils sortent.)

SCÈNE II.

Jardin du palais.

L'INFANT, LE GRAND-MAITRE, DON ARIAS.

HENRI.

Personne ne le sait mieux qu'Arias.

LE GRAND-MAITRE.

C'est un gentilhomme de la ville.

ARIAS.

Oui, prince, quoique Séville soit pleine de merveilles, celle-là est la plus étonnante. Le commerce des pays les plus éloignés, les productions de climats différens, cette mer immense que jamais l'ancre de nos vaisseaux n'a sondée;.. toutes ces grandes choses...

LE GRAND-MAITRE.

Henri ne vous demande pas des détails qui occuperaient des volumes ; il veut savoir seulement quelle est la plus belle de toutes les dames de Séville.

ARIAS.

Toutes celles qui ont eu le bonheur d'être vues de vous, et qui vous ont paru des astres, ne sont que de faibles ombres à côté de la Perle sans pareille.

HENRI.

Le grand-maître sourit; en vérité, je ne sais trop pourquoi.

LE GRAND-MAITRE.

Un peu de malice, Henri; vous la sentez bien, mais vous ne mourrez pas de la piqûre.

HENRI.

Je suis fâché que vous ayez l'air de me reprocher de m'être arrêté à la regarder ; vous lui avez parlé, vous aussi, et vous avez dit que l'envie même, forcée de lui donner la palme sur toutes les beautés de la ville, l'appelle la dixième muse, la huitième merveille.

ARIAS.

Seigneur, le grand-maître a raison. Dorothée est la divinité de Séville : elle sait qu'elle a droit à nos hommages; elle écrit avec une légèreté piquante, et n'est pas étrangère aux matières les plus graves. On lui a donné le surnom de *Perle,* parce qu'il désigne l'une des plus belles productions de la nature. Elle chante avec grâce, compose des *quintetos.*

HENRI.

Aime-t-elle les *duos* ?

ARIAS.

Pas du tout. Elle peint à merveille, danse avec beaucoup d'art et de décence. Elle fait des vers et si bien.....

LE GRAND-MAITRE.

Alte-là; j'ai vu des fous qui en faisaient aussi. Je ne fais pas grand cas de ce talent.

ARIAS.

Seigneur, c'est trop rigoureux. Dorothée n'est pas un puits de science. Elle ne prétend pas lutter avec Homère ou Virgile. Elle écrit comme on écrit à la cour, dans la haute société... Mais, la voici; elle est au milieu de tous ces anges qui viennent voir le palais, je dis des anges quoiqu'ils n'aient pas d'ailes; seigneur, la Perle est dans le jardin.

HENRI.

O belle Perle, ta blancheur est égale à celle de la fleur d'oranger, du jasmin et du lis; je la préfère au vif incarnat de la rose. Ta renommée est venue jusques à moi dans la Castille. Elle y avait déjà troublé le repos de mon cœur; ici tu me l'as ravi.

(Dorothée, Théodora couvertes d'un voile, un écuyer, entrent.)

DOROTHÉE.

Cela étonne votre altesse ?

HENRI.

Vous m'aviez déjà blessé. A présent je ne sais plus ce qui m'arrive.

JOURNÉE I, SCÈNE II.

DOROTHÉE.

Fameuse est la Giralde de Séville; celle de l'Écu, le Calice, la Palme, ne le sont pas moins. Votre altesse trouve ici de quoi justifier les rapports de la renommée.

HENRI.

Arrêtez, n'allez pas plus loin.

DOROTHÉE.

Au contraire, je m'en retourne. Je venais voir; j'ai vu tout.

HENRI.

Qu'étiez-vous donc venue voir?

DOROTHÉE.

Les richesses du palais, l'élégance et la beauté du jardin que la nature enrichit de tous ses dons... Et votre personne est l'abrégé de tout cela.

HENRI.

Comment?

DOROTHÉE.

Votre personne est l'élégance même, votre esprit est aussi brillant et varié que les fleurs du jardin.

HENRI.

Ah! perle incomparable! grand-maître, on avait bien raison de vanter son esprit! dès aujourd'hui je me voue à son service.

DOROTHÉE.

Prince, on nous regarde.

HENRI.

Serait-ce quelque jaloux?

DOROTHÉE.

Je n'ai personne qui puisse l'être de moi. Mais comme une perle (1) est peu exposée aux regards, beaucoup de gens désirent la voir...

HENRI.

Donnez-moi du moins assez de force...

DOROTHÉE.

Pourquoi ?

HENRI.

Pour soutenir votre présence.

DOROTHÉE.

Vous êtes donc déjà mon amant ! Jésus ! et que diront les dames de la ville ; allons nous-en, l'infant parle comme un nouveau venu !

THÉODORA.

Il eût été plus sage de t'expliquer plus clairement.

(Elles sortent.)

HENRI, retenant l'écuyer.

Un mot, bonhomme.

L'ÉCUYER.

Seigneur, je vous salue.

HENRI.

Êtes-vous au service de Dorothée ? Êtes-vous de son conseil privé ?

L'ÉCUYER.

Je suis son écuyer.

HENRI.

Quelles sont les visites qu'elle reçoit ?

L'ÉCUYER.

Je voudrais que votre altesse connût la maison où je sers... Le soleil même n'a pas la permission d'y pénétrer.

HENRI.

Là où réside Dorothée, que ferait un astre de plus? Mais pourrais-je la voir, moi? voulez-vous vous charger d'une commission pour elle?

L'ÉCUYER.

Je n'aurais pas le temps d'ouvrir la bouche qu'elle m'aurait fait tuer.

HENRI.

Vous vous en chargerez pour l'amour de moi. Si elle vous chasse de sa maison, celui qui en trouve une meilleure n'a rien perdu; au contraire.

L'ÉCUYER.

C'est juste.

HENRI.

Je ferai en sorte que le roi vous nomme alcade du palais de Séville.

L'ÉCUYER.

Portier seulement, et je suis satisfait. Mais, en attendant la récompense, mon honneur va être bien compromis : je suis noble.

HENRI.

Je réponds de tout.

L'ÉCUYER.

Je le déclare à votre altesse, je suis, *Cueva Arjona Mendez Lopez Juarez Fañez Benavides Santibanez Cordova Enriquez Cardona Sanchez Vaz-*

quez et Loyola. Monseigneur, dans mon pays, j'occupe une grande place [3].

HENRI.

Comment cela ?

L'ÉCUYER.

Avec ma signature.

HENRI.

Oui, je crois que vous êtes bien né, votre air le dit assez.

L'ÉCUYER.

Mon malheur a voulu que je servisse les autres, tandis que j'étais fait pour être servi. Mon aïeul possédait *en Asturie* un manoir dont le roi lui-même aurait pu faire sa maison de campagne.

(Il pleure.)

LE GRAND-MAITRE.

Ne pleurez pas, bonhomme ; ayez du cœur comme bon gentilhomme que vous êtes : êtes-vous d'une maison connue ?

L'ÉCUYER.

Mon aïeul était cordonnier.

HENRI.

En effet, tout le monde devait le connaître. Ce vieillard est de bonne humeur. Mangez-vous bien ?

L'ÉCUYER.

Je bois encore mieux.

HENRI.

Je vous donnerai pour l'un et l'autre. Voilà six doublons qui sont chacun de quatre.

L'ÉCUYER.

Me voilà *vingt-quatre* ⁽⁴⁾; écoutez et recevez mes six bénédictions.

HENRI.

Voyons.

L'ÉCUYER.

Que le ciel vous conserve toujours un bonne réputation, une bonne table, un bon lit, et qu'il vous donne aussi une bonne femme.

HENRI.

La quatrième?

L'ÉCUYER.

De l'argent à votre gré avec les armes de Castille.

HENRI.

La cinquième?

L'ÉCUYER.

Un palais à Séville.

HENRI.

La sixième?

L'ÉCUYER.

De la glace en été.

HENRI.

Quand viendrez-vous me voir? Le roi mon frère est arrivé.

L'ÉCUYER.

Demain, et je ne prends pas congé de votre altesse.

HENRI.

Vous me ferez grand plaisir. Je vous donnerai ma livrée, la même que je fais prendre ce soir à ceux qui m'appartiennent.

L'ÉCUYER.

Prince, vous pouvez passer dans notre rue.

HENRI.

La Perle se montrera-t-elle?

L'ÉCUYER.

Je ne sais. N'y aura-t-il pas une sérénade?

HENRI.

Très-bonne, et avec un appareil terrible.

L'ÉCUYER.

Qu'elle entende les *grelots*, vous êtes sûr qu'elle est au balcon.

(Il s'en va.)

ARIAS.

Ce vieux a une figure grotesque.

HENRI.

Allons nous préparer. La nuit semble nous avertir qu'elle nous attend.

LE GRAND-MAITRE.

Le roi serait-il déja habillé?

ARIAS.

Je le crois : vous savez qu'il est en colère?

HENRI.

Il m'est venu une fantaisie.

LE GRAND-MAITRE.

On peint l'Amour sous les traits d'un enfant.

ARIAS.

Sa mère saura le former.

LE GRAND-MAITRE.

Mon frère est dans un bel état. Il en tient !

HENRI, à part.

Ma chère perle, c'est à toi que j'en veux ; courons à sa maison.

LE GRAND-MAITRE.

Et nous, allons déjouer ses desseins. (*à part.*) S'il entreprend quelque folie, je suis plus blâmable que lui ; mes éloges ont enflammé son imagination.

(Ils s'en vont.)

SCÈNE III.

Maison de don Juan. — Il est nuit.

DON JUAN, CHACON ; ils ont leur épée, et leur bouclier.

DON JUAN.

J'ai pris ma cotte de mailles. C'est une nuit de mouvement.

CHACON.

Ton bon ange t'en a inspiré l'idée. Je n'aime pas ces nuits-là.

DON JUAN.

Ce sont des nuits de malheur, a dit un sage.

CHACON.

Il faut savoir gré à celui qui a inventé les cottes de mailles. Lorsque celle-ci que je porte tous les jours sera usée, j'en choisirai une de la meilleure espèce.

DON JUAN.

C'est une excellente défense.

CHACON.

Tu as l'air agité.

DON JUAN.

Je soutiens qu'il n'existe pas dans Séville de beauté aussi parfaite.

CHACON.

Il me semble qu'elle vous tient singulièrement au cœur. Eh bien, que cela soit convenable ou non à vos intérêts, je veux me prêter à vos caprices. Mais voilà votre père.

(Le *Vingt-Quatre*, père de don Juan, entre.)

LE VINGT-QUATRE.

Où allons-nous, jeune homme?

DON JUAN.

Mon père, vous le voyez. C'est une nuit de sérénades et d'illuminations : les Castillans, les Andalous.....

LE VINGT-QUATRE.

Ne vaudrait-il pas mieux sortir à cheval ou en voiture?

DON JUAN.

Mon père, vous trouvez toujours à redire.

LE VINGT-QUATRE.

Des épées, des boucliers, et Chacon!

CHACON.

Je ne songe qu'à bien servir mon maître : vous nous traitez si bien, vous...

LE VINGT-QUATRE.

Si on te traitait, toi, comme tu le mérites!

CHACON.

Que m'arriverait-il?

LE VINGT-QUATRE.

Tu serais aux galères.

CHACON.

Quelle idée avez-vous donc de moi, seigneur?

LE VINGT-QUATRE.

L'idée d'un garnement le plus fieffé qui jamais ait été coiffé d'un bonnet de discipline.

DON JUAN.

Mon père, ma conduite ne donne pas lieu...

LE VINGT-QUATRE.

Je la connais.

DON JUAN.

Si vous la connaissez bien, mon père, vous savez que je ne mérite pas ce reproche.

LE VINGT-QUATRE.

Oui, tu es un saint : tu ne sors que pour aller à la cathédrale!

DON JUAN.

Mon père, daignez vous en informer. Me voit-on jamais au jeu, dans des lieux suspects? Je ne vais que dans une certaine rue, où demeure une femme que j'aime avec les intentions les plus pures.

CHACON.

Bonne réponse!

LE VINGT-QUATRE.

Très-bonne en effet.

CHACON.

Oui, monsieur voulait épouser saintement une femme de mérite : y a-t-il là de quoi effaroucher un bon chrétien?

LE VINGT-QUATRE.

Une femme pauvre, belle, et précieuse ridicule! non, jamais; c'est en vain; tant que je vivrai, tu ne l'épouseras pas.

DON JUAN.

Eh! que faut-il que j'attende encore? Que voulez-vous de plus, mon père? Suis-je une fille pour languir l'aiguille à la main jusqu'à ce qu'il vous plaise de me marier?

LE VINGT-QUATRE.

Je pardonne tout ce que tu peux me dire; mais on ne se marie pas contre ma volonté. Je sais qu'il est question de la Perle; voilà ce qui m'irrite. Allons, que signifie cette manière de me regarder? Rentrez.

CHACON.

Tout de bon?

DON JUAN.

Vous me traitez comme une petite fille.

LE VINGT-QUATRE.

Allons, rentrez.

DON JUAN.

J'obéis. Je vous suis; allez devant, mon père.

LE VINGT-QUATRE.

Ta vie en dépend.

(Il s'en va.)

DON JUAN.

Et mon sort beaucoup plus encore : Chacon, je pourrai descendre par la terrasse chez don Louis ; emporte les armes.

CHACON.

Dieu veuille que ceci finisse bien ! Je crains que, pour tromper le père, nous ne fassions comme les chats qui, dans leurs ébats, tombent quelquefois du haut des toits au milieu de la rue.

SCÈNE IV.

Au palais, dans l'appartement de don Juan.

DON HENRI, DON ARIAS.

HENRI.

Le roi n'est pas encore habillé ! il était si pressé !

ARIAS.

Seigneur, donnez-lui le temps...

HENRI.

Mon amour, né d'aujourd'hui, est déjà vieux d'un siècle. Il est impatient, et ne permet d'écouter aucun conseil..... J'ai cependant suivi le tien..... j'ai fait appeler son frère.

ARIAS.

C'est bien fait.

HENRI.

Ou la chose sera impossible, ou je pénétrerai dans la maison de celle que j'adore.

ARIAS.

C'est une perle ; enrichis-la d'un bel entourage, et nous verrons...

(Félix et un domestique entrent.)

LE DOMESTIQUE.

Seigneur, voici don Félix, frère de Dorothée.

HENRI.

Soyez le bienvenu ; approchez-vous, n'ayez nulle crainte.

FÉLIX.

On ne saurait en avoir, seigneur, en la présence d'un prince aussi généreux ; j'éprouve quelque altération, à la vérité, mais c'est parce que je suis étonné que mes faibles services puissent vous être de quelque utilité.

HENRI.

Félix, on m'a dit que personne dans cette ville ne se connaît en chevaux mieux que vous, que vous en avez un de Cordoue qui est la plus belle chose du monde. Je voudrais l'acheter, d'abord ; ensuite que vous m'en trouvassiez encore huit ou dix de votre choix, pour les emmener en Castille.

FÉLIX.

Il y a sûrement quelque autre de mon nom dans la cité ; pour moi, seigneur, je n'entends rien aux chevaux ; je n'en ai aucun. Ma famille est pauvre, très-pauvre ; il ne nous reste qu'un seul bien de beaucoup de prix, c'est une sœur qui est belle, aimable, qui a été élevée modestement sous mes auspices et par mes soins. Le maître du beau cheval que vous dites est un autre que moi, seigneur; je ne possède au monde que cette sœur, et un très-petit nombre de livres qui font tout mon plaisir. Ils me tiennent lieu de jardin, de chevaux, et de toute espèce de luxe.

HENRI.

C'est assez; on se sera trompé à cause du nom : mais votre bon air, et votre esprit m'inspirent beaucoup d'intérêt pour vous. Et puisque vous êtes venu, je veux vous admettre à mon service... Votre sœur est-elle mariée ?

FÉLIX.

Si elle l'était, seigneur, elle ne serait plus sous ma protection; elle est fille encore, spirituelle autant que vertueuse. Sa beauté n'est pas son plus grand mérite.

HENRI.

Pourquoi ne la mariez-vous pas ?

FÉLIX.

Parce qu'il lui manque la seule chose qu'on recherche aujourd'hui. La vertu n'est pas une dot; dans ce temps-ci, c'est de l'argent qu'il faut. On dit bien qu'elle est une *Perle;* mais on veut des valeurs plus réelles.

HENRI.

Voilà les occasions où la justice du prince doit se montrer. Je suis affligé de voir un gentilhomme qui pense aussi noblement que vous maltraité par l'aveugle fortune. Restez auprès de moi; je veux vous être utile, et rétablir vos affaires.

FÉLIX.

Seigneur, je baise vos pieds.

HENRI.

Je verrai l'emploi qui peut convenir à votre qualité.

LE DOMESTIQUE.

Seigneur, le roi attend.

HENRI.

J'attendais moi-même ses ordres. Félix, nous nous verrons demain.

FÉLIX.

Que le ciel vous conserve! ma sœur et moi, nous ne cesserons de faire des vœux pour votre bonheur.

HENRI.

Et comment se nomme-t-elle?

FÉLIX.

Dorothée.

(Il sort.)

ARIAS.

Que voulez-vous faire, seigneur?

HENRI.

Je veux lui adresser mes hommages les plus désintéressés.... Elle ne doit pas rester dans cet état, celle qui fixe les regards d'un prince.

ARIAS.

Vous avez déjà l'écuyer et le frère.

HENRI.

Pour la voir seulement, je ferais toute sorte de sacrifices.

(Ils sortent.)

SCÈNE V.

Dans la maison de Dorothée.

DON JUAN, CHACON, DOROTHÉE, THÉODORA.

DOROTHÉE.

Comment es-tu venu ici?

DON JUAN.

La porte était ouverte.

DOROTHÉE.

Cette porte ne doit être ouverte que pour mon époux.

DON JUAN.

C'et pour cela même que je viens : en cette qualité, je veux franchir cette entrée qui est défendue à tout autre. Ne te mets pas en colère, Dorothée, je t'en conjure. Si je suis riche, et si tu es pauvre, l'amour rapprochera les distances par l'union la plus légitime et la plus sainte.

DOROTHÉE.

Dans quel trouble tu me jettes!

THÉODORA.

Ah! madame, votre frère!

DOROTHÉE.

Tu l'as voulu... quelle confusion!

DON JUAN.

Dis que je suis ton époux...

DOROTHÉE.

Non : tu compromets mon honneur et ta vie. Cache-toi là derrière, mon frère s'en ira bientôt. Il a aussi quelque amour en tête, et c'est une nuit d'illuminations.

DON JUAN.

Viens ici avec moi, Chacon.

CHACON.

S'il n'était pas son frère, je....

DON JUAN.

Tais-toi.

(Ils se cachent.)

(Félix entre.)

FÉLIX.

Ma sœur, la joie dont je suis transporté ne me permet pas de te parler avec calme. Mon bonheur est au comble.

DOROTHÉE.

As-tu donc obtenu quelque faveur signalée, un billet, un ruban, une caresse, l'entrée de la maison?

FÉLIX.

Rien de tout cela. Ce n'est point une affaire d'amour.

DOROTHÉE.

Quoi donc?

FÉLIX.

L'erreur d'un domestique de l'infant m'a fait appeler chez son altesse; le prince avait besoin de voir un certain Félix qui s'occupe à élever des chevaux : j'ai détrompé l'infant qui croyait que c'était de moi qu'il s'agissait; je lui ai dit que je ne possédais d'autre bien que toi, ma sœur, que tu étais belle autant que vertueuse et pauvre ; ma bonne fortune a voulu que le prince me prît dès aujourd'hui à son service et se chargeât de ton établissement. Je vais, ma sœur, chercher quelque distraction parmi les fêtes de cette nuit ; mais je n'ai pas voulu y aller sans toi, où du moins sans te faire part de ce qui m'est arrivé d'heureux. Je viens te féliciter de ce bonheur imprévu ; tu dois m'en féliciter moi-même. Adieu, je vais chercher l'objet de mon amour ; ne te couche pas encore. Nous avons tout à l'heure à causer ensemble.

DOROTHÉE.

Voilà une singulière aventure. (*Don Juan et Chacon entrent.*) Tu peux sortir, don Juan.

DON JUAN.

D'ici, devrais-tu dire, ou plutôt de l'abîme où tu m'as plongé ! Le prince est donc ton amant ! et tu l'écoutes !

DOROTHÉE.

Le prince, mon amant ! et pourquoi ?

DON JUAN.

Il t'a parlé au palais.

DOROTHÉE.

Je n'entends rien à ce que mon frère m'a raconté.

DON JUAN.

Ah ! Dorothée, que tu réponds mal à mon amour ! Qu'est-ce que tout ceci ?

DOROTHÉE.

Tu plaisantes ! accuse-moi de ce que tu souffres...

CHACON.

Seigneur, la musique dans la rue !...

DON JUAN.

Prince, tu viens provoquer ma jalousie !

THÉODORA.

Madame, entendez-vous la sérénade, la musique ?

DOROTHÉE.

Qui n'a rien à se reprocher n'a pas besoin de longues justifications. Je te dis en deux mots que je suis étrangère à tout ce dont tu m'accuses.

(Bruit de voix et de musique.)

VOIX CONFUSES.

Comme l'infant a bon air !

DOROTHÉE.

Tu vois que je ne me soucie guères d'aller au balcon.

DON JUAN.

Tu fais plus d'attention à ce qu'il y a dans la rue qu'à moi.

VOIX CONFUSES.

C'est le roi... Oui, c'est le roi... Henri a meilleure mine.

DOROTHÉE.

Don Juan, prenez garde que...

DON JUAN.

Allons, ne te troubles pas, va le voir.

VOIX CONFUSES.

Le grand-maître a bon air.

DOROTHÉE.

Quoique je ne sois pas très-susceptible, je n'en suis pas moins choquée de la manière dont tu me traites.

J'ai mon honneur et ma réputation à conserver. Les princes ne s'abaissent point à des mariages disproportionnés ; je suis ici avec toi, la fête est dans la rue. Si le prince a bon air ou non, peu m'importe, je n'ai pas besoin de le voir. Sache-moi gré de cette réserve.

DON JUAN.

Ah ! je t'en remercie ; mais pardonne à mon trouble. Tout me semble peu... Je connais ta vertu.

(L'écuyer entrant tout agité.)

L'ÉCUYER.

Comment, tu n'es pas plus empressée ?

DOROTHÉE.

Qu'est-ce ?

L'ÉCUYER.

Trois rois dans le logis, ni plus, ni moins !

CHACON.

Il n'y en avait pas davantage à Bethléem !

L'ÉCUYER.

Oui, rois ; car c'est à peu près la même chose. L'un est le roi, en personne ; les autres deux sont ses frères, l'infant don Henri, et le grand-maître !

DON JUAN.

Eh bien ! que veux-tu que je pense ?

DOROTHÉE.

Laisse-là tes chimères.

L'ÉCUYER.

Ils demandent à boire un verre d'eau. Ils montent.

DON JUAN.

Ce sont bien eux-mêmes... Chacon, cachons-nous ici.

CHACON.

Il semble que nous soyions venus jouer aux cachettes.

(Ils se cachent.)

(Le roi, le grand-maître, Henri, entrent, tous vêtus somptueusement avec des chapeaux chargés de plumes, bottes et éperons.)

LE ROI.

Savez-vous si on nous donnera de l'eau dans cette maison?

HENRI.

Nous la demanderons ici.

DOROTHÉE.

Je voudrais être la mer pour vous en fournir à votre volonté. Mais je suis si pauvre! peut-être je n'en aurai pas une goutte à vous offrir.

LE GRAND-MAITRE, au roi.

Asseyez-vous, sire, et reposez-vous un instant.

LE ROI.

Qui est cette femme? (*A Henri.*) La connais-tu?

HENRI.

Oui, sire.

LE ROI.

Elle est belle, très-belle; elle paraît fort éveillée. Allons, donnez-nous vite de l'eau.

DOROTHÉE.

Je vais en chercher.

HENRI.

Oh! pour cela, non...

DOROTHÉE, à son écuyer.

Escalante, apporte de l'eau à son altesse.

(L'écuyer sort.)

HENRI.

Restez, vous, (*à part.*) pour me donner du feu.

LE ROI.

Grand-maître, à quoi pense Henri?

LE GRAND-MAITRE.

A cette dame.

LE ROI.

Sitôt!

LE GRAND-MAITRE.

Ce qui se voit, on n'a pas besoin de le montrer.

LE ROI.

Voilà ce qui me fait de la peine ici; cette conduite n'est ni juste, ni convenable.

LE GRAND-MAITRE.

Il sera facile d'y mettre ordre.

HENRI.

Si votre altesse en avait le temps, je voudrais bien que Dorothée chantât quelque chose et vous donnât un échantillon des talens qu'elle possède.

LE ROI.

Il y aura du temps pour cela... (*A part.*) Je veux dissimuler jusqu'à ce que j'y mette ordre.

HENRI.

Quel jour heureux pour moi!

(L'écuyer apporte de l'eau dans des tasses de faïence.)

L'ÉCUYER.

Voici de l'eau.

LE ROI.

Voilà un fameux écuyer !

LE GRAND-MAITRE.

Madame, c'est donc là la vaisselle de cette maison !.....

DOROTHÉE.

L'état de nos affaires n'en permet pas d'autre. Dans cette maison, il n'y a que moi qui passe pour être un objet de prix.

LE ROI.

Alors, prenez garde que l'on ne vous enlève.

LE GRAND-MAITRE.

Ce serait un attentat...

DOROTHÉE.

Personne ne voudra s'y exposer. Le soupçon seul m'offense ; faveur arrachée à une femme contre sa volonté peut se convertir en poison.

LE ROI.

C'est très-bien dit : daignez accepter cette chaîne d'or : elle ne déparera point la *Perle de Séville*.

LE GRAND-MAITRE.

Quelle vivacité d'esprit !

LE ROI.

Elle est charmante.

LE ROI.

Je voudrais bien savoir pourquoi l'on vous a

donné le nom de *Perle de Séville ?* Est-ce parce que vous en avez la finesse et la blancheur?

DOROTHÉE.

Non sire; j'ai été l'objet de beaucoup de sollicitations; l'honneur m'imposait des lois sévères. Je tombai malade de tristesse; et, craignant une rechute mortelle, j'offris l'hommage d'une belle *perle* au saint de ma dévotion, et je la déposai sur son autel, où j'espère recevoir la bénédiction du mariage.

LE GRAND-MAITRE.

Très-bien; j'ai là ces bijoux que j'estimais tant, que je les eusse peut-être refusés à mon frère, et je les donne à Dorothée.

LE ROI.

Allons-nous-en.

HENRI.

Je suis tout confus.

LE ROI.

Mais avant de vous quitter, Dorothée, voudriez-vous bien nous dire quel est celui de nous trois qui vous plaît le plus?

LE GRAND-MAITRE.

Oui, c'est juste.

DOROTHÉE.

Interrogez la renommée.

LE ROI.

Non, c'est vous qui devez le dire.

DOROTHÉE.

J'obéis, puisque vous l'exigez. Le cavalier contre lequel nul autre ne peut lutter, c'est le roi. Le plus brave dans les rencontres de nuit, c'est le grand-maître : Celui qui se pique avec raison d'avoir une tournure plus élégante, c'est don Henri. Si j'étais digne de faire un choix, je voudrais que les trois ne fissent qu'un.

LE ROI.

Femme singulière !

LE GRAND-MAITRE.

Étonnante !

HENRI.

Voulez-vous bien accepter ce souvenir?

DOROTHÉE.

Je crois être obligée à vous dire, non sans quelque rougeur, que je conserverai le souvenir de votre altesse toute ma vie.

LE ROI.

Allons-nous-en. Elle a su égayer ma tristesse.

HENRI ET LE GRAND-MAITRE.

Adieu.

(Ils s'en vont.)

(Don Juan, Chacon rentrent.)

DON JUAN.

Tu ne me diras point que la visite de ces trois princes, soit un pur effet du hasard... Dorothée, je t'aimais, de toute mon âme, parce que je croyais être payé de retour; mes intentions étaient pures, tu le sais : j'espérais obtenir ta main.... Mais je ne lutte point contre les rois, les grands-maîtres...

DOROTHÉE.

Achève, ajoute les infans; ce qui est encore quelque chose...

JOURNÉE I, SCÈNE V.

DON JUAN.

Tu fais bien de le dire toi-même, parce que..... je suis dans un tel état que...

DOROTHÉE.

Que veux-tu dire?... O mort délivre-moi de mes peines. Les malheureux n'ont pas besoin de la vie.

DON JUAN.

Tu plaisantes, et c'est moi qui me meurs.

DOROTHÉE.

Tu te meurs!

DON JUAN.

Oui...

DOROTHÉE.

Toi! voyons ton pouls.

(Elle lui prend la main.)

DON JUAN.

Tu prends ma main! tu l'oses! Je vais me poignarder.

DOROTHÉE.

Sans confession!

DON JUAN.

Enfin, tu n'es qu'une femme!

DOROTHÉE.

Croyais-tu que je fusse un basilic?

DON JUAN.

C'est ainsi que tu paies ma tendresse! et tu le souffres, mon cœur! Je croyais adorer un ange... ciel! quelle métamorphose!

DOROTHÉE.

Voilà trois heures du matin. Mon cœur, vous ne voulez pas vous livrer au repos?

CHACON.

C'est trop le persifler, quand il est près de rendre l'âme pour toi; tâche donc de le consoler; dis-lui que tu n'as pu résister à la volonté du roi, et ne l'insulte pas du moins par une gaieté déplacée. Je sais très-bien par mon expérience, du temps de mes conquêtes, que le potage d'amour n'a pas de meilleur assaisonnement que la jalousie; mais enfin peux-tu voir un homme comme un Cid pleurer comme une femme?

DOROTHÉE.

Mais, Chacon, en quoi l'ai-je offensé?

CHACON.

Allons, parle-lui.

DOROTHÉE.

Mon doux bien, tournez vos yeux vers moi, écoutez.....

DON JUAN.

En quoi tu m'as offensé? Si tu me revois ici, que le ciel me punisse; après une conduite aussi infâme!

DOROTHÉE.

Comment, infâme! don Juan, sont-ce là des paroles que je doive entendre de votre bouche? Insensé! si jamais quelqu'un de ta part, ou toi-même tu remets le pied dans cette maison, si tu me revois jamais dans la rue, à l'église, ou ailleurs, je ferai...

DON JUAN.

Arrête, n'achève pas, bien de ma vie. La colère m'a fait parler. Chacon, jette-toi à ses pieds.

CHACON.

Allons, madame.

DON JUAN.

Avance-toi, approche-toi d'elle.

CHACON.

Je crains sa pantoufle. Madame, miséricorde...... Théodora.

THÉODORA.

Je te ferai mesurer le dos avec un bâton.

(Elles s'en vont.)

CHACON.

Elle est partie.

DON JUAN.

Ah! la tigresse!

CHACON.

Ah! porc-épic!

DON JUAN.

Rends-moi tous les gages de tendresse, que je t'ai donnés!

CHACON.

Appelons un huissier.

DON JUAN.

Toi aussi, Chacon, tu ricanes, tu fais le goguenard quand je meurs de peine!

CHACON.

Ne sais-tu pas que la femme est comme le verre?

DON JUAN.

Cruelle *Perle de Séville*, tu n'es pour moi que du marbre. Mais si tu es Anaxarte, je suis Iphis.

CHACON.

Es-tu païen ?

DON JUAN.

Oh ! que la mort vienne me délivrer ! les malheureux n'ont pas besoin de vivre.

CHACON.

Oh ! qu'une outre de vin vienne à moi accompagnée d'un jambon ; c'est la seule manière de vivre que j'ambitionne.

FIN DE LA PREMIÈRE JOURNÉE.

JOURNÉE DEUXIÈME.

SCÈNE PREMIÈRE.

Dans la maison de Marcèle.

MARCÈLE couverte d'un voile, **DON FÉLIX**.

FÉLIX.

Sais-tu que ma sœur a voulu venir habiter la maison que tu as laissée, quoique je m'y déplaise beaucoup?

MARCÈLE.

La maison ue j'ai quittée?

FÉLIX.

Oui, la même.

MARCÈLE.

Est-ce que la sienne ne valait pas mieux?

FÉLIX.

Affaire d'humeur, caprice. Je n'en vois pas d'autre motif. C'est la même rue : la maison ne vaut pas la nôtre; c'est une folie.

MARCÈLE.

Elle veut tenter la fortune.. En vérité, quel dommage qu'une personne si accomplie ne trouve pas un riche mari! Il y a des maisons qui portent malheur.

FÉLIX.

Y en a-t-il vraiment qui portent malheur aux filles à marier? Je ne l'ai jamais vu, ni entendu dire. Vous autres femmes, vous avez des préjugés bizarres.

MARCÈLE.

Nous sommes faites comme cela. Que veux-tu?

FÉLIX.

Les balcons qu'elle quitte, et les pots de fleurs dont ils étaient garnis, valaient mieux qu'un parterre.

MARCÈLE.

Elle a eu ses raisons : elle a bien fait. Qu'elle essaie d'une autre maison, puis d'une autre... Enfin jusqu'à ce qu'elle trouve un mari.

FÉLIX.

Quelle folie!

MARCÈLE.

Je t'en dirai bien d'autres; puisque ta sœur, avec tout son esprit, a cru devoir quitter son ancienne maison, il est clair que cette maison n'est pas heureuse pour elle.

FÉLIX.

Il nous restait encore quatre mois pour finir le bail.

MARCÈLE.

L'avez-vous louée?

FÉLIX.

Hier, il s'est présenté des personnes de la suite de l'infant et je n'ai pas voulu.

MARCÈLE.

Je la voudrais pour moi, pendant ces fêtes, en attendant qu'un homme de robe qui vient d'obtenir une place, me cédât celle qu'il occupe à *l'Alameda*.

FÉLIX.

C'est très-bien; au moins pour les quatre mois qui restent du bail, tu auras épargné cet argent.

MARCÈLE.

Si tu as les clefs, j'y vais de suite.

(Il les lui donne.)

FÉLIX.

Allons ensemble : tu pourrais faire apporter tes effets.

MARCÈLE.

S'il se trouvait des commissionnaires, on ne ferait qu'un seul voyage.

FÉLIX.

Je vais te les chercher; une maison gagne à être habitée.

MARCÈLE.

Je ne suis pas trop digne d'habiter où ta sœur a demeuré; mais je veux pourtant profiter d'un avantage que vous me faites l'un et l'autre.

FÉLIX.

On te prendra pour la *Perle de Séville*.

MARCÈLE.

Je ne suis pas l'ombre de la véritable. Mais je me contente d'être...

FÉLIX.

Dis-le.

MARCÈLE.

La tienne; celle qui te plaît, à toi.

(Ils s'en vont.)

SCÈNE II.

Dans la maison de don Juan.

DON JUAN, LÉONEL.

DON JUAN.

Je te le raconte comme la chose s'est passée.

LÉONEL.

C'est une histoire très-singulière.

DON JUAN.

Personne ne me l'a dit : moi-même je l'ai vu, et j'en ai été assez troublé, assez honteux. Le roi a donné une chaîne d'or. Le grand-maître des reliques de prix; mais l'infant est celui qui a montré le plus d'amour.

LÉONEL.

Oh! sans doute. *Le souvenir* en est la preuve.

DON JUAN.

Le souvenir que lui a laissé l'infant, est bien ce qui trouble le mien, ce qui fait le tourment de mon imagination.

LÉONEL.

Un amant qui voit pareille chose, doit être désabusé : il est guéri.

DON JUAN.

Si, en effet, on peut en guérir, si un captif peut, de cette manière, devenir libre, je dois me flatter de l'être. Mon cœur a secoué ses fers. Mon mal amoureux a fait place à la santé. Ma prison s'est ouverte. L'artifice et la déloyauté m'ont rendu ce double service. Je bénis la perfidie qui m'a sauvé. O douce liberté! il n'y a pas de chaînes agréables, fussent-elles d'or. Adieu, plus d'ange pour moi. Ma raison était séduite. Calmez-vous, désirs naguère si violens. Ce n'est pas un petit triomphe que d'être libre! Grâces à Dieu, je reviens d'Alger, je me retrouve en Espagne parmi les chrétiens.

CHACON.

Don Juan, si comme vous le dites, et comme vous devez le sentir au fond du cœur, cette leçon vous a détrompé, vous serez désormais plus sage en amour.

(Un page entre.)

LE PAGE.

Un écuyer de madame Dorothée veut vous parler.

DON JUAN.

Dis-lui qu'il s'en aille, que je n'en ai affaire. Pour que tu voies, Léonel, que tu peux compter sur ce que j'ai dit.

LÉONEL.

Ah! non; c'est trop rigoureux, ce n'est pas convenable. Un chevalier tel que vous doit recevoir au moins le message poliment.

DON JUAN.

Je fais mal! Tu le veux!

LÉONEL.

Eh bien, jetez la faute sur moi. Allez, vous n'en êtes pas bien fâché.

DON JUAN.

Faites-le entrer.

(L'écuyer entre avec un billet et un petit coffre.)

L'ÉCUYER.

Ma maîtresse m'a chargé de vous remettre ce billet. De quel air vous le recevez !

DON JUAN.

C'est ainsi que je reçois le billet de celles qui souffrent les visites des princes.

L'ÉCUYER.

Jadis, vous m'auriez reçu sous un dais ; vos présens, vos gratifications prévenaient mes demandes ; mais en voyant votre air courroucé, je n'ose pas même vous rappeler ce petit habillement que vous m'aviez promis... Ah ! je connais les amans ! ils sont comme les ruisseaux ; vient-il une bonne veine de pluie, ils s'enflent ; quelle abondance ! ils entraînent, inondent tout sur leur passage. La pluie cesse ; il ne reste plus qu'un lit sec et des cailloux. Seigneur, je ne vous accuse point : je n'accuse que moi-même. C'est mon sort, je ne serai jamais qu'un pauvre déguenillé.

DON JUAN.

Allez-vous-en ; que Dieu vous garde. Je suis très-triste. Dites à votre maîtresse que Chacon lui portera ma réponse.

L'ÉCUYER.

Je ne veux pas vous paraître tout-à-fait un écuyer, c'est à dire être importun.

(Il s'en va.)

LÉONEL.

Ouvrez donc le billet.

DON JUAN.

Il est passé le temps où j'eusse couvert de baisers chaque lettre.

LÉONEL.

Ouvrez donc... ne soyez pas enfant.

DON JUAN.

Je le lirai à cause de toi.

LÉONEL.

Allons, pour moi, et pour vous... C'est pousser trop loin le mépris...

DON JUAN.

Ceci est très-bon !

LÉONEL.

Quoi ?

DON JUAN.

C'est un sonnet.

LÉONEL.

Vraiment ?

DON JUAN.

Oui.

(Il lit.)

« Ingrat, tu veux me faire mourir à force de rigueur et de mépris ; tu me condamnes sans m'entendre ; mais il faut que tu connaisses à la fois et mon amour, et la vérité.

» Il est injuste que tu m'offenses sans aucun motif : puisque d'autres soins occupent déjà ta pensée, et que d'ailleurs tu possèdes beaucoup d'autres gages de mon honneur, je te sacrifie aussi ceux que je t'envoie. Puissent-ils calmer les transports de ta jalousie ! Les hommages des princes ne sont à mes yeux que des chimères, de vaines illusions qui éblouissent à peine un instant la vue; quand même je les aurais subjugués, comme tu le crois, qu'y perdrais-tu ? Ne te servent-ils pas de trophée à toi-même, si je te les sacrifie ? La préférence que l'amour t'accorde te place bien au-dessus des grands de la terre. »

LÉONEL.

Quelle humilité ! cette femme a tous les talens et toutes les grâces.

DON JUAN.

De là vient son malheur et le mien.

LÉONEL.

Le sonnet respire l'amour : il est digne d'elle; mais lorsqu'elle vous appelle, comment êtes-vous si froid, si jaloux ? Dans ce coffre viennent les gages que vous lui avez donnés.

DON JUAN.

Sans doute pour que je lui rende les siens. Politesse intéressée. Oui, cruelle, je te les renverrai.

LÉONEL.

Ouvrez, voyons.

DON JUAN. Il ouvre le coffre.

Ah ! ciel ! que vois-je ?

LÉONEL.

Quoi donc?

DON JUAN.

Le billet parlait d'autres gages, mais regarde ceux-ci. Elle m'envoie les reliques du grand-maître et le souvenir de l'infant.

LÉONEL.

Ah! trop heureux amant! que voulez-vous de plus?

DON JUAN.

La chaîne du roi aussi!

LÉONEL.

Ceci répare le mal qu'elle vous avait fait. Allez voir Dorothée; allez lui témoigner respectueusement toute votre reconnaissance.

DON JUAN.

Le sacrifice est ingénieux : dois-je m'y fier?

LÉONEL.

Vous êtes un ingrat; je me brouille avec vous.

DON JUAN.

Nous irons ensemble. Que cette enchanteresse a d'empire sur moi!

(Chacon entre.)

CHACON.

Où est mon maître?

DON JUAN.

Chacon, qu'est-ce?

CHACON.

Écoutez, aimez, servez, vantez, adorez votre Perle de Belzébut; je viens de passer dans sa rue; je crois qu'il vaudrait mieux me taire....

DON JUAN.

Sot que tu es ! on achève ce que l'on a commencé de dire. Puique tu n'as pas su te taire d'abord, parle...

CHACON.

Oh! ce n'est rien, peu de chose.

DON JUAN.

Veux-tu bien parler, ou je....

CHACON.

Pendant les quatre jours que nous avons cessé de paraître dans sa rue, il y a eu tant d'oubli de sa part, et tant de caprices insupportables, que je viens de voir à présent même, à sa porte, des effets, des paquets, des voitures de transport,... Ah ! la cruelle, la perfide! j'ai vu des fauteuils, des tapisseries, des lits dorés, des meubles en soie...

DON JUAN.

Que dis-tu là?

CHACON.

J'ai vu des cristaux, des banquettes, des tableaux, des broches, des chenets, tout l'attirail d'une cuisine.....

DON JUAN.

Il est aisé de voir d'où cela vient; y a-t-il moyen de souffrir ces outrages? Léonel, les faits sont bien d'accord avec le contenu du billet, n'est-ce pas?

LÉONEL.

Je dis que le ciel me sauve de ses perfidies.

DON JUAN.

Qu'un frère jaloux de sa réputation souffre que l'infant, sans aucune espèce de pudeur, étale un luxe scandaleux dans cette maison dont l'honneur et la vertu faisaient l'ornement et la richesse! Vil intérêt! que tu es puissant pour subjuguer l'honneur et la vertu! cruelle, les murs tous nuds n'étaient-ils pas cent fois plus respectables? Allons, courage, cruel amour, ces gens-ci paraissent vouloir s'établir.

CHACON.

Quand j'aperçus les broches, les couleurs me montaient au visage; je suais comme un poulet rôti! Ah! chien, disais-je en moi-même, un mari honnête, riche, bien né ne vaudrait-il pas mieux que tout cela?

DON JUAN.

Tant mieux, Chacon; va, je n'en mourrai pas. Quelle femme y a-t-il dans la ville, avec laquelle je puisse passer mon temps agréablement, pour mortifier l'amour-propre de Dorothée?

LÉONEL.

Dans sa rue même, Marcèle.

DON JUAN.

Tu as raison : la connais-tu?

CHACON.

Préparez un billet; c'est une belle personne, elle vous vengera. Je l'ai vue plus d'une fois fixer les yeux sur vous; je sais qu'elle n'attend qu'un mot de votre part pour vous permettre de lui faire une visite.

DON JUAN.

Je ne voudrais pas la voir de jour.

LÉONEL.

Il conviendrait pourtant que vous la vissiez.

DON JUAN.

Non : je veux que la cruelle ne voie pas que je sollicite, mais bien que je suis déjà reçu, accueilli....

LÉONEL.

C'est juste; pas de billet. Je crois même que vous devriez faire à Marcèle un cadeau des bijoux que Dorothée vous a renvoyés.... le trait sera poignant, si celle-ci vient à le savoir.

DON JUAN.

Elle ne peut manquer de le savoir, car elles vont souvent ensemble à l'église, les jours de fête.

LÉONEL.

Excellente vengeance, don Juan !

DON JUAN.

Ce soir, toi et Chacon, venez avec moi. Je veux être libéral de ces bijoux, afin d'intéresser Marcèle.

LÉONEL.

C'est, vous dis-je, une excellente manière de se venger.

CHACON.

Et moi je servirai vos nouvelles amours. Si Marcèle vous plaît, que la Perle s'en aille à tous les diables.

SCÈNE III.

Appartement du palais.

LE ROI, LE GRAND-MAITRE, DON ARIAS.

LE ROI.

Où est mon frère ?

LE GRAND-MAITRE.

Il ne se porte pas bien. Depuis hier au soir, il est dans un abattement qui le rend insensible à tout.

LE ROI.

Henri, dans l'abattement !

LE GRAND-MAITRE.

C'est l'ouvrage d'une belle dame, pleine d'honneur et très-noble.

LE ROI.

Il y a donc de la part du prince plus d'entêtement que d'amour ? la réflexion n'y peut rien ?

ARIAS.

Sire, l'amour est aveugle ; il ne voit pas son mal.

LE ROI.

Le mal ne peut-il se guérir ?

ARIAS.

Je crains que le prince ne se livre à quelque excès.

LE ROI.

Oh ! comment cela ?

LE GRAND-MAITRE.

Depuis qu'il a vu cette dame, rien ne peut l'en distraire.

LE ROI.

Est-elle noble?

LE GRAND-MAITRE.

Fille d'un *vingt-quatre* de la ville. Sa famille est très-considérée.

LE ROI.

Grand-maître; ce n'est pas le moment. Nous avons la paix : mon frère ne doit pas abuser de ma faveur. Cette dame n'est pas faite pour être son épouse. Toute autre pensée serait une imprudence coupable. Quiconque osera commettre un excès ne restera pas impuni tant que j'aurai du sang dans les veines. C'est ma famille, c'est vous qui éprouverez les premiers ma sévérité. Mon sang servira d'exemple; dès aujourd'hui je veux que vous détourniez mon frère de cette galanterie déplacée. Tenez-y la main : je vous en fais responsable.

LE GRAND-MAITRE.

Sire, j'obéirai à vos ordres; je ne le quitte plus.

LE ROI.

C'est ma volonté; qu'il y ait de la discrétion. Si j'apprends le moindre scandale; si des plaintes viennent provoquer ma sévérité qu'en ce moment je modère pour le repos de la Castille, j'oubliera qui vous êtes.

LE GRAND-MAITRE, à part.

Sa colère me fait trembler.

LE ROI.

Mes frères, vous me faites perdre le cœur de mes sujets.

(Il sort.)

LE GRAND-MAITRE.

Combattu entre le respect que je dois au roi, et l'attachement que j'ai pour mon frère, je tâcherai de les satisfaires tous deux, en me conduisant comme un loyal chevalier. Le roi a parfaitement raison.

ARIAS.

La tâche est difficile, l'infant est aveuglé par sa passion.

LE GRAND-MAITRE.

Où cela le mènera-t-il?

ARIAS.

Il fera en sorte que le roi, surnommé le Cruel, ne sera que sévère, mais juste.

(Ils sortent.)

SCÈNE IV.

Nouvelle maison de Dorothée.

DOROTHÉE et THÉODORA.

THÉODORA.

Cette maison est nouvelle pour nous; j'y éprouve une certaine peur.

DOROTHÉE.

C'est la faute de ton caractère impatient. De quoi peux-tu te plaindre avec moi? En changeant de demeure, tout est changé autour de nous. Depuis que l'infant mit le pied dans celle que nous avons quittée pour venir ici, don Juan ne m'a plus adressé la parole ; que dis-je ! il n'a pas même daigné se montrer dans cette rue.

THÉODORA.

Il est jaloux.

DOROTHÉE.

Aujourd'hui j'ai voulu l'adoucir par un billet bien tendre, et lui rappeler notre amitié passée ; je me suis tellement abaissée, que, n'étant pas sa femme, rien ne pouvait plus justifier sa rigueur ; mais il ne m'a point répondu ; il n'a pas même demandé de mes nouvelles au porteur du billet.

THÉODORA.

Tes avances méritent ces dédains. Ne te l'ai-je pas dit cent fois ? Don Juan n'est qu'un amant trompeur. Tu n'as que ce que tu mérites.

DOROTHÉE.

Il m'a tellement oubliée qu'il ne sait pas seulement que j'habite cette nouvelle maison.

THÉODORA.

Je suis fâchée de te voir si préoccupée de cela. A présent tu trouveras un mari.

DOROTHÉE.

Avais-je donc perdu quelque chose en l'aimant ?

THÉODORA.

Ta réputation.

DOROTHÉE.

Tu veux me faire un sermon !... Va te coucher, Théodora... laisse-moi avec mes peines, j'en ai assez ; que veux-tu que je fasse ?

THÉODORA.

Ton frère ne vient pas.

DOROTHÉE.

Tu sais que Marcèle occupe toute sa pensée. Il n'en vit pas. Apprends qu'il lui a cédé aujourd'hui la maison que nous venons de quitter.

THÉODORA.

C'est assez peu délicat : Dieu sait si j'en éprouve de la peine !

DOROTHÉE.

Que t'importe ? N'es-tu pas bien dans celle-ci ? Va te coucher.

THÉODORA.

J'y vais : est-il possible que ses dédains t'inspirent tant de jalousie ? Je vois ta folle erreur ; tu espères qu'il viendra ici t'entretenir. Tu veux l'attendre.

DOROTHÉE.

Voilà les consolations que tu me donnes ! Adieu, retire-toi ; je vais prendre le frais au balcon.

THÉODORA.

Pour le feu qui te dévore il n'y aurait pas de vent assez frais. Peine inutile !

(Elle sort.)

DOROTHÉE.

Ah ! que n'es-tu à ma place, malheureuse que je suis, victime de la tyrannie d'un ingrat ! Je n'y tiens plus ; je veux m'approcher du balcon ; il pourrait bien venir cette nuit ; il doit penser que je l'attends. Son silence prouve qu'il songe à venir : et quelle meilleure réponse que de venir en personne ?

(Elle sort.)

SCÈNE V.

Dans la rue.

CHACON, LÉONEL, DON JUAN.

LÉONEL.

S'il faut parler franchement, je voulais vous emmener chez votre *Perle*, et je croyais vous complaire en cela ; car les amans se font toujours prier, tandis qu'ils ne demandent pas mieux que de céder ; mais puisque l'infant s'est établi chez elle, qu'il a pris publiquement possession de sa maison, je dis à présent que vous ne devez plus la voir, pas même prononcer son nom.

DON JUAN, à part.

Je suis dévoré de jalousie. Il faut dissimuler. Taisez-vous, cœur déchiré...

DOROTHÉE, du balcon.

Voilà trois hommes dans la rue ; ils regardent ici. Ou c'est le désir que j'en ai, ou c'est lui. C'est lui ; la jalousie le ramène, il vient pour me parler.

DON JUAN.

Allons, de la résolution. Amour, voici le conflit. Que le taureau meure par un stratagème. Cède, Perle de Séville, cède le triomphe à Marcèle.

CHACON.

C'est bien, jouez de votre reste; mettez tout votre enjeu en avant.

DON JUAN.

Si tu m'entends, Marcèle, je suis tout à toi; ouvre ce balcon; écoute.....

DOROTHÉE.

Ah! malheureuse! c'est bien lui; il est épris de Marcèle et croit lui parler. C'est à elle qu'il adresse ses vœux; il ignore sans doute que je l'ai remplacée dans cette maison... il vient l'y voir. Quel hasard singulier! feignons que je suis Marcèle : éclaircissons tous nos doutes.

DON JUAN.

On parle derrière la jalousie. Amis, veillez dans les environs : gardez l'entrée de ces deux rues.

CHACON.

Ne craignez rien; je vaux moi seul pour un escadron, fût-il de trente poulets.

DON JUAN.

Marcèle, chut, Marcèle!

DOROTHÉE.

Qui?

DON JUAN.

Ton nouvel adorateur.

DOROTHÉE.

Est-ce don Juan?

DON JUAN.

Que je suis heureux de vous avoir trouvée!

DOROTHÉE, à part.

Déguisons la voix. (*Haut.*) Vous ici?

DON JUAN.

Il y a long-temps que je vous poursuis.

DOROTHÉE.

Moi! vous vous trompez, ce n'est pas moi que vous cherchez. Si votre Perle vous a donné quelque motif de jalousie, si elle vous est infidèle...

DON JUAN.

Marcèle, je suis homme d'honneur.

DOROTHÉE.

Vous voulez donc l'oublier?

DON JUAN.

L'oublier? ce serait trop pour elle : pour oublier, il faut avoir aimé d'abord.

DOROTHÉE.

Vous ne l'avez donc jamais aimée?

DON JUAN.

Je ne m'en souviens plus du tout. Comment puis-je l'avoir jamais aimée?

DOROTHÉE.

C'est faux.

DON JUAN.

Attendez : aujourd'hui elle m'a écrit ce billet; et de plus elle m'a envoyé les bijoux que lui avaient donnés le roi et les infans. Si les amans sont tenus de fournir des preuves, si les œuvres prouvent l'amour, vous allez juger de celui que j'ai pour Dorothée. Faites descendre de ce balcon un ruban, dussiez-vous le détacher de vos beaux cheveux blonds, et vous verrez remonter jusques à vous ces même bijoux dont je veux que vous acceptiez l'hommage.

DOROTHÉE.

J'aime assez cette manière. Mais qui a pu vous inspirer tant de dégoût pour Dorothée?

DON JUAN.

J'ai honte de vous en parler seulement; il y aurait trop de faiblesse de ma part. Faites descendre le ruban.

DOROTHÉE.

Je vous remercie, don Juan, de ce cadeau. Il y a peut-être de la légèreté à recevoir des présens d'un galant qui vient me voir pour la première fois; mais cela me prouve du moins que votre amour est sincère : c'est un gage pour moi; je l'accepte, et je vous avoue que vous n'avez fait que prévenir mes intentions. Je vous portais dans mon cœur depuis un certain jour que je vous parlai, en passant à Triana [5]. J'étais dans un bateau, couverte d'un voile.

DON JUAN.

Jetez le ruban.

DOROTHÉE.

Le voilà, je retirerai les bijoux.

(Elle jette le ruban.)

DON JUAN.

Ces riches dépouilles sont de la Perle de Séville.

DOROTHÉE.

Qui bien lie, bien délie : croyez, mon cher bien, que je vous adore.

(Don Juan attache le petit coffret.)

(Félix entre.)

DON JUAN.

Tirez peu à peu, avec précaution.

DOROTHÉE.

Voilà du monde qui vient. Pardonnez, laissez qu'on s'éloigne, l'honneur de la maison....

FÉLIX, seul, au fond du théâtre.

Toujours des fantômes dans cette rue!

DON JUAN.

Comment Chacon a-t-il laissé venir celui-là?

LÉONEL.

Belle demande! c'est par peur; comment cela s'est-il passé avec Marcèle?

DON JUAN.

Je lui ai donné les bijoux.

LÉONEL.

Tous!

DON JUAN.

Oui; il faut un véhicule à l'amour. Il ne vole pas sans ailes.

FÉLIX.

Entrons, je vais me coucher; j'ai mes clefs.

(Il entre.)

DON JUAN.

Écoute, attends...

LÉONEL.

Que lui voulez-vous? Cela vous trouble?

DON JUAN.

N'as-tu pas vu cet homme entrer chez Marcèle? Quelle duplicité!

LÉONEL.

Duplicité, dites-vous?

DON JUAN.

Eh! sans doute.

LÉONEL.

Mais si c'est le maître de la maison, il faut bien le souffrir.

DON JUAN.

Je regrette de lui avoir donné les bijoux. C'est une injustice de ma part, et je veux...

LÉONEL.

Arrêtez...

CHACON.

Qu'est-ce? Avons-nous une querelle?

DON JUAN.

C'est assez, Chacon; j'ai eu la faiblesse de donner trop légèrement les bijoux à quelqu'un qui ne les mérite pas, à la dame de ce logis...

CHACON.

A merveille!

DON JUAN.

A peine je venais de les lui donner, il est entré un homme chez elle. Perfidie! voilà ce qui arrive! ne vaut-il pas mieux m'en tenir à celle que je sers avec plaisir? Retournons à Dorothée, et résignons-nous à la loi tyrannique de l'amour.

CHACON.

Ce retour est presque raisonnable, mais il y a eu de la simplicité à donner les bijoux à celle-ci; tâchez d'imaginer quelque ruse pour les rattraper.

DON JUAN.

Frappe à cette porte, Chacon.

LÉONEL.

Ne vaudrait-il pas mieux frapper à celle de Marcèle, et lui arracher son galant à coups de nerf de bœuf?

CHACON.

Voilà la bonne manière.

DON JUAN.

Si je l'aimais bien, je pourrais me compromettre pour elle. Non, Chacon, frappe à cette porte.

CHACON.

Avec quel charmant dédain va te recevoir la *Perle*, si elle voit que tu viens la supplier!...

DON JUAN.

L'amour m'y force; que m'importe qu'elle me maltraite?

LÉONEL.

Voici du monde.

CHACON.

Au large.

DON JUAN.

Il le faut.

(Arias et un domestique arrivent.)

LE DOMESTIQUE.

Voici la maison.

ARIAS.

C'est ici que demeure celle pour qui l'infant est plus mort que vif.

LE DOMESTIQUE.

Si la ruse réussit, il sera soulagé de ses peines.

ARIAS, au domestique.

Frappe à la porte.

DON JUAN.

Ils frappent à la porte!

CHACON.

Comme s'ils entraient chez eux.

DON JUAN.

Que vois-je?

CHACON.

Voyons si on répond.

ARIAS, au domestique.

Frappe encore.

MARCÈLE, à la fenêtre.

Qui fait tout ce bruit à ma porte, qui?

ARIAS.

Je suis Félix, descends.

DON JUAN.

Entends-tu?

CHACON.

Non; ils parlent trop bas.

DON JUAN.

Quel supplice!

CHACON.

Nous sommes si loin! on ne peut entendre.

MARCÈLE.

Comment viens-tu à cette heure? attends, le

bruit peut réveiller mes gens, et je serais exposée à mille propos.

(Elle rentre.)

DON JUAN.

Vive Dieu! je vais tomber sur eux à coups d'épée; je n'écoute plus que ma fureur.

LÉONEL.

Arrêtez-vous : c'est une témérité. Je crois que c'est l'infant.

ARIAS.

Tout va bien, elle descend. Il n'y aura ni bruit, ni scandale; c'est tout ce que désire l'infant. On ouvre, approchons-nous.

(On ouvre la porte. Marcèle, à l'entrée de la maison.)

MARCÈLE.

Comment viens-tu à cette heure, sans réfléchir que...

ARIAS.

Suis-moi.

MARCÈLE.

Je ne reconnais pas la voix. Qui es-tu?

ARIAS.

Taisez-vous... le silence importe, il faut venir avec nous.

MARCÈLE.

Comment, à une femme telle que moi!

ARIAS.

C'est à cause de cela même; bouche close, ne craignez rien pour votre honneur; celui qui vous emmène saura bien le défendre?

JOURNÉE II, SCÈNE V.

MARCÈLE.

Songez que...

ARIAS.

Paix, et suivez-nous.

(Ils s'en vont.)

DON JUAN.

Elle s'en va avec ces hommes !

CHACON.

Elle les suit comme un mouton ; à la bonne heure !

DON JUAN.

Je doute de ce que je vois. Ah ! femme perfide ! Marcèle était bien plus fidèle ; celui qui est entré chez elle, n'était peut-être qu'un domestique ; oui, tu gagnes dans mon esprit tout ce que l'autre y perd. L'ingrate !

CHACON.

Si ce procès est perdu, du moins, tâchons de gagner l'autre à la cour d'appel, mon maître ; allons à Marcèle, jour de Dieu ; c'est la dernière ressource. Que la *Perle* s'en aille où elle voudra, puisque aussi bien elle court les champs.

DON JUAN.

Appelle chez Marcèle.

CHACON.

J'appellerai doucement ; dans ce quartier tout le monde a l'oreille fine, on n'y dort jamais.

(Il appelle.

DOROTHÉE, à la fenêtre.

Qui ?

DON JUAN.

Marcèle ?

DOROTHÉE.

Pourquoi revenez-vous?

DON JUAN.

Papillon attiré autour de la flamme qui lui donne la mort, je reviens sacrifier sur tes autels toutes mes espérances.

DOROTHÉE.

Déguisons encore notre voix pour achever de connaître sa pensée; vous êtes revenu, je crois, par un effet de la jalousie que vous donne Dorothée, parce qu'elle ne répond pas à votre amour; et vous voulez que je me prête à votre sainte vengeance. N'est-ce pas? ne vous troublez pas, don Juan? ou bien, parce que j'ai les bijoux de Dorothée, vous voulez que ma complaisance vous paie les intérêts de la valeur; vous me mettez un instant à sa place, je le vois bien.

CHACON.

Jour de Dieu, il tombe de la grêle sur le bât de mon maître. Marcèle ne l'épargne pas!

LÉONEL.

Elle est déliée.

CHACON.

Et lui un sot.

DOROTHÉE.

Répondez donc.

DON JUAN.

Marcèle, je veux vous dire la vérité; vous verrez si j'ai eu des justes motifs pour oublier Dorothée. Cette nuit même, (je ne sais comment le dire, hélas!) cette perfide, cette ingrate, ce basilic, à mes propres yeux, là, dans cette rue, trois hommes ont frappé à sa porte ; la perfide, oubliant ce qu'elle doit à son rang, à l'opinion de toute la ville, est accourue ; elle a disparu avec eux... Nul doute que l'infant don Henri ne soit l'heureux possesseur de ce trésor... Juge à présent, si, d'après ce que j'ai vu, je dois l'abhorrer !

DOROTHÉE.

Tout cela est-il bien certain ?

DON JUAN.

Quand je pourrais me tromper moi-même, voilà Léonel et Chacon qui l'ont vu.

CHACON.

La *Perle* de Séville n'est plus qu'une perle fausse.

LÉONEL.

Moi-même je doute encore de ce que j'ai vu. Elle avait une si bonne réputation ! un esprit supérieur !

CHACON.

Dites, madame Marcèle, seriez-vous enrhumée ?

DOROTHÉE.

Pourquoi le demandes-tu ?

CHACON.

Tu as une voix de basse-taille, au lieu de celle de *ténor* que je te connais.

DOROTHÉE.

Don Juan, vous reviendrez à vos amours.

DON JUAN.

Que dites-vous là ? A ce crocodile qui pleure pour attirer les gens et leur donner ensuite la mort ! l'honneur, dont toute ma vie j'ai suivi les lois, me permettrait de retourner lâchement!.. moi, revenir à celle qui a trahi l'honneur et les devoirs de son sexe! à une femme si facile! à!...

DOROTHÉE.

Insolent! ma patience n'y tient plus : ton extravagance a comblé la mesure. L'indigne soupçon que tu as osé former contre une femme telle que moi, mériterait un autre châtiment; j'aime mieux me borner à défendre mon honneur outragé... Cruel, c'est moi qui suis Dorothée : la volonté de mon frère m'a forcée de venir habiter la maison de Marcèle, ce digne objet de tes nouveaux soins, et qui se trouve en ce moment dans la nôtre. Je n'ai pu t'en prévenir et voilà ce qui a causé ton erreur; tu m'as lâchement offensée par tes soupçons, je ne m'y attendais pas. J'ai les plus justes motifs pour renoncer à toi. Va, perfide, infidèle, puisque tu aimes tant ma rivale, va la chercher : elle est au pouvoir de celui entre les bras de qui tu me crois; la jalousie qu'elle doit t'inspirer te fera oublier celle que je t'ai causée.

DON JUAN.

Ah! que dis-tu, chère âme de ma vie!

DOROTHÉE.

Auteur de tous mes maux, de toutes les souffrances qui m'accablent!

CHACON.

Diable, comme le coq lève la crête; il a repris sa voix perçante. Ce n'est plus une basse-taille.

DON JUAN.

Oh! je ne suis pas entièrement satisfait, tyran de

mon âme; et cet homme que mes yeux ont vu tout à l'heure entrer chez toi? mon supplice n'est pas fini : un doute est à peine dissipé, qu'il s'en élève un autre.

DOROTHÉE.

Eh bien, pour qu'il ne te reste aucune consolation en me perdant, je veux t'expliquer encore ce mystère. L'homme que tu as vu entrer ici, c'est mon frère. Vois s'il reste encore quelque prétexte pour justifier ton erreur ou ta méchanceté. Entre toi-même et viens t'en convaincre par tes propres yeux.

DON JUAN.

Madame, je crois fermement ce que vous dites : ah! chère Dorothée, il ne me reste plus qu'à te demander mille fois pardon.

DOROTHÉE.

Il n'est pas facile que tu l'obtiennes. Va, homme sans délicatesse, si tu m'as jugée capable de ce dont tu m'as soupçonnée, tu n'es plus digne de moi. Cherche Marcèle; elle mérite tes soins. C'est une plus belle conquête. Tu n'auras plus de jalousie, après avoir vu ce que tu as vu.

(Elle s'en va.)

DON JUAN.

Elle a disparu!

CHACON.

Et je crois aussi rouge que vous-même vous êtes pâle. Ma foi elle vous laisse plus mort que vif.

DON JUAN

Hélas! j'ai perdu Dorothée, et pour qui? Pour Marcèle!

CHACON.

Écoutez l'histoire du chien d'*Olias*. Il avait un morceau de viande à la bouche, et se mit à traverser la rivière pour gagner le bord opposé : au milieu du trajet, il aperçoit dans l'eau l'image d'un autre morceau de viande qui lui paraît meilleur. Le glouton lâche ce qu'il tient pour saisir ce qu'il voit, et n'avale qu'une bouchée d'eau ; les deux morceaux avaient disparu. C'est bien là ce qui vous arrive.

DON JUAN.

Tais-toi ; je ne suis point d'humeur à t'écouter. Ah ! Léonel, mon ami !

LÉONEL.

Voilà le jour qui paraît !

DON JUAN.

Allons-nous-en. Ah ! cher bien de ma vie, quoique tu aies de si justes motifs de te plaindre de moi, je sais du moins que tu n'es pas infidèle. C'est encore une consolation dans mon malheur.

CHACON.

N'y aura-t-il pas une personne charitable qui nous enferme tous dans une cage, car nous sommes tous fous.

(Ils s'en vont.)

SCÈNE VI.

Palais du roi. Appartement de l'infant.

HENRI, VALETS, MUSICIENS, entrent.

UNE VOIX chante.

« L'amour payé d'un tendre retour, c'est le bonheur, c'est la gloire suprême : l'amour dédaigné fait le tourment de la vie? »

HENRI.

Laisse donc là ces paroles, elles ne font que redoubler mes chagrins : elles me rappellent les rigueurs auxquelles je dois m'attendre. Ciel! que ma raison ait perdu tout son empire!

UN VALET.

Chantez d'autres paroles qui plaisent davantage.

LE MUSICIEN.

« Allez, mes soupirs, auprès de celle que j'ai toujours présente à ma pensée. Si le sommeil a fermé ses yeux, gardez-vous de troubler son repos. Silence! paix! chut! »

HENRI.

Que j'aime bien mieux ces paroles! Elles sont excellentes.

LE VALET.

Elles vous plaisent, seigneur?

HENRI.

Une belle qui dort, et qui n'est que trop bien

gardée, est la cause des peines que je souffre.....
Charmantes paroles ! De qui sont-elles ?

LE MUSICIEN.

« Allez, mes soupirs, auprès de celle que j'aime ; vous savez bien le chemin... et si le sommeil a fermé ses yeux, gardez-vous bien de troubler son repos... Silence! paix! chut! »

HENRI.

Elles me font beaucoup de plaisir.

LE VALET.

Seigneur, vos jours intéressent l'Espagne.

HENRI.

Je ne m'en serais jamais douté.

LE VALET.

Un astrologue fameux prétend que, s'il faut en croire les étoiles dont il a bien observé le cours, vous devez un jour monter sur le trône. Il prédit cet événement avec des circonstances terribles qui rempliront la Castille d'étonnement.

HENRI.

Ce n'est pas de cette manière que je voudrais régner. Que le ciel conserve la vie de mon frère!

LE VALET.

Il affirme que vous serez le meurtrier...

HENRI.

De mon frère, moi! connais-tu cet homme?

LE VALET.

Non.

JOURNÉE II, SCÈNE VI.

HENRI.

Ah! cela te sauve la vie.

LE VALET.

Ces gens-là annoncent toutes sortes de choses; quelquefois ils devinent.

HENRI.

Pour moi, je pense tout le contraire : jamais ils n'ont dit la vérité; et toi, ne me parle jamais de devins, ni d'astrologues. Je ne veux pas perdre mon temps à écouter de pareilles folies.

LE VALET.

Je me le tiens pour dit, seigneur.

(Le grand-maître entre.)

LE GRAND-MAITRE.

Henri, mon frère, comment es-tu?

HENRI.

Ma passion ne me laisse pas un moment de repos.

LE GRAND-MAITRE.

Tâche de bannir cette cruelle tristesse. (*A sa suite.*) Éloignez-vous.

HENRI.

Sortez tous.

(Les musiciens et les valets s'en vont.)

LE GRAND-MAITRE.

Henri, il est juste de ne pas choquer le roi : tu connais la raideur de son caractère. Je viens te supplier, en ami, de cesser de poursuivre cette dame... Ta passion est connue; on en murmure... Cherche d'autres objets qui te fassent oublier celui-là; tu t'exposes aux plus grands dangers. Le roi m'a chargé de t'en prévenir ; il est irrité, tu connais son inflexible sévérité : cherche ailleurs des distractions qui t'occupent agréablement, sans te compromettre.

HENRI.

Non, rien ne me paraît capable de calmer l'agitation pénible où je suis ; il n'y a pas de médecin pour mon mal. Deux beaux yeux m'ont ensorcelé !

LE GRAND-MAITRE.

Si le patient désigne le remède de son mal, et si on le lui donne, crois-tu que ce remède soit bon ?

HENRI.

Oui, s'il vient de la part de Dorothée.

(Arias entre.)

ARIAS.

Elle te l'apporte elle-même. Cesse de t'affliger.

HENRI.

Que dis-tu ? don Arias ! je suis tenté de me jeter à tes pieds.

ARIAS.

Je n'ai fait qu'exécuter tes ordres.

HENRI.

Quel bonheur ? quel triomphe ? plus de tourmens je suis fou de joie. Sa fierté s'est adoucie ; ne songeon désormais qu'à des fêtes. Où est la beauté que j'adore la Perle de Séville, la merveille du ciel, le modèl de la beauté, le soleil de cette contrée, où est-elle

LE GRAND-MAITRE.

Prends garde... ton mal est sans remède.

HENRI.

Le sentiment de la joie ne peut se réprimer.

LE GRAND-MAITRE.

Prends-garde... modère-toi ; le palais est là, tout près d'ici ; il n'est ni prudent, ni convenable de causer du scandale ; tu provoques la colère du roi, s'il vient à savoir cet attentat ! mon frère résiste avec courage à cette passion désordonnée ; si l'amour veut t'entraîner, songe que tu es chevalier ?

HENRI.

C'est inutile, mon frère, cesse de t'opposer...

LE GRAND-MAITRE.

Je suis forcé de rendre compte au roi. C'est le seul moyen de mettre un terme à de pareilles violences.

(Il s'en va.)

ARIAS, amenant Marcèle couverte d'un voile.

Entrez, madame, rassurez-vous, votre fermeté peut encore vous défendre contre cette violence.

MARCÈLE.

Y a-t-il une conduite plus révoltante ?

HENRI.

Ah ! je vois l'objet de tous mes désirs !

MARCÈLE.

Où suis-je ! Ciel, où m'amène ma fatale destinée !

HENRI.

Approchez, belle Dorothée ?

MARCÈLE.

Qu'entends-je ! Ah ! mon malheur n'en est que plus affreux !

HENRI.

Le plus difficile est fait ; levez ce voile, madame.

MARCÈLE, ôtant son voile.

Prince, sortez de votre erreur. Je ne suis pas même un reflet de ce soleil. Ce n'est pas à moi que doivent s'adresser vos hommages.

HENRI.

Oui, vous êtes l'aurore, le soleil va bientôt se montrer. Vient-il sur vos pas? Je suis bien malheureux, s'il s'est arrêté.

MARCÈLE.

Seigneur, je vois à présent la cause de la méprise de ceux qui m'ont amenée ici contre toute ma volonté.

HENRI.

Comment donc cela s'est-il fait?

MARCÈLE.

Permettez que je respire un instant. Je venais de me rendre à la maison de Dorothée pour l'habiter. Elle occupe la mienne que je lui ai cédée.

HENRI.

O contre-temps funeste! Malheur imprévu!

MARCÈLE.

Vous voyez, seigneur, qu'on m'a pris pour elle, et que c'est par erreur qu'on m'a entraînée ici avec tant de perfidie.

HENRI.

Fatale destinée! mon illusion s'est dissipée; mon bonheur a fui comme un songe; pénible rêve! qui es-tu donc?

MARCÈLE.

Une femme de qualité; je suis Marcèle. Mettez fin à mes peines, rendez-moi l'honneur.

JOURNÉE II, SCÈNE VI.

HENRI.

Je suis hors de moi. Madame, remettez votre voile. Rassurez-vous?

(*Marcèle remet son voile.*)

(*Le grand-maître arrive.*)

LE GRAND-MAITRE.

Je n'ai pas trouvé le roi; qu'as-tu résolu?

HENRI.

D'obéir à la volonté du ciel. Arias, reconduisez chez elle cette dame que l'on a prise pour Dorothée, et qui a trompé mes gens...

LE GRAND-MAITRE.

Bizarre aventure!

ARIAS.

Mais que vois-je, qu'entends-je? Ce n'est donc pas Dorothée?

HENRI.

Non certainement.

ARIAS.

Seigneur, songez que, après l'avoir...

HENRI.

Taisez-vous, ne me poussez point à bout; je suis déjà bien assez tourmenté par la fortune, et par la passion qui m'égare. Conduisez-la, protégez sa vie, quoique sa présence n'ait fait ici que hâter ma mort. Adieu, madame; vous avez encore ajouté à mes peines; vous n'êtes pas Dorothée, et vous n'êtes pas moins belle.

(*Il sort avec le grand-maître.*)

MARCÈLE.

Il n'est jamais rien arrivé de pareil à aucune femme.

ARIAS.

Venez, madame; je suis confondu de ce que je vois. *Vous n'êtes pas Dorothée, mais vous êtes aussi belle.* Le prince aurait-il voulu dissimuler, pour m'empêcher de savoir la vérité? Dois-je vous reconduire sans vous connaître, sans savoir la cause de tout ceci. Madame, qui êtes-vous?

MARCÈLE.

Marcèle.

(Elle ôte son voile.)

ARIAS.

Quelle extraordinaire aventure!

MARCÈLE.

La vérité ne peut rester cachée.

ARIAS.

De toute manière, cette Perle de Séville nous fera perdre la tête, à tous tant que nous sommes.

FIN DE LA DEUXIÈME JOURNÉE.

JOURNÉE TROISIÈME.

SCÈNE PREMIÈRE.

Dans le palais de Séville.

LE ROI, LE GRAND-MAITRE.

LE ROI.

Cette méprise, ce troc des deux dames, tout cela me prouve que mon frère est subjugué par une passion aveugle ; désormais la raison n'y peut rien.

LE GRAND-MAITRE.

Henri reçoit toujours vos ordres avec respect et obéissance ; mais ici une force supérieure agit sur sa volonté. Sa vertu est comme enchaînée.... les efforts qu'il fait pour se dégager irritent sa passion au lieu de la vaincre. Toutefois ne craignez pas qu'il commette des actions indignes de lui.

LE ROI.

Je sais jusqu'où l'amour peut entraîner. La plus belle femme de Séville et moi-même nous en sommes la preuve... L'amour se joue des maîtres de la terre ; je crains que l'exemple d'un roi, de son propre frère, ne soit funeste pour Henri. Aussi je veux mettre un terme à mes déréglemens : j'ai choisi un objet digne de fixer mon cœur, le plus beau lis qu'ait produit la tige royale de France. Mes erreurs ont fait bien du mal. Les fautes des rois sont contagieuses; les sujets sont enclins à copier la conduite de leurs maîtres : mon mariage fera cesser le scandale. Vous qui m'avez toujours donné de sages conseils, je vous confie le soin d'amener ici celle qui doit me guérir. Vous irez chercher Blanche de Bourbon ; elle viendra à Séville avec vous.

LE GRAND-MAITRE.

Je vous rends mille grâces pour cette faveur insigne. Sire, je vous baise les mains. Quand voulez-vous que je parte ?

LE ROI.

Bientôt : vous voyez que je donne l'exemple ; Puisse-t-il être utile à mon frère Henri !

(Il s'en va.)

LE GRAND-MAITRE.

C'est avec raison que l'on vante sa prudence et son amour pour la justice.

(Il s'en va.)

(Henri et Arias entrent.)

ARIAS.

Seigneur, j'ai exécuté vos ordres ; voici la servante et l'écuyer de Dorothée.

(L'écuyer et Théodora entrent.)

L'ÉCUYER.

Seigneur, en quoi ce pauvre vieillard peut-il vous servir ?

HENRI.

Que le ciel te garde mille années !

L'ÉCUYER.

Mille années! Voilà un fameux cadeau! j'en ai bien assez de celles que j'ai; j'aimerais bien que vous m'en ôtassiez soixante-dix des quatre-vingts qui pèsent sur ma tête.

HENRI.

Théodora!

THÉODORA.

Je viens savoir ce que vous exigez de moi.

HENRI.

Je vous ai fait appeler tous deux. Je suis malade d'amour; je ne trouve pas de remède à mon mal. Il faut que vous me fournissiez le moyen de voir Dorothée chez elle, secrètement, sans la compromettre.

THÉODORA.

Seigneur, vendre sa maîtresse! Ce n'est point l'action d'une femme noble comme moi.

HENRI.

Je vous donnerai mille écus!

L'ÉCUYER.

Comme vous êtes libéral! de l'argent pour elle, et à moi toutes les incommodités!

HENRI.

Comment cela?

L'ÉCUYER.

Aux quatre-vingts années qui pèsent sur moi, vous en voulez ajouter mille. Suis-je une bête de somme? Prenez-y garde, je tomberai sous le poids.

HENRI.

Je veux que tu me donnes la clef de son appartement.

L'ÉCUYER.

Comme vous y allez! croyez-vous que je sois un serrurier. Dorothée garde elle-même ses clefs.

HENRI.

Toi, Théodora, tu enfermeras ses autres femmes; je veux seulement la voir, lui parler, sans que personne autre le sache.

THÉODORA.

Seigneur, ma maîtresse est la vertu même; elle s'en rapporte entièrement à ma loyauté.

ARIAS.

L'infant ne veut qu'une dernière preuve de sa constance, de sa vertu.

L'ÉCUYER.

Seigneur don Arias, mettez le feu à côté de l'étoupe! le diable n'a qu'à souffler; oh! le bel *Arias Gonzalez* que vous faites! celui de Zamore ne vous valait pas [6].

HENRI.

C'est là ce que tu dois faire pour moi.

THÉODORA.

Je le ferai, seigneur, quoi qu'il m'en coûte.

HENRI.

Prends cette bague!

THÉODORA.

Je la reçois, non sans quelque scrupule...

L'ÉCUYER.

Seigneur, sommes-nous ici ou en Flandre [7]? Vous lui donnez une bague, vous lui donnez mille écus, et moi qui dois être l'exécuteur, vous me souhaitez de longues années, et je reste sans le sou!

HENRI.

Je te fais pendre s'il y a la moindre indiscrétion; si tu te tais, je te donnerai un habit neuf.

L'ÉCUYER.

Seigneur, vous m'avez déjà joliment habillé....

ARIAS.

Retirez-vous, si le roi venait à vous voir ici!...

L'ÉCUYER.

Il ne manquait plus que cela; ambassadeur sans traitement! Ma jeunesse dans les galères, et ma vieillesse à la potence!

HENRI.

Cette nuit nous irons, Théodora; que l'écuyer soit muni de la clef.

THÉODORA.

C'est convenu.

L'ÉCUYER.

Allons, tu as déjà enlevé une bague... moi je ne suis ici que le mannequin. Dieu veuille que les lances ne se brisent pas sur moi!

SCÈNE II.

La rue des Armes; il est nuit.

LÉONEL, DON JUAN, CHACON.

LÉONEL.

Enfin nous voici à ton centre. Grâces à Dieu, nous avons assez couru les rues de Séville.

DON JUAN.

Le jour, je n'ose m'approcher de la maison de l'ingrate que j'adore; elle croirait que je viens en suppliant. Mais, la nuit, je puis avoir cette consolation.

CHACON.

Depuis que nous avons vu que Dorothée n'a pas cessé d'être constante et vertueuse, nous approuvons que vous retourniez auprès d'elle. Mais venir, les yeux contrits, adorer ces balcons et leur faire plus de révérences qu'à la coupe du roi! c'est encore une grande folie.

DON JUAN.

Cette comparaison est bien déplacée.

CHACON.

Cela peut être, mais je dis ce que je pense.

LÉONEL.

Mais, animal que tu es, n'est-il pas juste, convenable, de saluer le balcon de celle qu'on aime?

JOURNÉE III, SCÈNE II.

CHACON.

Oui, fort bien, mais en d'autres occasions.

LÉONEL.

Et quand le roi boit !

CHACON.

Ma foi non ! quand sa majesté boit, toute la multitude des valets s'incline et jette en arrière la partie postérieure du corps : or une assemblée toute entière dans cette attitude, cela n'est pas sans inconvénient, dans le temps des *marrons*, etc [8].

LÉONEL.

Laisse-là tes sottises, réveille ton maître.

CHACON.

Seigneur don Juan, que voyez-vous à ce balcon ?

DON JUAN.

Je n'y vois que du fer, du marbre qui le soutient.

CHACON.

Mon maître; allons de la poésie, je parie que vous nous dites un sonnet.

DON JUAN.

Si je me sentais la force de l'achever, je commencerais tout de suite.

CHACON.

Il n'est pas donné à tout le monde de bien finir un sonnet : on n'en voit que trop qui commencent par des *obélisques*, des *pyramides*, des *seins d'ivoire*, *des fontaines de cristal*, et qui se terminent d'une manière pitoyable.

DON JUAN.

As-tu été poëte?

CHACON.

Quatre fois. La première m'a coûté des coups de bâton. La deuxième des prêtres vinrent m'exorciser comme si j'avais eu le diable dans le corps. La troisième, on me chassa de l'endroit, comme si j'avais la peste. La quatrième, il faut tout dire, un sonnet me valut une paire de gants.

DON JUAN.

Voyons ce sonnet.

CHACON.

Le voulez-vous?

DON JUAN.

Oui.

CHACON.

Allons.

LÉONEL.

Quel est le sujet?

CHACON.

Le sonnet lui-même [9].

Doris, qui sait qu'aux vers quelquefois je me plais,
Me demande un sonnet, et je m'en désespère :
Quatorze vers, grand Dieu ! Le moyen de les faire?
En voilà cependant déjà quatre de faits.

Je ne pouvais d'abord trouver de rime, mais
En faisant on apprend à se tirer d'affaire.
Poursuivons : les quatrains ne m'étonneront guère
Si du premier tercet je puis faire les frais.

Je commence au hasard, et, si je ne m'abuse,
Je n'ai point commencé sans l'aveu de ma muse.
Puisqu'en si peu de temps je me tire du net.

J'entame le second, et ma joie est extrême ;
Car des vers commandés j'achève le treizième :
Comptez s'ils sont quatorze, et voilà le sonnet.

LÉONEL.

Il ne faut attendre que des folies de sa part.

DON JUAN.

Laisse-le dire, c'est toujours une distraction à mes chagrins.

CHACON.

J'aimerais encore mieux m'aller coucher que de rester ici à faire la conversation avec deux fous.

DON JUAN.

Moi, offenser une femme céleste qui meurt ici entre quatre murailles, victime de son honneur, de sa vertu !

CHACON.

Je crois en Dieu.

DON JUAN.

Que dis-tu ?

CHACON.

Que j'éternue, et que je crois en Dieu.

(Henri et Arias arrivent avec des lanternes sourdes.)

HENRI.

C'est ici la porte.

ARIAS.

Approchons-nous.

HENRI.

Donne-moi la clef.

ARIAS.

Tenez.

HENRI.

Adieu.

(Il entre.)

LÉONEL.

Où vont ces gens-là ?

DON JUAN.

Cet homme entre chez Dorothée !

LÉONEL.

Ma foi, il ouvre, il est entré !

DON JUAN.

Qu'est-ce encore que tout ceci ?

CHACON.

Cette femme céleste qui gémit entre quatre murailles, victime de son honneur....

DON JUAN.

Ciel ! soutenez-moi, je veux enfoncer la porte.

LÉONEL.

Arrêtez, calmez-vous, don Juan ; celui qui est entré, c'est l'infant. Il n'y a pas de doute ; l'homme qui était avec lui, enveloppé d'un manteau, c'est Arias. Éloignons-nous de la rue ; ce n'est pas le moment de se compromettre ; le ciel permet que vous voyiez les choses de vos propres yeux, pour que vous vous rendiez enfin aux désirs de votre père, ce vieillard respectable dont les derniers jours ont besoin de consolation : épousez une femme égale à vous. La Perle est bien égale à vous par sa noblesse, mais vous êtes témoin de sa conduite.

DON JUAN.

Égale à moi ! ce que je viens de voir achève de me

détromper. Je jure de ne revoir de ma vie cette porte ; que dis-je ! de ne jamais passer par cette rue. Allons-nous-en.

CHACON.

Magnifique résolution !

DON JUAN.

Tant de chagrins doivent enfin me rendre sage.

LÉONEL.

Qu'en dis-tu Chacon ?

CHACON.

Cela ne m'étonne pas de la part de celle-ci. Mais du moins ne va pas le rejeter dans les piéges d'un autre.

(Ils s'en vont.)

(Dorothée sortant de sa maison en costume de nuit, une lumière à la main. L'infant courant après elle.)

HENRI.

Où veux-tu donc fuir ?

DOROTHÉE.

Elvire, Inès, Théodora ?

HENRI.

Ne crie pas, rassure-toi...

DOROTHÉE.

Qui es-tu ?

HENRI.

Ne le vois-tu pas ?

DOROTHÉE.

Comment es-tu entré chez moi ? Par la perfidie de ma servante ?

HENRI.

Oui.

DOROTHÉE.

Songe à mon honneur.

HENRI.

Nouveau Jupiter, l'amour m'a converti en pluie d'or... tu sais que cette pluie pénètre partout. Théodora est enfermée dans sa chambre ; elle m'a laissé le maître : aie pitié de mes peines. Tes cris seront inutiles ; le vent les emporte ; j'ai fait garder la rue par mes gens ; personne ne pourra venir ; ton frère est absent : tout est prévu.

DOROTHÉE.

Arrêtez-vous, prince, quelle lâche obstination ! Ah ! mon cher frère, comme il t'a trompé sous l'apparence d'une fausse bienveillance !

HENRI.

Plaintes inutiles ! le jour s'approche ; tu as assez résisté. Le plus brave soldat se rend, et conserve toute sa gloire s'il a épuisé tous les moyens de défense. Que prétends-tu faire ? conserve du moins ta vie, si ton honneur n'est plus en ton pouvoir.

DOROTHÉE.

Et tu me crois à ta disposition !

HENRI.

Toute femme à ta place....

DOROTHÉE.

Prends ma vie ; morte, je serai délivrée de ton amour.

JOURNÉE III, SCÈNE II.

HENRI.

Je crois que tu dors encore.

DOROTHÉE.

Tu ne seras maître de mon honneur qu'au prix de mon sang.

HENRI.

C'est l'amour qui m'a fait tout entreprendre, cet amour qui ne finira qu'avec moi.

DOROTHÉE.

Je vais te satisfaire.

HENRI.

Que je suis malheureux !

DOROTHÉE.

Calme-toi, je parlerai : écoute.

HENRI.

Dis.

DOROTHÉE.

Lorsque le roi, ton frère, et toi, vous vîntes à Séville, illustre infant, il y avait déjà des années qu'un homme m'adressait ses hommages, avec les intentions les plus légitimes ; il avait mérité toute ma reconnaissance : le feu de ses regards aurait amolli un cœur de diamant. Je ne me décidai pas facilement à l'aimer; il ne cessait d'avoir les yeux sur mon balcon, et lui adressait souvent ces paroles :

« Grilles de fers, marbres qui soutenez ce balcon, dois-je l'aimer ? Conseillez-moi. » Il me semble qu'un jour j'entendis un de ces marbres inanimés me dire à moi-même : « Que fais-tu, Dorothée ? Moi, tout marbre que je suis, je me sens attendri par ses longs gémissemens.... »

Touchée enfin de tant de persévérance, je consentis un soir à l'entretenir. Cette grille de fer nous séparait ; j'écoutai ses douces plaintes, ses aveux tendres et soumis ; tel est toujours le langage de l'amour quand il se déclare pour la première fois. Cette entrevue en amena d'autres ; notre amour mutuel s'accrut avant d'être légitime. Alors j'insistai sur notre mariage ; il en prévint son père, gentilhomme riche et considéré, l'un des vingt-quatre de la ville.

A peine celui-ci apprit-il que j'étais pauvre, Henri, le croiriez-vous ? il voulut tuer son fils ; et cependant je pense que ma noblesse d'ailleurs n'était pas inférieure à la sienne.

Enfin le vieillard, pour distraire son fils d'un amour qui m'est dû, veut lui donner une épouse comblée des biens de la fortune.

O cupidité insatiable ! que de maux tu causes ! Depuis lors, triste, consumée de jalousie, j'ai fait semblant de fuir mon amant ; c'est, je crois, le moyen de rallumer son ardeur ; les refus ne font qu'exciter l'amour. Je me vois prête à succomber à l'infâme trahison que ton or a répandue autour de moi ; je n'aurai peut-être pas la force d'y résister ; mais si une matrone Romaine sut honorer sa défaite par une généreuse résolution, triomphe, Henri, de ma faiblesse ; je ne puis me défendre contre toi, mais ton épée me vengera. Séville aussi aura une Lucrèce.

(Elle se jette sur l'épée du prince, qui la repousse.)

HENRI.

Dorothée, je t'ai écoutée avec attendrissement. Tu as calmé les feux dont je brûlais : mon cœur s'est ému. Tu dis que tu en aimes un autre ; je sens pour toi l'intérêt que tu ne m'as point accordé à moi-même. Ta tristesse me déchire l'âme : je pourrais sans doute punir tes dédains ; mais qui pourrait résister aux larmes d'une femme qui pleure d'amour ? Alexandre sut se contenir à la vue des filles de Darius, et sa gloire n'y fit que gagner. J'ai plus de mérite que lui ; je résiste à l'amour qui s'était déjà rendu maître de mon cœur. Un jour on me donnera dans l'histoire le nom de *chevalier courtois ;* je suis *Castille* par mon père, et ma mère est une *Guzman.*

(Il s'en va.)

DOROTHÉE.

Henri! seigneur! prince!.... il est parti ; quelle générosité! et il m'aimait ! mais ce courage est digne d'un prince espagnol. Ah ! plût à Dieu que Séville le voie un jour le front ceint de la couronne, et qu'il règne sur nous ! Sa renommée s'élèvera jusques au ciel ; voilà le jour qui commence à poindre ; allons réveiller la misérable qui a consenti à livrer sa maîtresse pour un vil intérêt. Hélas! Il y aurait peu de femmes coupables, si la séduction ne trouvait pas tant de complices autour d'elles.

(Elle sort.)

SCÈNE III.

La maison du père de don Juan.

LE XXIV DE SÉVILLE, LÉONEL.

LÉONEL.

Vous m'attribuez à moi ses égaremens?

LE VINGT-QUATRE.

Je suis son père : pardonne à mes soupçons.

LÉONEL.

Ces paroles ont droit de m'étonner ; est-ce que je partage ses erreurs? Je l'accompagne parce que je crains qu'un homme puissant n'accable votre fils pour se venger de lui. Le ciel m'est témoin que j'ai cherché à le dissuader de ses folies ; s'il n'est pas marié avec la Perle, c'est à moi que vous en avez l'obligation.

LE VINGT-QUATRE.

Si mon fils faisait un pareil mariage, je chercherais un esclave pour lui laisser mon bien, je me marierais moi-même, ou je mourrais de douleur. Qu'il choisisse une femme qui me convienne, je lui cède mon emploi de XXIV de Séville ; je lui ferai un établissement tel que tout le monde lui portera envie.

LÉONEL.

Don Juan est jeune encore, et il a du jugement.

JOURNÉE III, SCÈNE III.

(Un domestique entre.)

LE DOMESTIQUE.

Voici un page de l'infant don Henri.

LE VINGT-QUATRE.

Qu'est-ce donc?

LÉONEL.

Je crois que c'est affaire d'amour; il veut peut-être que vous ordonniez à votre fils de ne plus passer dans la rue de la Perle.

LE VINGT-QUATRE.

Il l'aime donc aussi, lui?

LÉONEL.

Sa jalousie le montre assez.

LE VINGT-QUATRE.

Il voudra que je gronde mon fils : Adrien, qu'il entre.

LÉONEL.

Souvenez-vous qui vous êtes; soyez calme.

LE VINGT-QUATRE.

Quand je reprendrai ma vieille épée, tu verras s'il me reste du cœur.

LÉONEL.

Votre valeur est connue.

(Félix entre.)

FÉLIX.

L'infant, mon maître, désire vous voir et vous parler.

LE VINGT-QUATRE.

J'ignore d'où me vient cet honneur. Son altesse n'avait qu'à m'ordonner de me rendre au palais.

FÉLIX.

Il arrive lui-même.

LE VINGT-QUATRE.

Je vais me prosterner à ses pieds. Seigneur, que désirez-vous de moi?

HENRI.

XXIV, que la visite d'un infant ne vous étonne point, vous méritez bien cet honneur.

LE VINGT-QUATRE.

Seigneur, prenez ce fauteuil; il figurera désormais dans les armes de ma famille, et la noblesse d'Andalousie m'enviera cette gloire. Mais, seigneur, puis-je avoir quel est l'objet de votre visite?

HENRI.

Un roi doit payer sa dette : sa parole est un contrat; j'ai donné la mienne à ce page que je vous ai amené ici; il a une sœur à marier : j'ai promis de lui assurer un établissement digne d'elle. D'abord j'ai voulu trouver un jeune gentilhomme qui méritât mon choix : vous avez un fils, qui je crois s'appelle don Juan; il est aimable, et il aime la sœur de ce page, vous en êtes peut-être instruit. Je donnerai vingt mille ducats pour la dot; ses vertus en valent plus de cent mille. En outre, j'en donnerai quatre mille à Dorothée pour son trousseau, afin qu'elle soit encore plus riche, et vous, seigneur XXIV, mon frère le grand-maître de Saint-Jacques vous fait chevalier de son ordre. Je crois avoir payé ma dette.

LE VINGT-QUATRE.

Seigneur, comment vous exprimer ma profonde reconnaissance?

HENRI.

En venant bientôt au palais où l'affaire du mariage sera traitée convenablement. Consentez-vous?

LE VINGT-QUATRE.

Oui, seigneur, mille fois oui.

HENRI.

Adieu, Félix, j'ai tenu ma parole.

LE VINGT-QUATRE.

Léonel, cours, amène-moi mon fils.

LÉONEL.

Le voilà.

(Don Juan entre.)

DON JUAN.

Mon père, j'ai vu entrer ici le prince; j'en ai éprouvé tant de peine que, s'il ne m'eût pas été impossible, j'aurais en ce moment-là dit adieu pour toujours à Séville. Des infans chez nous, et que nous veulent-ils?

LE VINGT-QUATRE.

Je suis bien aise que tu l'ignores; au moins j'aurai le plaisir de te l'apprendre. La Perle est à toi!

DON JUAN.

Comment?

LE VINGT-QUATRE.

Henri fait ce mariage pour récompenser les services du frère; il lui donne vingt mille ducats pour la dot, quatre mille pour les bijoux, et le grand-maître me fait chevalier de l'ordre de Saint-Jacques, faveur que j'ambitionnais de toute mon âme, et qui fera le désespoir de mes ennemis. Don Juan, heureux le jour où tes yeux se fixèrent sur la Perle de Séville ; heureux les premiers billets doux que ta main écrivit pour elle! Oh! chère Perle, je te porte dans mon cœur. Nous sommes convenus de nous rendre incessamment au palais où cette affaire sera réglée.

DON JUAN.

Oh! comme la cupidité raisonne! Mon père, quand je vous suppliais de me marier avec Dorothée, qui était alors pauvre et vertueuse, vous ne vouliez pas même entendre prononcer son nom. Aujourd'hui qu'elle est riche et déshonorée, aujourd'hui qu'on vous nomme chevalier de Saint-Jacques, vous voulez m'en affubler sur-le-champ.

LE VINGT-QUATRE.

Riche et déshonorée !

DON JUAN.

L'infant ne récompense pas les services du frère. Il paie le déshonneur de Dorothée ; hier soir Léonel a vu Henri entrer chez elle à minuit. Chacon, que j'envoyai pour s'en informer, le vit également sortir avec Arias et un domestique.

LE VINGT-QUATRE, à Léonel.

Tu as vu cela?

LÉONEL.

Certainement, je l'ai vu.

LE VINGT-QUATRE, à Chacon.

Et toi, tu l'as vue sortir ?

CHACON.

Tout juste au point du jour.

DON JUAN.

Mon père, vous voyez ce que je dis, et cependant je l'aime peut-être encore.

LE VINGT-QUATRE.

Embrasse-moi, mon fils, reçois ma bénédiction. Allons au palais, je saurai trouver un prétexte honnête. Je dirai à l'infant que tu étais déjà marié, que je l'ignorais lorsque je donnai ma parole.

DON JUAN.

J'épouserai celle que vous voudrez, mon père.

LE VINGT-QUATRE.

Par supposition, n'est-ce pas ?

DON JUAN.

Oui, mon père, il ne s'agit pas encore d'autre chose.

LE VINGT-QUATRE.

Léonel et Chacon diront qu'ils ont servi de témoins.

CHACON.

Et s'il en faut deux de plus, j'ai des amis.

(Ils s'en vont.)

SCÈNE IV.

Un appartement du palais.

LE ROI, LE GRAND-MAITRE, DON HENRI, ARIAS FÉLIX.

LE ROI.

Henri, vous êtes en bon train de guérison; votre mal a cédé, n'est-ce pas?

HENRI.

Oui, sire, je me trouve mieux.

LE GRAND-MAITRE.

Il n'a jamais été plus malade.

LE ROI.

Explique-moi donc cela ; je n'entends pas cette contradiction.

LE GRAND-MAITRE.

Un malade soupirait après un certain remède qu'on ne lui donnait point. On le mit pourtant sous ses yeux, et il ne pouvait y arriver; enfin après bien des efforts il y eut moyen de l'atteindre, alors le malade n'en voulut plus, et le rejeta de lui-même.

ARIAS.

Si la guérison en dépendait, le malade n'a pas été charitable envers lui-même.

HENRI.

Et si le remède était encore plus dangereux que le mal ?

LE ROI.

C'est un acte de valeur; quel a donc été le remède ?

HENRI.

Sire, vous le voulez... il faut vous tout dire ? J'aimais aveuglément Dorothée ; je ne songeais point aux obstacles que son honneur devait m'oposer : je me suis trouvé seul avec elle. Quoique l'occasion fût favorable, voici ce que j'ai entendu de sa bouche. « Seigneur, je me trouve livrée à vous sans défense, vous êtes noble, je vous supplie de m'écouter. » Parle, lui dis-je; alors ses yeux se sont remplis de larmes : « Pourquoi voulez-vous, a-t-elle ajouté, poursuivre une malheureuse qui en aime un autre ? Maître de moi, vous pouvez m'ôter l'honneur. Qu'allez-vous obtenir de cette infortunée à qui vous aurez tout ravi? Vous voyez mes pleurs; puissent-ils apaiser vos feux ! si mes prières ne vous fléchissent point, eh bien, seigneur, ma main furieuse saura me délivrer de la vie. » Alors elle s'est précipitée sur mon épée, j'ai eu peine à la contenir. Voilà ce qui s'est passé.

LE ROI.

Vous êtes mon frère, vous êtes un chevalier.

ARIAS.

Sire, connaissez-vous cette dame? la voilà qui vient.

LE ROI.

Ce n'est pas la première fois que je l'ai vue.

(Dorothée, Théodora et l'écuyer entrent.)

DOROTHÉE.

Sire, je baise vos pieds.

LE ROI.

Levez-vous.

L'ÉCUYER.

J'aurai mon habit neuf...

THÉODORA.

Et moi, ce que je mérite.

LE ROI.

Qui êtes-vous, vous deux?

THÉODORA.

Les seuls coupables de cette intrigue.

LE ROI.

Nous verrons bientôt.

THÉODORA.

Retirons-nous, avant que l'orage éclate.

L'ÉCUYER.

Oui, je crois que nous ferons bien.

(Ils s'en vont.)

DOROTHÉE.

Je supplie votre majesté d'accorder toute son estime à l'infant; c'est l'amant le plus généreux qui ait existé, je ne viens pas me plaindre de lui!

LE ROI.

Que voulez-vous donc?

DOROTHÉE.

Me marier.

LE ROI.

Vous marier?

DOROTHÉE.

Oui.

LE ROI.

Serait-ce avec lui?

DOROTHÉE.

Ah! sire, je n'ai pas d'aussi ambitieuses pensées. Je désire seulement qu'il rende témoignage en ma faveur.

LE ROI.

Henri, parlez.

HENRI.

Sire, vous allez voir que Dorothée sera bientôt unie à son époux.

LE ROI.

Où est-il?

HENRI.

Sire, il vient.

(Don Juan, le Vingt-Quatre, Léonel, Chacon, Marcèle, couverte d'un voile, entrent.)

LE ROI.

Je n'y entends absolument rien.

LE VINGT-QUATRE.

Approchons-nous tous deux, mon fils.

DON JUAN.

Marcèle doit venir aussi.

LE VINGT-QUATRE.

Après avoir baisé les pieds du roi, mon fils, dis que tu étais marié avec Marcèle, et donne-lui la main.

DON JUAN.

Mais s'ils reconnaissaient Marcèle, et qu'ils crussent que c'est une affaire arrangée entre nous!

HENRI.

Voilà le prétendu avec son père.

LE VINGT-QUATRE.

Puisque nous sommes devant sa majesté, que je salue profondément, je veux, généreux infant don Henri, honneur et gloire de l'Espagne, me justifier de vous avoir trop légèrement donné ma parole. J'ignorais les faits, lorsque votre altesse a daigné m'honorer de sa visite. Vous m'avez ordonné d'accepter Dorothée, la Perle de Séville, pour épouse de mon fils, et vous lui accordiez une dot pour récompenser les services de son frère Félix.

HENRI.

Cela est vrai.

LE VINGT-QUATRE.

Cette dot était de vingt-quatre mille ducats, et moi, j'étais fait chevalier de Saint-Jacques...

HENRI.

Cela est encore vrai, quoiqu'elle n'eût pas besoin d'autre dot que sa vertu.

LE VINGT-QUATRE.

J'acceptai les conditions; je baisai vos pieds pour vous en exprimer ma reconnaissance. Aussitôt, je fis chercher mon fils, afin de lui apprendre son bonheur. — Prince, il m'a répondu qu'une dame de qualité de ma connaissance était son épouse, qu'il était prêt à mourir plutôt que de manquer à ses engagemens avec elle. J'en ai éprouvé un serrement de cœur; et, pour n'être pas accusé d'avoir oublié ma promesse, je vous les amène tous deux.

HENRI.

Que dis-tu?

LE VINGT-QUATRE.

Ce qui s'est passé et ce qui m'afflige.

HENRI.

C'est toi qui es don Juan.

DON JUAN.

Oui, seigneur.

HENRI.

Et tu étais marié?

MARCÈLE.

Prince, c'est faux : c'est don Félix qui est mon amant, le frère de Dorothée. — Ils ne savaient pas que tu voulais la marier avec don Juan; ils m'ont enlevée de ma maison, pour avoir l'air de faire ce que tu leur avais ordonné....

LE ROI.

Vingt-Quatre, est-ce donc ainsi que vous cherchez à tromper vos princes qui veulent vous faire du bien? Si Henri voulait donner un établissement à Dorothée, ne deviez-vous pas l'accepter avec joie? Mon frère est un autre moi-même, et vous n'êtes rien du tout. Vive Dieu! que tout à l'heure, je vous fais trancher la tête à l'un et à l'autre, sur la place publique!

LE VINGT-QUATRE.

Sire, daignez écouter nos motifs. Vous les approuverez sans doute. Hier soir, mon fils, accompagné de témoins qui sont ici en votre présence, se trouvait auprès de la porte de cette dame. Il vit l'infant muni d'une clef entrer dans la maison, et n'en sortir qu'avec le jour. — Don Arias et un domestique accompagnaient son altesse.... L'honneur a dicté la démarche que nous venons de faire.

HENRI.

Puisqu'on parle si ouvertement, je dirai, moi aussi, toute la vérité. Et vive Dieu! je la soutiendrai avec mon épée, de soleil à soleil, en champ clos, contre mon égal ou tout autre gentilhomme. Dorothée est aussi noble et sage que telle dame que ce puisse être de Séville et de toute l'Espagne. J'entrai, il est vrai, dans sa maison : l'or et mes instances m'en ouvrirent la porte. Mais Dorothée elle-même n'en savait rien. Je pénétrai jusqu'à son lit. Ses larmes arrêtèrent mon audace; j'écoutai ses paroles. Elle m'expliqua l'état de son cœur, et j'appris qu'elle aimait don Juan, et qu'elle en était aimée. Je jure qu'il ne s'est rien passé de plus : je donne un démenti formel à quiconque oserait penser ou croire le contraire.

DON JUAN.

Seigneur, vous le dites, il suffit : l'univers entier doit s'en rapporter à votre parole, et moi surtout, qui retrouve celle que j'adore.

LE VINGT-QUATRE.

Eh bien, mon fils, qu'attendez-vous? Je ne veux d'autre dot que sa vertu, et sa beauté; d'autre décoration que l'honneur d'avoir une belle-fille aussi sage.

LE ROI.

Comment? non, si l'infant a donné vingt-quatre mille ducats, je veux en donner encore autant pour ma part.

FÉLIX.

Et moi, Marcèle, quoiqu'il n'y ait pas de princes qui garantissent ta vertu, je sais aussi me servir de mon épée, et je dis que je suis ton époux.

CHACON.

Tout le monde se réjouit et se marie. Pauvre Chacon, il n'y a plus rien pour toi.

DON JUAN.

Je te donne mille écus.

LE ROI.

Il n'y a plus qu'à attendre que la reine Blanche soit arrivée, elle et moi, nous vous servirons de parrains.

DON JUAN, au public.

Ici finit la comédie de la *Perle de Séville*, puisse-t-elle obtenir vos suffrages!

FIN DE LA TROISIÈME ET DERNIÈRE JOURNÉE.

NOTES

SUR

LA PERLE DE SÉVILLE.

---

(1) *Niña de plata ha de ser de mis ojos.* Elle sera la *prunelle d'argent de mes yeux.* *Niña* signifie, en espagnol, *une jeune fille*, la *prunelle de l'œil*, etc. Ayant déjà remplacé le titre de la pièce par celui de *Perle de Séville*, je n'ai pas cru devoir courir après l'équivalent d'un assez mauvais calembourg.

(2) J'ai été forcé de supprimer ici et dans les vers précédens plusieurs jeux de mots sur *niña de plata*, fille d'argent, *niña de oro*, fille d'or, etc.

(3) Il semble que Lope de Vega veuille se moquer de cette multitude de noms de famille dont la noblesse espagnole a l'usage de s'entourer dans les actes publics. Cet usage est cependant plus incommode que ridicule. C'est une condition des majorats qu'on possède, ou l'indication de ceux qu'on attend. Toutes les substitutions, dont quelques-unes ont été fondées dès le quatorzième siècle, obligent le futur titulaire à porter le nom et les armes du fondateur ; la volonté de celui-ci fait loi dans cette matière, il a fallu s'y conformer. C'est la conséquence la moins fâcheuse du principe...

(4) Allusion à l'emploi de XXIV dans le conseil municipal : nous avons déjà expliqué l'origine de cette dénomination. Le *doublon de quatre* est une monnaie d'or.

(5) Triana, faubourg de Séville.

(6) Arias Gonzalès, personnage historique qui joue un grand

rôle dans les chroniques espagnoles. On raconte qu'il était gouverneur de Zamora, pour l'infante dona Urraque, au commencement du douzième siècle. Il est accusé d'avoir poussé loin la complaisance pour ses maîtres.

(7) Proverbe espagnol. *Estamos aqui ó en flandes?* c'est-à-dire, pensez-vous à ce que vous faites, à ce que vous dites ?

(8) La coupe du roi est en Espagne l'objet d'un respect tout particulier. Quand on la porte du lieu où elle est gardée à la table du roi, il y a toujours un huissier qui crie *copa! la coupe!* et tout le monde est obligé de se découvrir jusqu'à ce que la coupe soit à une certaine distance. Quand sa majesté boit, il arrive exactement ce que dit ici Chacon. Je ne supprime que le développement d'une sale plaisanterie que Lope de Vega aurait dû épargner à ses lecteurs.

(9) C'est la traduction du sonnet espagnol. Elle appartient, comme on sait, à Regnier-Desmarets.

LE MEILLEUR ALCADE
EST LE ROI.

NOTICE

SUR

LE MEILLEUR ALCADE

EST LE ROI.

Lope de Vega annonce lui-même que cette pièce est historique. Je place à la suite de cette notice la traduction des fragmens de Sandoval et de Mariana, qui sont relatifs au fait qu'il a embelli des couleurs dramatiques. Ce n'est pas cependant qu'on ne puisse lui reprocher d'avoir altéré l'histoire dans quelques détails. Je ne compterai point comme blâmable la licence qu'il a prise de prolonger de vingt-six ans la vie de la reine Urraque, parce qu'il n'est pas bien sûr que l'époque à laquelle Sandoval place cette expédition soit fort exacte ; Mariana n'a pas voulu la déterminer ; mais Lope s'est fortement trompé en donnant pour gouverneur à Alfonse VII, le comte de Castro, qui fut gouverneur de son fils Alfonse VIII, en l'appelant comte d'Andrade, tandis que ce titre n'entra dans la famille de Lémos que trois ou quatre siècles après; Enrique de Lara était aussi du temps d'Alfonse VIII; et son père, qui avait été l'amant de la reine Urraque et son conseil dans les guerres civiles, devait être peu en faveur à la cour d'Alfonse l'empereur.

L'action est une dans cette pièce; rien ne détourne, n'écarte l'auteur de son sujet; et quoique l'intérêt de curiosité soit partagé, puisqu'on cherche à savoir et ce que deviendra Elvire, et comment sera puni son ravisseur, tout est lié tellement qu'on n'aperçoit que le développement d'un seul fait.

La scène se passe tantôt au bord du Sil en Galice, tantôt à Léon; et c'est dans le même acte, sans interruption, que la décoration change.

Tout en violant l'unité de lieu d'une manière scandaleuse, on voit que Lope de Vega en avait le sentiment ; car la vérité historique qui fait partir Alfonse de Tolède pour faire un voyage de cent trente lieues d'Espagne, présentait ce roi d'une manière bien plus brillante. Si donc Lope a supposé qu'il avait sa cour à

Léon, c'est pour que sa narration soit plus vraisemblable et pour rendre un hommage partiel à un principe dont il s'écartait.

La durée de l'action est d'environ douze jours ; mais on peut y reconnaître encore une espèce d'unité de temps, en ce qu'elle est continue, en ce que chaque événement touche sans intervalle au précédent ; et si elle se prolonge au delà du temps de la représentation, c'est uniquement à cause de la distance qui sépare les lieux où paraissent les personnages.

Il y a d'ailleurs beaucoup d'art dans la conduite de la pièce. Le commencement tient un peu de la poésie pastorale que Lope de Vega aimait, et pour laquelle il avait un grand talent ; mais dès le milieu de la première journée l'intrigue devient attachante et l'intérêt augmente sans cesse. Le poëte a différé, avec une grande habileté, la consommation du crime de don Tello presque jusqu'au moment de l'arrivée du roi. S'il avait été coupable auparavant, la pièce changeait de but ; si le roi était arrivé à temps pour prévenir son attentat, le dénoûment ne pouvait plus offrir le juste châtiment du criminel.

Tous les caractères sans exception sont tracés

avec une grande habileté. La justice inflexible, la sévérité, l'activité du roi Alfonse, nous le font voir sur la scène tel que nous le montre l'histoire. Le courage, la noble fierté de Sanche, l'orgueil stupide et la violence de don Tello, la constance d'Elvire, la faiblesse de Félicie, la prudence timide du vieux Nugne, sont peints avec le même talent; il n'est pas jusqu'au rôle bouffon de Pélage dans lequel on ne retrouve cet esprit d'observation qui caractérise les bons auteurs dramatiques.

Mais c'est surtout le tableau des mœurs du temps qui assigne un haut rang à cet ouvrage. C'est le douzième siècle, c'est l'esprit féodal tout entier qu'on y retrouve à chaque vers. Certainement ce n'était pas l'étude des mœurs contemporaines qui avait pu donner à Lope de Vega ces profondes connaissances des vices des siècles antérieurs. On a peine à découvrir où il a pu les prendre, et on ne conçoit pas la force du génie qu'il lui aurait fallu pour les deviner si bien. Nous retrouvons dans son *Meilleur Alcade* les diverses classes de la société d'alors, les grands propriétaires, leurs domestiques commensaux, les serviteurs employés aux champs, les cultivateurs (*pecheros*), et les domestiques de ceux-ci. Nous y voyons l'injustice, la violence des plus forts fondée sur la conviction intime d'une supériorité de nature. Don Tello parle de la meilleure foi du monde, lorsqu'il regarde comme des actes de désobéisance, des traits et d'insolence et de révolte, la résistance d'une fille qui refusa de s'abandonner à lui, et les réclamations d'un fiancé qui ose vouloir qu'on lui rende son épouse. Le roi, de ce qu'un paysan a de la constance et de l'énergie, en conclut qu'il doit être né noble.

L'état anarchique d'une société où les lois sont trop faibles pour atteindre les grands, et la nécessité où est alors la justice de prendre les traits du despotisme, où la violence ne peut être punie que par la violence, n'est pas peinte avec de moins vives couleurs. Tello ne peut pas être châtié par les loix : il faut qu'il meure sans forme de procès. C'est à ce même besoin social de la répression des délits que dut son origine la chevalerie errante ; il fallait des brigands de grands chemins pour redresser les torts des brigands de pied-ferme qui habitaient les châteaux.

L'esprit sanguinaire de cette époque nous frappera également. Les menaces de mort, les violences, enfin le supplice de don Tello, dont le spectateur est presque le témoin, tout rappelle les idées sanglantes que l'histoire de ce temps nous offre à chaque pas, et, comme dans l'histoire, nous y voyons le libertinage aller de pair avec la férocité. L'influence générale du siècle se montre même dans les personnages vertueux. Don Tello est barbare; mais il y a aussi quelque cruauté dans le roi, quand il lui dit en face qu'il va faire tomber sa tête. Don Tello ne respecte ni la pudeur ni les engagemens d'Elvire; mais sa sœur Félicie ne le blâme que de sa brutalité, et s'emploie à déterminer la jeune fille à consentir à son déshonneur. Elvire même, l'héroïne de la pièce, ne résiste pas par chasteté, mais par amour pour Sanche, puisque lorsque son mariage avec lui est suspendu, elle se décide à le dédommager d'avance de la nuit dont ce contre-temps le prive.

Le malheur de la condition des femmes dans cette époque de la civilisation, ou plutôt de la barbarie, se voit bien dans ces deux rôles. L'abjection dans laquelle se trouve Félicie, sœur d'un seigneur puissant, sa faiblesse, son obéissance, sont frappantes de vérité.

Observons en passant qu'en Espagne l'esclavage de la glèbe proprement dit n'existait pas : Que devaient être alors dans les autres parties de l'Europe les seigneurs et les vilains ?

Le dénoûment paraît pris d'un fait de l'histoire de Bourgogne. Un riche négociant de la Zélande, Paul Danvelt, était marié à une femme très-belle, nommée Safira, dont les attraits tentèrent Claude Rhinfelt gouverneur de cette province. Il fit jeter Danvelt en prison, et promit à son épouse désolée de le lui rendre si elle lui accordait ses faveurs. Safira céda à l'amour conjugal et aux instances de son mari lui-même. Mais Rhinfelt avait fait égorger celui-ci dans la prison. La veuve alla porter ses plaintes au duc de Bourgogne, qui, ayant fait venir le ministre prévaricateur, lui ordonna d'épouser sa victime après lui avoir fait donation de tous ses biens. Il obéit. « Maintenant, madame, dit le prince, il ne me reste qu'à vous mettre en possession des biens que votre mari vous a donnés. » Et il lui fit couper la tête. Calderon a aussi imité ce dénoûment dans *la Niña de Gomez Arias*.

Le style est varié ainsi que les personnages, quelquefois cependant trop recherché, comme dans l'églogue qui commence la pièce. Dans le rôle de Sanche, les formules basses et serviles que l'usage et sa condition le forcent d'employer, forment un contraste très-habilement ménagé avec la fierté des pensées qu'il exprime. Aux bouffonneries, parfois mal placées du rôle de Pélage, Lope de Vega a jugé convenable d'ajouter des fautes de langue et de prononciation. Ce genre de comique n'est pas traduisible, et il n'y a pas grand mal à cela.

Les formes de la poésie sont aussi variées. La fin de chaque Journée est en mètre de *romance*, ainsi qu'un récit. Il y a des endécasyllabes en octaves, et libres. La plainte d'Elvire au roi est écrite en vers de six syllabes, du mode d'*endechas* consacré à la poésie élégiaque. Tout le reste est *quintilles* ou *redondilles*; il n'y a point de sonnets.

A. L. B.

EXTRAITS
DES HISTORIENS ESPAGNOLS.

L'empereur don Alfonse était tellement ami de la justice, qu'encore qu'il fût occupé de guerres sanglantes contre des ennemis puissans, et des affaires épineuses de l'administration du royaume, il ne manquait pas au devoir de redresser les torts et de punir les délits. Cette année (1189 de l'ère espagnole, 1151 de l'ère vulgaire) pendant qu'il était à Tolède faisant les préparatifs nécessaires pour continuer la guerre d'Andalousie et conquérir le royaume de Jaën, un simple laboureur de la Galice vint se plaindre à lui des torts et violences que lui avait faits un cavalier infançon son voisin, nommé don Fernand. L'empereur écrivit à ce seigneur pour qu'il eût à satisfaire cet homme et à s'abstenir désormais de violences à son égard ; en même temps il ordonna au *mérino* (juge supérieur) du royaume de connaître de la cause et de faire justice si le coupable n'exécutait pas ses ordres. Don Fernand ne fit aucun cas de la lettre du souverain, et le mérino ne put le contraindre à obéir. Le laboureur revint alors se plaindre de nouveau à l'empereur qui, irrité de cette insolence, partit sur-le-champ de Tolède pour la Galice, sans prévenir personne et sans se faire reconnaître sur la route. Arrivé ainsi, sans que don Fernand le sût, après s'être assuré des faits, il fit envelopper sa maison, l'y arrêta, fit planter une potence à sa porte, ordonna qu'il y fût pendu sur-le-champ, et rendit au laboureur ce qu'on lui avait enlevé. Ce fut une action digne d'un aussi grand roi, et elle imprima dans tous les esprits un tel sentiment de crainte, que personne dans le royaume n'osait plus faire tort à un autre.

Prud. Sandoval. *Hist. de los Reyes de Castilla y Leon*, sous la date citée.

Le roi Alfonse était ami de la vertu; il haïssait l'insolence et les excès, et vers cette époque en donna un exemple mémorable. Un soldat de sang noble, et de ceux que l'on appelle communément Infançons, se confiant sur l'éloignement où la Galice était de la cour, et sur la confusion où les guerres civiles avaient laissé le royaume, dépouilla un laboureur de ses biens. Averti par le roi et le gouverneur de la province de rendre ce qu'il avait pris injustement, il n'obéit pas. Le roi dissimula dans le moment; mais bientôt après, sacrifiant toutes ses affaires à celle-là, il alla déguisé de Tolède à l'extrémité de la Galice, pour cette affaire. Arrivé, il fit entourer à l'improviste la maison du soldat, qui s'enfuit d'abord; mais le roi le fit arrêter et pendre devant sa propre porte. Par cette action, le roi acquit de l'autorité, l'innocence fut protégée, et cet homme châtié comme son orgueil et sa folie le méritaient.

Mariana, *Hist. de Espana*, liv. XI, ch. 11.

LE MEILLEUR ALCADE

EST LE ROI.

PERSONNAGES.

DON ALFONSE VII, empereur, roi de Castille et de Léon.
DON TELLO DE NEYRA [1], seigneur dans la Galice.
SANCHE DE ROÉLAS, berger de don Tello, amant d'Elvire.
NUGNE DE AYBAR, laboureur, père d'Elvire.
ELVIRE.
FÉLICIE, sœur de don Tello.
LE COMTE DON PÈDRE DE CASTRO ET ANDRADE, ancien gouverneur du Roi.
DON ENRIQUE DE LARA, courtisan.
CÉLIO, } domestiques de don Tello.
JULES,
JEANNE, } domestiques chez Nugne.
LÉONORE,
BRITO, } laboureurs.
PHILÈNE,
PÉLAGE, porcher de Nugne.

LE MEILLEUR ALCADE
EST LE ROI.

JOURNÉE PREMIÈRE.

SCÈNE PREMIÈRE.

Une vallée boisée.

SANCHE seul.

Nobles terres de Galice qui, dans les profondeurs de ces vallées que le Sil [2] s'enorgueillit d'arroser, couvrez ses bords de fleurs de mille teintes variées, oiseaux qui chantez vos plaisirs, et vous, libres habitans des forêts, qui vous livrez à vos désirs sans contrainte, vites-vous un amour plus tendre que le mien? Non, sans doute; dans tout ce que le ciel éclaire de ses rayons, il n'existe, il ne peut exister rien de plus beau qu'Elvire : ma tendresse, qui attend le bonheur de ses bontés, ma tendresse est née de ses appas, et, comme rien n'égale sa beauté, rien ne peut égaler mon ardeur. Je voudrais, ma douce amie, que tes attraits pussent s'augmenter encore pour augmenter aussi mon amour; mais, charmante bergère, puisqu'ils ne peuvent plus s'accroître, je t'aime comme tu es belle, et l'exagération même ne peut imaginer davantage.

Hier, en foulant sous tes pieds de lis, la molle arène sur laquelle coule ce ruisseau, ses grains se changeaient en perles; je disais à ta jolie figure, dont l'image embellissait l'eau, de la regarder davantage pour lui donner plus d'éclat. Le linge que tu lavais semblait te donner une peine inutile; les mains qui le tenaient ternissaient sa blancheur. Caché derrière ces châtaigniers, je te regardais avec crainte; je vis l'amour te donner à laver son bandeau; que le ciel protége le monde! l'amour désormais n'est plus aveugle.

Ah, Dieu! quand arrivera le jour, ce jour où je mourrai de plaisir, où je pourrai te dire : Elvire tu es toute à moi! que de dons je te prodiguerai! car je sens trop ce que tu vaux, pour que mon affection ne s'augmente pas sans cesse; et la possession d'un aussi grand trésor ne peut qu'en accroître chaque jour le prix.

(Elvire entre.)

ELVIRE, se croyant seule.

Mes désirs m'ont trompée, ou Sanche descendait de ce côté. Ah! je le vois; mon cœur me l'avait déjà indiqué; il contemple le ruisseau où il me vit hier; je parus fâchée quand j'aperçus qu'il me regardait. Peut-être cherche-t-il à présent s'il y est resté quelque ombre de moi. (*A Sanche.*) Que le ciel te protége, Sanche! dis-moi, que cherches-tu au bord de ces eaux vagabondes, où tu te rends tous les jours?

Aurais-tu trouvé des coraux que j'ai perdus sur leur rivage ?

SANCHE.

Je voudrais me trouver moi-même : hier, ici je me perdis; mais je ne crains plus un pareil malheur, car je me retrouve en te voyant.

ELVIRE.

Tu viens sans doute m'aider à chercher mes coraux.

SANCHE.

Tu es bonne de venir chercher ce dont tu es richement pourvue? Est-ce une plaisanterie?.... Tu m'en paieras l'étrenne; je les ai trouvés [3].

ELVIRE.

Où donc ?

SANCHE.

Sur tes lèvres où ils bordent des perles charmantes.

(Il veut l'embrasser.)

ELVIRE.

Éloigne-toi.

SANCHE.

Toujours cruelle, toujours ingrate pour l'amour le plus fidèle.

ELVIRE.

Sanche, tu es aussi trop hardi; que ferais-tu de plus, si tu étais mon fiancé, et à la veille de m'épouser?

SANCHE.

Si je ne le suis pas, c'est ta faute.

ELVIRE.

C'est la tienne bien plutôt.

SANCHE.

La mienne! non certainement. Je te suppliai de consentir à notre union. Mon cœur te parlait, et tu ne me répondis pas.

ELVIRE.

Je gardai le silence; quelle autre réponse pouvais-tu exiger de moi?

SANCHE.

Nous avons tort tous les deux.

ELVIRE.

Sanche, tu as de l'esprit, mais apprends que nous autres femmes, nous parlons en nous taisant, nous accordons en refusant. Que nous soyons tendres ou rebelles, ne te fie jamais à ce que nous disons, car, pour connaître nos sentimens, il faut prendre le contraire de ceux que nous exprimons [4].

SANCHE.

D'après cela tu me permets de te demander aujourd'hui à Nugne? Tu te tais; c'est me dire oui. Il me suffit : j'entends à présent ton langage.

ELVIRE.

A la bonne heure; mais cependant ne dis pas à mon père que je le désire.

SANCHE.

Il vient.

ELVIRE.

J'attends derrière cet orme le résultat de votre conversation.

SANCHE.

O ciel! voudra-t-il nous unir? Son refus me coûterait la vie.

(Elvire se cache. Nugne et Pélage entrent.)

NUGNE.

Tu me sers de telle manière, Pélage, qu'il faudra que je cherche quelqu'un qui puisse parcourir ces vallées plus lestement que toi. As-tu quelque sujet de mécontentement dans ma maison ?

PÉLAGE.

Dieu sait ce qu'il en est.

NUGNE.

Eh bien ! ton engagement finira dès aujourd'hui. Le service chez un laboureur n'est pas un mariage.

PÉLAGE.

Et voilà justement le mal.

NUGNE.

Tout mon troupeau de porcs est perdu.

PÉLAGE.

Quand le cœur du porcher est en mauvais état lui-même, il n'est pas étonnant que les pauvres animaux s'en ressentent. Écoutez-moi, mon maître, je voudrais m'établir.

NUGNE.

Poursuis, mais ne viens pas me conter quelque sottise.

PÉLAGE.

Un moment; il ne m'est pas si aisé de m'expliquer.

NUGNE.

Si tu continues ainsi, il me sera difficile de t'entendre.

PÉLAGE.

Hier, quand je sortais de la cour, Elvire me dit : En vérité, Pélage, ton bétail est bien gras.

NUGNE.

Bon, et que lui répondis-tu ?

PÉLAGE.

Amen, comme dit le sacristain.

NUGNE.

Eh bien ! après ? où veux-tu en venir ?

PÉLAGE.

Vous n'entendez pas ?

NUGNE.

Moi ! pas du tout.

PÉLAGE.

Je crois que je vais perdre ma timidité.

SANCHE à part.

Oh ! si cet imbécile s'en allait !

PÉLAGE.

Ne voyez-vous pas que c'est une galanterie qu'Elvire me disait, et que cela prouve qu'elle veut se marier avec moi.

NUGNE.

Vive Dieu !...

PÉLAGE.

Je ne vous le dis point à mauvaise intention, et vous auriez tort de vous mettre en colère.

NUGNE.

Tu étais là, Sanche ?

JOURNÉE I, SCÈNE I.

SANCHE.

Oui, je voudrais vous dire quelques mots.

NUGNE.

Parle. Et toi, attends un moment.

SANCHE.

Nugne, vous avez connu mes parens. Vous savez que, pauvres laboureurs, ils n'en avaient pas moins des manières honorables et des mœurs sévères.

PÉLAGE.

Sanche, vous qui vous entendez en amours, dites-moi si lorsqu'une fille jeune et jolie dit à un porcher galant et frais comme une rose : Ton bétail est bien gras, cela ne signifie pas qu'elle veut absolument l'épouser.

SANCHE.

La conclusion est assurément évidente.

NUGNE.

Éloigne-toi d'ici, imbécile.

SANCHE.

Puisque vous connaissez leur nom et leur noblesse, je ne crains pas que l'aveu d'un amour honnête effraie votre tendresse paternelle. Je brûle pour Elvire.

PÉLAGE.

On voit tel autre porcher dont le bétail ressemble d'avance à du lard fumé à la cheminée, mais moi, lorsque je mène mon troupeau aux champs....

NUGNE.

Tu es encore là? Par la mort!...

PÉLAGE.

Ne vous fâchez pas, je parle du verrat et non pas d'Elvire.

SANCHE.

Puisque je vous ai fait connaître ma tendresse...

PÉLAGE.

Puisque je vous ai fait savoir qu'elle m'aime....

NUGNE.

L'Afrique [5] a-t-elle produit un sauvage pareil ?

SANCHE.

Daignez nous unir pour jamais.

PÉLAGE.

J'ai ici tel cochon.....

NUGNE.

Tu me romps la tête.

PÉLAGE.

Qui pourrait être maître de chapelle, tant il a la voix belle et forte, surtout lorsqu'il entre ou qu'il sort du hameau.

NUGNE.

Elvire y consent-elle ?

SANCHE.

Satisfaite de mon amour, elle m'a permis de vous en parler.

NUGNE.

Ta recherche l'honore, et ta main la rendra heureuse puisqu'elle sait apprécier un mérite qui pouvait te faire prétendre à un hymen plus relevé.

JOURNÉE I, SCÈNE I.

PÉLAGE.

Si j'avais seulement cinq ou six petits cochons à moi, et que ceux-là en fissent d'autres, et puis encore d'autres, à force de cochons je pourrais bientôt aller en coche. (6).

NUGNE.

Tu sers don Tello; tu es un des chefs de ses troupeaux. Il est seigneur de ce pays, et puissant non-seulement dans ce royaume, mais dans d'autres. Il faut, Sanche, que tu lui fasses connaître tes désirs; c'est ton devoir puisque tu es employé chez lui, et d'ailleurs il est si riche et si généreux, qu'il pourra te donner un peu de bétail (7); la dot de mon Elvire n'est pas grand' chose; il faut que tu sois amoureux d'elle pour la demander. Tu vois cette maison mal bâtie et noircie par la fumée; j'ai encore quelques petits champs épars, bien loin, et une douzaine de châtaigniers. Tout cela n'est rien, si le seigneur ne t'aide pas, soit en bétail, soit en te donnant quelque emploi dans sa maison.

SANCHE.

Je suis fâché que vous sembliez douter de mon amour pour votre fille.

PÉLAGE.

Par ma foi, c'est lui qui épouse Elvire. Je vais la planter là. Je change d'amours.

SANCHE.

A celui qui soupire pour sa beauté, que pouvez-vous lui donner plus que cette beauté céleste ? Je ne suis point tel, Nugne, que sa dot puisse à mes yeux entrer en compte auprès de ses vertus.

NUGNE.

Ce n'est point une bassesse de donner à ton maître connaissance de tes projets, et tu peux sans honte le prier de t'honorer de quelque témoignage de sa satisfaction. Don Tello et sa sœur Félicie peuvent le faire aisément, et sois sûr qu'on ne verra dans ta démarche qu'une nouvelle preuve d'amour.

SANCHE.

J'irai à regret; mais enfin, vous l'ordonnez, j'irai.

NUGNE.

Que le ciel, mon fils, bénisse tes jours et te donne une famille nombreuse! suis-moi Pélage.

PÉLAGE.

De sorte que, tout de suite, vous lui avez donné Elvire, et devant moi encore?

NUGNE.

Sanche n'est-il pas un jeune homme aimable et bien né?

PÉLAGE.

A dire la vérité, il n'y en a pas un dans le pays qui le vaille; mais j'aurais été plus utile que lui dans votre maison. Vous auriez vu combien de petit-fils il vous serait né [8] !

(Ils sortent.)

SANCHE.

Viens, ma charmante amie; parais, Elvire de mon cœur.

(Elvire entre.)

ELVIRE.

Ah, Dieu ! que l'attente et la crainte sont des sup-

JOURNÉE I, SCÈNE I.

plices cruels lorsqu'on aime ! Je tremble : toutes mes espérances ne tiennent qu'à un cheveu.

SANCHE.

Ton père m'a dit qu'il avait déjà donné sa parole à un domestique de don Tello. Vois, ma chère, quel étrange changement dans notre sort...

ELVIRE.

Il était bien vrai que mes espérances ne tenaient à rien. Quoi, Sanche, mon père me marie avec un écuyer ! tout est fini pour moi. Vis, cher objet de mes tendres soins ; vis, je me donnerai la mort.

SANCHE.

Sois tranquille, ma chère Elvire, je plaisante : n'as-tu pas vu dans mes yeux la joie de mon âme ? ne t'avaient-ils pas dit la vérité ? Ton père, sans hésiter un moment, a consenti à notre union ; il me l'a répété dix fois.

ELVIRE.

Ce n'était pas d'épouser un autre que toi que j'étais fâchée, mais d'être forcée d'aller au palais du seigneur. Je suis élevée dans l'ignorance d'une obscure chaumière ; quel rôle aurai-je pu y jouer ? On se serait moqué de moi : c'était-là la seule cause de ma douleur, et c'est une cause bien raisonnable.

SANCHE.

Sot que j'étais ! vis, cher objet de mes imbéciles soins ; vis, je me donnerai la mort. Elvire, avez-vous pu me tromper à ce point ?

ELVIRE.

Je plaisantais aussi, mon ami ; sois tranquille.

C'est l'amour qui m'a inspiré de te donner cette leçon. Apprends qu'il aime à se venger.

SANCHE.

Je suis donc ton époux.

ELVIRE.

Ne dis-tu pas que c'est une chose résolue?

SANCHE.

Ton père, mon amie, m'a donné un conseil que je ne lui demandais pas ; il veut que j'aille prier don Tello, mon maître, seigneur de tout ce pays, et puissant en paix comme en guerre, de m'accorder quelque faveur. J'ai en toi, mon Elvire, toutes les richesses du monde, tout ce que je désire; le soleil ne voit pas dans les Indes de trésors qui égalent tes attraits ; mais ton père dit que je dois cette démarche à mon seigneur. Nugne est vieux, il est sage, il mérite toute ma confiance, et cependant c'est parce qu'il est ton père que je vais parler à don Tello.

ELVIRE.

Je t'attendrai avec impatience.

SANCHE.

Plût au ciel que sa sœur et lui me donnassent mille choses que je pusse t'offrir !

ELVIRE.

Annonce-lui notre mariage et ne lui demande rien.

SANCHE.

J'ai remis toute ma destinée dans ces belles mains; veux-tu m'en accorder une?

ELVIRE.

Elle doit t'appartenir à jamais, la voilà.

SANCHE.

En ayant cette main, que peut faire contre moi la fortune ? Mais quels sont mes regrets de perdre un moment une faveur si chère ? imagine-les toi-même, les leçons de l'amour ont formé mon jugement.

(Ils sortent.)

SCÈNE II.

Une forêt.

TELLO [9] en habit de chasse, JULES, CÉLIO.

TELLO.

Prenez cet épieu.

CÉLIO.

Vous avez dû vous amuser.

JULES.

La chasse a été belle.

TELLO.

La campagne est si agréable que son aspect seul réjouit.

CÉLIO.

Ces ruisseaux semblent s'efforcer de baiser les pieds des fleurs de leurs rivages.

TELLO.

Pour Dieu, Célio, pense à donner à manger aux chiens.

CÉLIO.

Ils ont joliment escaladé le sommet de ces rochers.

JULES.

Ils sont excellens.

CÉLIO.

Florisel est le meilleur du pays.

TELLO.

Il a de l'ardeur.

JULES.

C'est un fameux lévrier.

CELIO.

Votre sœur a deviné que vous étiez ici, elle s'approche.

(Félicie entre.)

TELLO.

Quels tendres soins, ma chère Félicie, et combien l'affection d'un frère prend plaisir à reconnaître la vôtre.

FÉLICIE.

J'ai tant d'attachement pour vous, mon frère, que lorsque vous êtes loin de moi, tout, Dieu le sait bien, tout m'alarme. Le sommeil fuit de mes yeux. Il n'est pas un lièvre, un malheureux lapin qui ne me paraisse un monstre terrible.

TELLO.

Dans nos forêts de Galice, ma sœur, nous ne trouvons presque point de bêtes féroces, c'est de quo nous sommes fâchés; à notre âge on aime à les rencontrer. Parfois, il est vrai, on voit sortir du sein de ces forêts un sanglier farouche, et j'ai eu ce plai sir; on le voit dans sa fureur éventrer les chiens à côté du chasseur, et changer contre leur sang, l'écume qui blanchit sa gueule. Rarement paraît quelque ours, qui ose debout attendre et même attaquer son ennemi, et souvent tombe mort en même temps que lui; mais notre chasse ordinaire, bien que variée, est plus humble. Nous ne tentons pas le ciel. Cependant, sans nous exposer à aucun risque, cet exercice n'est pas moins digne des princes et des nobles, parce qu'il enseigne les ruses de la guerre, rend l'usage des armes familier, et le corps plus dispos.

FÉLICIE.

Si je vous voyais marié, vous ne vous livreriez plus avec cette fureur à cet exercice qui me cause tant de craintes.

TELLO.

Je suis si puissant, qu'il ne m'est pas possible de trouver ici mon égale.

FÉLICIE.

Vous pourriez bien vous unir à la fille de quelque seigneur d'une haute naissance.

TELLO.

Je crois que tu prends ce détour pour me reprocher de ne t'avoir point encore mariée; c'est un désir qui naît avec les filles.

FÉLICIE.

Tu te trompes, je te le jure, c'est ton bien seul que je souhaite.

(Sanche et Pélage entrent.)

PÉLAGE, à Sanche.

Approchez, je les vois seuls; personne ne vous gêne.

SANCHE.

Il est vrai; ceux qui sont avec eux sont des domestiques de la maison.

PÉLAGE.

Vous verrez quels cadeaux ils vont vous faire.

SANCHE, à Pélage.

Il me suffit de m'acquitter de mon devoir. (*A don Tello.*) Illustre Tello, et vous, belle Félicie, seigneurs de ces vastes domaines où vous savez vous faire aimer, permettez à Sanche de baiser vos pieds, à Sanche, l'un de ceux qui ont soin de vos troupeaux; c'est un état humble, il est vrai, mais dans notre Galice le sang est si généreux, que la seule différence entre l'indigent et le riche, c'est que le premier est forcé de servir. Je suis pauvre, et sans doute vous ne me connaîtrez pas, puisque plus de cent trente familles (10) vivent de votre pain, et attendent de vous leur salaire; cependant, peut-être en chassant aurez-vous quelque fois jeté les yeux sur moi.

TELLO.

Oui, je vous ai vu, et votre personne m'a toujours convenu.

SANCHE.

Agréez ma reconnaissance.

TELLO.

Que veux-tu ?

SANCHE.

Les années passent avec rapidité ; elles courent vers le trépas, et notre vie n'est qu'un séjour dans une hôtellerie ; on y arrive le soir par la naissance, on en sort au matin par la mort. Je suis le fils d'un homme qui n'avait pas eu besoin de servir, et mon nom finit avec moi. J'ai recherché en mariage une jeune personne vertueuse, fille de Nugne d'Aybar ; c'est un simple laboureur, cependant on voit encore sur sa porte les vestiges de ses armoiries ; le respect que mérite cette famille et la vertu d'Elvire, c'est le nom de ma future, m'ont déterminé. Elle y consent, son père le veut aussi, mais il attend votre agrément. Le seigneur, me disait-il ce matin, doit savoir tout ce qui se passe chez ses vassaux, depuis le plus grand jusqu'au plus petit de ceux qui vivent sur son bien, et c'est une grande erreur dans les rois de ne point mettre assez d'importance à cette connaissance : déférant à ses conseils, seigneur, je viens d'après son ordre, vous annoncer que je me marie.

TELLO.

Nugne est un homme habile, et il y a plus que du bon sens dans l'avis qu'il t'a donné. Célio !

CÉLIO.

Seigneur ?

TELLO.

Tu donneras vingt vaches et cent brebis à Sanche ; ma sœur et moi nous honorerons la noce de notre présence.

SANCHE.

Quelle faveur signalée !

PÉLAGE.

Quelle signalée faveur!

SANCHE.

Quel riche présent!

PÉLAGE.

Quel présent riche!

SANCHE.

Rare générosité!

PÉLAGE.

Générosité rare (11)!

TELLO.

Quel est cet homme qui accompagne vos discours?

SANCHE.

C'est un serviteur de Nugne.

PÉLAGE.

Je suis son enfant prodigue.

TELLO.

Comment?

PÉLAGE.

Je garde ses pourceaux. Je viens aussi vous demander des grâces.

TELLO.

Avec qui te maries-tu?

PÉLAGE.

Avec personne pour le moment. Mais le diable pourrait encore me tenter. Je vous demanderai quelques moutons en cas de besoin. Un astrologue me dit jadis à Salamanque (12) que j'étais menacé de mal par l'eau et par les taureaux. Je me le suis tenu pour dit, je suis resté garçon, et je bois le vin pur.

FÉLICIE.
Le drôle d'homme !
TELLO.
Il est plaisant.
FÉLICIE.
Soyez heureux Sanche, et toi, Célio, hâte-toi d'envoyer chez lui le bétail que mon frère lui donne.
SANCHE.
Les expressions me manquent pour louer votre générosité.
TELLO.
Quand veux-tu te marier ?
SANCHE.
Mon amour exige de moi que la noce se fasse dès ce soir.
TELLO.
Déjà le soleil commence à descendre vers le couchant, déjà les nuages se dorent ; va faire tout préparer, nous irons ma sœur et moi. Holà, arrangez le carrosse. (13)
SANCHE.
Mon âme et ma voix, seigneur, ne cesseront de vous louer.

(Il sort.)
FÉLICIE, à Pélage.
Et vous, vous ne voulez pas absolument vous marier ?
PÉLAGE.
A vous dire vrai, j'aurais bien épousé sa maîtresse, qui est bien la plus jolie bergère de la Galice, mais un gardeur de porcs, cela lui a déplu (14).

FÉLICIE.

Elle avait raison.

PÉLAGE.

Ma foi, madame, chacun garde comme il peut.

FÉLICIE.

Quoi donc ?

PELAGE.

Ce que ses parens, ses maîtres, lui ordonnent de garder.

(Il sort.)

FÉLICIE.

Sa folie me divertit.

CÉLIO.

A présent qu'il est parti, ce porcher, qui n'est pas si bête qu'il le paraît, je puis assurer vos seigneuries, qu'Elvire est la plus belle fille qu'il y ait dans toute la Galice ; que sa figure, sa taille, son esprit, son honnêteté, et tous les agrémens qu'elle réunit, sont tels qu'il n'y a pas un gentilhomme en Espagne dont elle ne fût digne d'honorer la couche.

FÉLICIE.

Est-elle si jolie ?

CÉLIO.

C'est un ange.

TELLO.

Tu en parles comme un amant passionné.

CÉLIO.

J'ai été amoureux d'elle, mais la passion ne m'égare pas.

TELLO.

On trouve de ces villageoises qui sans fard, sans atours, charment les yeux et entraînent l'âme, mais elles font tellement les difficiles, que leurs minauderies me dégoûtent d'elles.

FÉLICIE.

Tu devrais au contraire estimer davantage celles qui se défendent le mieux.

(Ils sortent.)

SCÈNE III.

Chambre de la maison de Nugne.

NUGNE, SANCHE.

NUGNE.

C'est là ce que t'a répondu don Tello?

SANCHE.

C'est ce qu'il m'a répondu.

NUGNE.

Sa conduite est digne de la noblesse de sa naissance.

SANCHE.

Il a commandé de me donner le bétail que je vous ai dit.

NUGNE.

Que le ciel conserve ses jours!

SANCHE.

Mais quelque grand que soit son présent, j'estime encore plus l'honneur qu'il me fait en daignant être mon parrain [15].

NUGNE.

Et sa sœur viendra aussi?

SANCHE.

Elle viendra.

NUGNE.

C'est le ciel qui leur inspire une telle bonté.

SANCHE.

Ce sont des seigneurs généreux.

NUGNE.

Oh! si cette maison qui attend les hôtes les plus puissans du royaume, pouvait devenir un palais!

SANCHE.

Qu'à cela ne tienne. Si la maison est trop petite pour les recevoir, notre bonne volonté y suppléera [16] : nous en avons assez pour leur faire un accueil digne d'eux. Ils arrivent.

NUGNE.

Eh bien! mon conseil était-il bon?

SANCHE.

Je vous l'avoue; j'ai vu en don Tello un homme parfait. C'est un véritable seigneur, il le montre par ses bienfaits; c'est ainsi qu'il ressemble à la divinité. C'est par ses largesses que le seigneur de toutes choses se manifeste à nous. Que personne ne prétende être seigneur, s'il ne sait comme le maître de tout distribuer l'honneur et les bienfaits.

NUGNE.

Vingt vaches et cent brebis! ce sera une jolie propriété lorsqu'au retour de la belle saison tu les conduiras sur les rivages du Sil. Dieu puisse payer à don Tello ses bienfaits!

JOURNÉE I, SCÈNE III.

SANCHE.

Où est Elvire, seigneur ?

NUGNE.

Sa coiffure ou quelque parure de la noce l'occupent sans doute.

SANCHE.

Il lui suffit de sa figure; elle n'a pas besoin de frisure ni d'atours. Le soleil est moins beau qu'elle.

NUGNE.

Ton amour n'est point villageois.

SANCHE.

Près d'elle j'aurai, mon père, tous les soins d'un courtisan, et la constance d'un berger.

NUGNE.

On ne peut avoir de véritable amour si l'on n'a l'esprit éclairé; il faut pour aimer savoir sentir ce qu'on éprouve. Rassemble les gens de travail, je veux que don Tello voie que je suis encore, ou du moins que je fus quelque chose.

SANCHE.

Je crois que monseigneur arrive avec sa sœur; vos gens les accompagnent. Dites à Elvire de laisser là le soin de ses cheveux, et de venir recevoir l'honneur qu'on lui fait.

(Don Tello entre avec des domestiques, Jeanne, Léonore, paysans.)

TELLO.

Où est ma sœur ?

JEANNE.

Elle est auprès de la jeune accordée.

SANCHE.

Monseigneur...

TELLO.

Sanche?..

SANCHE.

Ce serait folie à un grossier laboureur, comme moi, de prétendre vous témoigner dignement ma reconnaissance de vos bontés.

TELLO.

Où est ton beau-père?

NUGNE.

Ici, où la faveur qu'il reçoit prolongera le cours de ses années.

TELLO.

Embrassez-moi.

NUGNE.

Je voudrais que cette maison fût un monde pour que vous en fussiez le maître.

TELLO.

Comment vous appelez-vous, bergère?

PÉLAGE.

Pélage, seigneur.

TELLO.

Je ne te parle pas.

PÉLAGE.

Je croyais que c'était à moi que s'adressait votre seigneurie.

JEANNE.

Je m'appelle Jeanne, à votre service.

TELLO.

Elle a des grâces.

PÉLAGE.

Vous ne connaissez pas tous ses talens ; si quelque garçon s'avise de la pincer, elle sait bien lui donner sur la tête de sa cuillère à pot. Un jour je voulus m'approcher de la marmite, j'en reçus un coup qui me laissa tout étourdi pour deux mois.

TELLO.

Et vous, votre nom ?

PÉLAGE.

Pélage, seigneur.

TELLO.

Je ne te parle pas.

PÉLAGE.

Je croyais que c'était à moi que s'adressait votre seigneurie.

TELLO.

Comment vous nommez-vous ?

LÉONORE.

Léonore.

PÉLAGE.

Il s'informe des jeunes filles, mais des garçons point du tout. Pélage, seigneur, c'est moi.

TELLO.

Es-tu quelque chose à quelqu'une d'elles ?

PÉLAGE.

Oui, seigneur, je suis le porcher.

TELLO.

Je demande si tu es leur frère ou leur mari.

NUGNE.

Imbécile !

SANCHE.

Grossier!

PÉLAGE.

C'est ainsi que me fit ma mère.

SANCHE.

Mon Elvire et sa marraine arrivent.

(Félicie entre avec Elvire.)

FÉLICIE.

Ils méritent vos bienfaits, mon frère; heureux les seigneurs qui ont de tels vassaux.

TELLO.

Vous avez bien raison, ma sœur. La charmante personne!

FÉLICIE.

Qu'elle a de grâces!

ELVIRE.

Pardonnez mon embarras; c'est la première fois que je vois votre seigneurie.

NUGNE.

Veuillez vous asseoir. Les chaises sont celles d'un laboureur.

TELLO, à part.

Je n'ai pas vu de beauté pareille; quelle divine perfection! combien elle est au-dessus des éloges que l'on m'en avait fait! Heureux celui qui a l'espérance de posséder autant d'attraits!

FÉLICIE.

Permettez à Sanche de s'asseoir.

TELLO.

Asseyez-vous.

JOURNÉE I, SCÈNE III.

SANCHE.

Pardonnez, seigneur.

TELLO.

Asseyez-vous.

SANCHE.

Moi, m'asseoir, et devant mon seigneur!

FÉLICIE.

Mettez-vous près de votre future. C'est une place que personne ne peut vous disputer.

TELLO, à part.

Jamais je n'aurais cru qu'il existât une beauté si remarquable.

PÉLAGE.

Et moi, où irai-je m'asseoir?

NUGNE.

Ailleurs qu'ici. Va faire la fête dans l'écurie.

TELLO, à part.

Pour Dieu! Je me sens brûler. Comment se nomme la mariée?

PÉLAGE.

Pélage, seigneur.

NUGNE.

Te tairas-tu? Sa seigneurie parle aux femmes, et tu te comptes pour une d'elles. Son nom, seigneur, est Elvire.

TELLO.

Vive Dieu! elle est belle Elvire, et digne par ses attraits d'un mari.... aussi bien né.

NUGNE

Jeunes filles, égayez la fête.

TELLO.

Que de charmes !

NUGNE.

En attendant que le curé arrive, dansez à la mode de notre pays.

JEANNE.

Le curé est déjà arrivé.

TELLO.

Dites-lui qu'il n'entre pas. (*A part.*) Cette figure divine me fait perdre la raison.

SANCHE.

Pourquoi cette défense, seigneur ?

TELLO.

Parce que je le veux.... Je veux, à présent que je vous connais, que je sais ce que vous méritez, vous honorer davantage.

SANCHE.

Je ne demande point d'autre bien, je n'en veux point d'autre que posséder ma charmante épouse.

TELLO.

Demain ce sera mieux.

SANCHE.

Ne retardez pas, seigneur, le moment d'une aussi grande félicité ; prenez pitié de mon trouble. D'ici à demain le sort peut me ravir le bien que je suis au moment de posséder. Chaque jour amène des changemens. Savons-nous quels seront ceux que le soleil éclairera demain [17] ?

TELLO.

Quelle humeur ! quelle grossièreté ! quel entêtement! Quoi! je veux lui faire fête, je veux honorer son mariage, et lui, ma sœur, en votre présence, il ose s'obstiner malhonnêtement! Emmène Elvire, Nugne, et repose-toi pour cette nuit.

NUGNE.

J'obéirai, seigneur.

(Don Tello, Félicie et Célio sortent.)

ELVIRE.

Vit-on pareille injustice? De quoi se fâche don Tello [18]. Je n'ai pas voulu lui répondre, cela ne me convenait pas, mais....

NUGNE.

Je ne sais ce qu'il veut ni ce qu'il prétend faire, mais il est seigneur : et je ne suis pas à m'affliger qu'il soit venu dans ma maison.

(Il sort.)

SANCHE.

J'en suis plus irrité encore, quoique j'aie pu le dissimuler.

PÉLAGE.

Il n'y a donc point de noce cette nuit.

JEANNE.

Hélas, non.

PÉLAGE.

Pourquoi?

JEANNE.

Don Tello ne l'a point voulu.

PÉLAGE.

Et pouvait-il l'empêcher?

JEANNE.

Sans doute, puisqu'il l'a fait.

PÉLAGE.

Il a signifié l'empêchement avant que le curé se présentât.

(Il sort avec Jeanne et Léonore.)

SANCHE.

Écoute, Elvire.

ELVIRE.

Ah! mon ami, je sens que je ne suis pas née pour le bonheur.

SANCHE.

Quel projet a don Tello, qui l'ait engagé à différer jusqu'à demain?

ELVIRE.

Je ne sais ce qu'il désire, mais il veut sans doute quelque chose.

SANCHE.

Est-il possible, ma chère âme, qu'il me dérobe cette nuit! J'ai peine à contenir le dépit, la rage qui tourmentent mon cœur.

ELVIRE.

Sanche, je vois en toi mon époux. Viens cette nuit à ma porte.

SANCHE.

Tu la laisseras ouverte.

ELVIRE.

Oh! non [19].

SANCHE.

Tu me sauves la vie. Sans cette promesse j'allais mourir.

ELVIRE.

Et moi, pourrais-je vivre sans toi?

SANCHE.

Le curé est venu, mais n'a pas pu entrer.

ELVIRE.

Ce n'est pas nous, c'est don Tello qui l'a empêché de nous unir.

SANCHE.

Mais si je puis te persuader de m'ouvrir ta porte, ce sera mieux encore. L'amour est un bon curé pour apaiser les tourmens qu'il cause [20].

(Ils sortent.)

SCÈNE IV.

Une rue du hameau. — Il fait nuit.

DON TELLO, CÉLIO, domestiques masqués.

TELLO.

Vous avez bien entendu mes ordres?

CÉLIO.

Il ne fallait pas beaucoup d'intelligence pour les comprendre.

TELLO.

Entrez, le vieillard et la belle Elvire seront seuls maintenant.

CÉLIO.

Tout le monde s'est retiré, non sans un grand mécontentement de voir la noce retardée.

TELLO.

J'ai suivi le premier conseil que m'a donné l'amour : c'était un outrage pour ma jalouse ardeur qu'un vil pâtre possédât la beauté que je désire. Lorsque je serai rassasié d'elle, ce sot paysan pourra l'épouser, je lui donnerai du bétail, des biens, de l'argent ; il vivra à son aise comme beaucoup d'autres que nous voyons dans le monde faire ressource des même moyens. Après tout, je suis riche et puissant ; et, puisque cet homme n'est point encore marié, je veux user de mon pouvoir. Allons, mettez vos masques.

CÉLIO.

Frapperons-nous ?

TELLO.

Entrez.

CÉLIO.

Ils ont ouvert.

ELVIRE, en dedans, bas.

Est-ce toi, Sanche, mon ami ?

CÉLIO.

Elvire ?

ELVIRE, en dedans.

Me voici.

UN DOMESTIQUE.

Heureuse rencontre !

ELVIRE, sur la scène.

Tu n'es point Sanche ! Ah ! mon père, mon père ! Nugne ! O ciel ! au secours ! on m'enlève, on m'enlève !

(Ils sortent en emmenant Elvire.)

TELLO.

Marchez.

NUGNE, en dedans.

Quel est ce bruit ?

ELVIRE, en dedans.

Mon père !

TELLO, en s'en allant.

Fermez-lui la bouche.

NUGNE, sur la scène.

Ma fille, je t'entends et je te vois; mais ma faiblesse et mon âge pourront-ils te protéger contre un jeune téméraire, car je crois deviner le coupable.

(Il sort.)

(Sanche et Pélage entrent.)

SANCHE.

Il me semble qu'on pousse des cris dans la rue du père d'Elvire.

PÉLAGE.

Parlons bas, que les domestiques ne nous entendent pas.

SANCHE.

Souviens-toi, quand je serai entré, de ne pas t'endormir.

PÉLAGE.

Ne craignez rien ; j'ai pris un à-compte sur le sommeil.

SANCHE.

Je sortirai lorsque l'étoile de Vénus viendra féliciter l'aurore de son approche ; mais qu'elle ne me félicite pas, moi, à qui elle fera quitter le ciel.

PÉLAGE.

Pendant que vous serez à causer là-dedans, je ne ressemblerai pas mal à la mule d'un médecin mâchant son frein à vide à la porte d'un malade.

SANCHE.

Je vais appeler.

PÉLAGE.

Je gage que déjà Elvire est à guetter notre arrivée par le trou de la serrure.

SANCHE.

Regarde partout, je vais m'approcher.

(Nugne entre.)

NUGNE.

Que deviendrai-je ?

SANCHE.

Qui va là.

NUGNE.

Un homme.

SANCHE.

C'est Nugne.

NUGNE.

C'est Sanche.

SANCHE.

Vous, dans la rue, que veut dire ceci ?

NUGNE.

Tu demandes ce que c'est ?

SANCHE.

Eh bien ! que vous est-il arrivé ? Je crains quelque malheur.

NUGNE.

Et le plus grand de tous.

SANCHE.

Que dites-vous?

NUGNE.

Une troupe d'hommes armés a brisé ces portes et enlevé...

SANCHE.

N'achevez pas. Tout est fini pour moi.

NUGNE.

J'ai voulu les reconnaître aux rayons de la lune, je n'ai pu le faire, parce qu'ils ont couvert leur figure avec des masques.

SANCHE.

Qu'importe, seigneur, ce sont des domestiques de don Tello, à qui vous voulûtes que je parlasse. Maudit conseil! Dans toute la vallée il n'y a pas dix maisons, et elles ne sont habitées que par de pauvres laboureurs. Ce n'est aucun d'eux. Il est clair que c'est le seigneur qui l'aura fait conduire chez lui. Il ne me laissa pas marier, c'est là la preuve la plus sûre; mais, je le jure, je trouverai la justice; je la trouverai sur la terre. Je me la ferai moi-même s'il le faut, quoiqu'il soit le plus riche et le plus puissant du royaume. Vive Dieu! je vais.... Je mourrai du moins si je ne réussis à autre chose.

NUGNE.

Arrête, Sanche.

PÉLAGE.

Parbleu, si je rencontre ses cochons dans les pâturages, je les assomme à coups de pierre, fussent-ils entourés de gardes.

NUGNE.

Mon fils, appelle à présent le secours de ta raison.

SANCHE.

Seigneur et père, suis-je en état de réfléchir? Vous m'avez conseillé ce qui me perd, conseillez-moi ce qui peut me sauver.

NUGNE.

Allons demain parler à don Tello. C'est une étourderie de jeunesse dont peut-être il se sera déjà repenti. Je suis sûr d'Elvire : ni menaces, ni prières, ni promesses ne pourront la séduire.

SANCHE.

Je la connais, et je le crois.... Hélas! je me meurs d'amour, je brûle de jalousie.

Quel homme éprouva jamais un malheur si déplorable. Et c'est moi qui ai conduit sous mon toit, le loup cruel qui m'a ravi mon innocente brebis! Sans doute j'étais insensé! les cavaliers riches et puissans ne portent que du malheur dans la maison des pauvres. Je vois son beau visage couvert des perles qui tombent de ses yeux sur les roses de ses joues. Je la vois défendre son honneur; je l'entends, ô douleur! je l'entends gémir; je l'entends repousser son tyran. Elle se couvre de ses cheveux pour ne pas lire dans ses regards les infâmes désirs qu'il éprouve. Laissez-moi, laissez-moi, mon père : je veux mourir; je perds le sens, hélas; je me meurs d'amour, je brûle de jalousie.

NUGNE.

Tu es un homme, Sanche, qu'as-tu fait de ta raison?

SANCHE.

J'imagine, je crains des choses, dont la seule idée bouleverse mon âme. Je ne puis me dompter, je veux aller dans la chambre d'Elvire.

PÉLAGE.

Et moi à la cuisine, car avec ce dérangement je n'ai pas à moitié soupé.

NUGNE.

Entre et repose jusques à demain, don Tello n'est point un barbare.

SANCHE.

Hélas! je me meurs d'amour, je brûle de jalousie. [21].

FIN DE LA PREMIÈRE JOURNÉE.

JOURNÉE DEUXIÈME.

SCÈNE PREMIÈRE.

Appartement du palais de don Tello.

DON TELLO, ELVIRE.

ELVIRE.

A quoi bon, seigneur, me tourmenter avec tant d'obstination? Ne voyez-vous pas que j'ai de l'honneur et que c'est en vain que vous continuez vos pénibles efforts?

TELLO.

Quelle insensibilité, cruelle; tu veux donc ma mort?

ELVIRE.

Don Tello, rendez-moi à Sanche, à mon époux.

TELLO.

Il n'est point ton époux, et quelles que soient ses qualités, un vilain n'est pas digne de posséder tant de beautés? Mais quand je serais Sanche, quand il serait ce que je suis, comment pourrais-tu porter la cruauté au point de me traiter aussi mal? Ne vois-tu pas que c'est l'amour qui me conduit?

ELVIRE.

Non, seigneur, l'amour qui oublie ce qu'il doit à

la vertu n'est plus qu'un goût ignoble, un appétit brutal qui ne mérite point un si doux nom ; l'amour est l'union de la volonté avec celle de l'objet aimé, et l'aveugle passion qui n'est point accompagnée de respect n'est, ni ne peut être l'amour.

TELLO.

Ce n'est point l'amour?

ELVIRE.

Écoutez, don Tello ; hier vous me vîtes un moment ; avez-vous eu le temps de sentir de l'amour? avez-vous su ce que vous désiriez? Est-ce là ce sentiment né d'un vif désir, faible d'abord, mais s'augmentant par l'espérance et les faveurs qui le conduisent au bonheur? non, seigneur, vous ne m'avez point aimée, vous avez désiré de m'ôter cet honneur qui fait toute mon existence. Tout ce que vous voulez, c'est ma honte, et moi je saurai me défendre.

TELLO.

Puisque je trouve autant d'obstacle dans ta raison que dans la force de tes bras, écoute [22].

ELVIRE.

Aucun raisonnement ne pourra réduire ma volonté ?

TELLO.

Tu crois, qu'on ne peut un même instant, voir, désirer, et chérir.

ELVIRE.

Non, sans doute.

TELLO.

Ne connais-tu pas la puissance d'un seul regard du basilic.

ELVIRE.

Eh bien!

TELLO.

Tel a été l'effet de la beauté.

ELVIRE.

Oui, mais le basilic donne la mort : il la donne par haine, et c'est de l'affection que vous osez attendre de moi [23]. Cessons des raisonnemens inutiles, seigneur. Je suis femme; j'en aime un autre; vous n'obtiendrez rien de moi.

TELLO.

Puis-je croire qu'une villageoise s'exprime ainsi? C'est du moins en toi une folie de montrer tant de raison, car plus je te vois parfaite, plus je deviens amoureux. Que n'es-tu née mon égale! mais tu vois bien que la bassesse de ta naissance serait un affront pour ma noblesse, et qu'il ne conviendrait pas d'unir la bure qui te couvre au brocard d'or de mon manteau. Dieu m'est témoin que mon amour voudrait franchir ces bornes; mais le monde a donné ces lois et je dois m'y soumettre.

(Félicie entre.)

FÉLICIE.

Pardonne, mon frère, si je suis plus compatissante que tu le désirerais. Écoute...... De quoi te fâches-tu?

TELLO.

Que tu es importune!

FÉLICIE.

Importune, soit; je suis femme et je puis juger que ton entêtement passe les bornes; attends quelques jours. Quoique tu sois un César en amour, venir voir, et triompher, ne sont point des succès qu'on obtienne près de nous.

TELLO.

Et c'est toi, ma sœur, qui viens...

FÉLICIE.

Quelle rigueur envers cette pauvre fille !

(On entend frapper.)

ELVIRE.

Madame, prenez pitié de moi.

FÉLICIE.

Tello, si elle dit non aujourd'hui, elle pourra dire oui demain. Prends patience, ta conduite est vraiment cruelle; reposez-vous, et vous reviendrez ensuite au combat.

TELLO.

Et n'est-elle pas plus cruelle, elle qui veut m'ôter la vie ?

(On entend frapper.)

FÉLICIE.

Tais-toi, tu es à présent en colère; Elvire ne te connaît pas, ta présence l'intimide encore, laisse-la quelques temps s'accoutumer à ta société et à la mienne.

(On entend frapper.)

ELVIRE.

Puissent mes larmes, noble Félicie, vous engager à intercéder pour mon honneur!

FÉLICIE.

Je dois te dire encore que depuis près d'une heure, son vieux père et son époux appellent à la porte : il est juste, il est même nécessaire qu'ils la trouvent ouverte, parce que s'ils ne peuvent entrer, ils seront sûrs qu'Elvire est chez toi.

TELLO.

Tout le monde prend à tâche de m'irriter. Cache-toi là-dedans, Elvire, et toi, fais entrer ces deux misérables.

ELVIRE.

Grâces au ciel, vous me laissez un moment de repos.

TELLO.

De quoi te plains-tu? N'as-tu pas eu le pouvoir de m'arrêter?

(Elvire se cache.)

FÉLICIE.

Holà! quelqu'un?

CÉLIO, en dedans.

Madame.

FÉLICIE.

Appelez ces deux laboureurs. Et toi, songe qu'il importe à ton honneur de les bien accueillir.

(Nugne et Sanche entrent.)

NUGNE.

Baisant le seuil de votre noble maison, car nous ne sommes pas dignes de baiser vos pieds, nous venons vous rendre compte de ce qui se passe avec la simplicité qui convient à notre ignorance. Sanche, qui se marie avec ma fille Elvire, et dont vous daignez être le parrain, vient se plaindre à vous du plus sanglant outrage que la bouche d'un homme puisse rapporter.

SANCHE.

Magnanime seigneur, devant qui ces nobles montagnes abaissent leurs fronts couverts de neige, et pour qui elles font couler de leurs flancs ces fontaines pures qui fertilisent vos prairies, par le conseil de Nugne et de ses parens, plein de confiance dans votre divin mérite, je vins vous parler de mon mariage; vous m'accordâtes votre agrément, et vous voulûtes honorer notre humilité par votre illustre présence. Je crois qu'il vous suffit d'avoir été dans la maison de Nugne, pour que vous soyez obligé de me venger, de vous venger vous-même d'un attentat si horrible, qu'il pourrait ternir, s'il restait impuni, jusques à la splendeur de votre nom. Si jamais l'amour a rempli votre cœur de la douce espérance de posséder l'objet de vos désirs, vous pouvez imaginer, seigneur, ce que vous souffririez si vous en étiez privé.

Moi qui ne suis qu'un laboureur de ces campagnes, j'ai cependant le cœur d'un cavalier, et je ne suis pas tellement accoutumé aux travaux des champs que je ne sache aussi manier une épée; en apprenant cette horrible nouvelle je ne pus me contenir; je sentis mon honneur offensé encore; que je n'eusse pas reçu la main d'Elvire, celui qui a donné sa parole est déjà marié. Je me plaignis à tout du malheur que j'éprouvais; je dis à la lune, que tu es heureuse de ne jamais perdre les rayons du soleil qui t'éclaire! quelque élevés que soient les nuages, sous quelque forme qu'ils se déguisent, ils ne peuvent anéantir ton éclat. Je courus dans nos prairies, je m'irritai contre les vignes, dont les embrassemens amoureux étreignaient les arbres du rivage; je brisai leurs nœuds; j'arrachai leurs rameaux fleuris comme un monstre a rompu mes liens, a flétri les fleurs de ma destinée; j'entendis dans l'obscurité le murmure lointain de la fontaine, je crus entendre les gémissemens de mon amante enlevée; un arbre s'élevait au-dessus des autres; il semblait, l'audacieux géant, me mépriser en me voyant ramper à ses pieds; ma hache l'abattit : revenu à la raison, c'est à vous, seigneur, que j'ose m'adresser.

On dit dans le village (mais, étant ce que vous êtes, c'est une calomnie), on dit qu'aveuglément amoureux de ma femme, c'est vous qui en êtes le ravisseur, et qu'elle est cachée dans ce palais. Taisez-vous, malheureux, leur ai-je dit; respectez don Tello, mon seigneur; il est l'honneur et la gloire de la maison de Neyra [24]; il est mon parrain, il doit honorer ma noce de sa présence.

Charitable et bon autant que sage, seigneur, vous ne souffrirez pas ma honte, qui serait la vôtre, et l'épée au poing, s'il le faut, vous ferez rendre à Sanche son épouse, à Nugne sa fille chérie.

TELLO.

Je suis sincèrement affligé, mon cher Sanche, d'une telle audace, et le scélérat qui t'a enlevé Elvire, et qui la retient chez lui, ne restera point sans punition dans mes terres. Prends des informations, et sache quel est celui dont le fol amour ou la secrète inimitié a osé nous offenser ainsi; si je le connais, je te ferai justice. Quant aux paysans

JOURNÉE II, SCÈNE I.

qui osent mal parler de moi, je ferai châtier leur insolence. Allez, que Dieu vous protége.

SANCHE, bas à Nugne.

La jalousie m'entraîne.

NUGNE, bas à Sanche.

Sanche, au nom de Dieu, contiens-toi.

SANCHE.

Oui, je sais que j'expose ma vie, mais....

TELLO.

Vous me ferez connaître qui sont ceux qui me calomnient.

SANCHE, à part.

Quelles étranges pensées me tourmentent!

TELLO.

Je ne sais où elle est ; si je le savais, elle vous serait rendue, ainsi le ciel conserve ma vie !

(Elvire paraît.)

ELVIRE.

Il le sait, le parjure ! Mon cher époux, c'est Tello qui me retient ici cachée.

SANCHE.

Ma femme, mon bien, ma vie !

TELLO.

Malheureuse ! tu veux donc me déshonorer !

SANCHE.

Que n'ai-je pas souffert pour toi ?

NUGNE.

Ah ! ma fille, à quel état m'avait réduit ton absence ! Ma tête n'était plus à moi.

TELLO.

Arrêtez, vilains! Éloignez-vous.

SANCHE.

Laissez-moi la serrer dans mes bras; songez que je suis son époux.

TELLO.

Jules! Célio! à moi! Tuez ces gens-là.

FÉLICIE.

Prends pitié d'eux, mon frère : ils ne sont point coupables.

TELLO.

Fussent-ils mariés, cette insolence est un crime; tuez-les.

SANCHE.

Quelque amère que soit la mort à celui que tu aimes, je cesserai de vivre avec plaisir, si j'expire près de toi.

ELVIRE.

Je brave également et la mort et la vie.

SANCHE.

Ma chère Elvire, mon trésor, je me laisserai tuer.

ELVIRE.

Je saurai me conserver pure, dût-on me donner mille morts.

TELLO.

Et devant moi leur tendresse se montre et redouble! Quel affreux supplice! Jules! Célio! viendrez-vous?

JULES.

Seigneur.

TELLO.

Assommez-les à coups de bâton.

CÉLIO.

Qu'ils meurent.

(Ils chassent Nugne et Sanche, et sortent après eux.)

TELLO.

En vain tes larmes, tes plaintes espéreraient d'obtenir quelque grâce de ma fureur. Déjà je pensais à te rendre ; mais tu as osé parler avec une telle insolence que tu seras à moi, fût-ce par la force, ou je ne serai pas l'homme que je suis [25].

FÉLICIE.

Mon frère, je suis ici.

TELLO.

Il faut que je lui arrache l'honneur ou la vie [26].

FÉLICIE.

Comment pouvoir la délivrer d'un homme hors de lui !

(Ils sortent.)

SCÈNE II.

Rue devant le palais de don Tello.

NUGNE, SANCHE, CÉLIO et JULES les poursuivant.

JULES.

C'est ainsi que des vilains reçoivent le salaire de leur témérité.

CÉLIO.

Sortez du palais. *(Il sort avec Jules.)*

SANCHE.

Tuez-moi, écuyers..... Et je n'avais pas une épée!

NUGNE.

Ah! mon fils, cet homme sans frein te fera assassiner. Je le redoute.

SANCHE.

Qu'importe? Est-il bon de vivre?

NUGNE.

Oui; le temps peut nous apporter des secours.

SANCHE.

Vive Dieu! je ne sortirai point de ces lieux. Que l'on m'y tue, si l'on veut; je ne veux point de vie sans Elvire.

NUGNE.

Vis pour demander justice. La Galice a un roi, et au-dessus de son tribunal tu pourras encore la réclamer de Dieu.

(Pélage entre.)

PÉLAGE.

Ah! les voilà.

SANCHE.

Qui est là.

PÉLAGE.

Pélage, qui vient plein de joie. Bonnes nouvelles.

SANCHE.

De bonnes nouvelles à présent!

PÉLAGE.

Bonnes nouvelles, vous dis-je.

SANCHE.

Que viens-tu dire ? Je meurs de rage, et mon père expire de douleur.

PÉLAGE.

Bonnes nouvelles !

NUGNE.

Ne sais-tu pas qu'il est fou ?

PÉLAGE.

Elvire n'est plus cachée.

SANCHE.

Oh ciel ! mon père, l'aurait-il rendue ? Que dis-tu, mon cher Pélage.

PÉLAGE.

Qu'on raconte dans tout le bourg que depuis hier, à minuit, elle est dans la maison de don Tello.

SANCHE.

Maudit sois-tu !

PÉLAGE.

Et l'on regarde comme une chose sûre qu'il ne la lâchera pas.

NUGNE.

Mon fils, pensons au remède à apporter à tant de maux. Alfonse, roi de Castille par sa valeur, réside à présent à Léon [27]. Il est bon et justicier. Va à la cour : informe-le de l'injure que tu as reçue. Vas-y ; j'ai un pressentiment que nous obtiendrons vengeance.

SANCHE.

Ah ! mon père ! je suis bien sûr que le roi de Castille est un prince parfait. Mais comment un grossier laboureur comme moi pourra-t-il pénétrer auprès de lui. Quelle est la cour du palais dans laquelle mes pas oseront s'imprimer ? Quel portier souffrira que j'entre ? Là on ouvre les portes au drap d'or, au brocard, aux suites nombreuses ; mais les pauvres, on leur permet de regarder les armoiries qui décorent les entrées, et ils ne doivent pas même s'en approcher de trop près. Si j'arrive à Léon, que je tente de parvenir dans le palais, vous verrez que mes épaules seront bientôt meurtries par les hampes des hallebardes. Quant aux suppliques que daigne accueillir la bonté, la piété du roi, elles tombent bientôt dans l'oubli. J'irai à Léon, j'aurai vu des dames, des cavaliers, des églises, le palais, le parc ; j'en reviendrai sans avoir réussi, plus malheureux encore, pour passer le reste de ma vie entre les sapins, les chênes et les rochers.

NUGNE.

Sanche, je sais que je te donne un bon conseil. Va parler au roi Alfonse. D'ailleurs, si tu restes ici, je crains que Tello n'ose attenter à tes jours.

SANCHE.

Ce serait mon seul désir.

NUGNE.

Tu connais mon cheval châtain qui pourrait disputer au vent le prix de la légèreté [28], tu le monteras ; Pélage te suivra sur le cheval auber.

SANCHE.

Puisque vous le voulez, j'obéirai. Pélage veux-tu venir avec moi à Léon ?

PELAGE.

Moi, je suis si content de voir ce que je n'ai jamais

vu, que je vous rends mille grâces de vouloir bien m'emmener. On dit que la capitale est un séjour de délices; que les rues y sont pavées d'omelettes et de beignets; que le vin y coule; que tous les étrangers y sont régalés comme s'ils étaient d'Allemagne, d'Italie ou de Maroc; on dit que c'est un sac où la fortune réunit pêle-mêle toutes les pièces de l'échiquier. Allons à la cour.

SANCHE.

Adieu, mon père; je vais partir. Donnez-moi votre bénédiction.

NUGNE.

Mon fils, tu es sage et raisonnable; parle au roi avec courage.

SANCHE.

Vous saurez ce que je puis oser pour mon épouse. Partons.

NUGNE.

Adieu, mon fils.

SANCHE.

Adieu, mon Elvire.

PÉLAGE.

Adieu, mes chers petits cochons.

(Ils sortent.)

SCÈNE III.

Salle du palais de don Tello.

DON TELLO, FÉLICIE.

TELLO.

Je ne pourrai donc posséder cette inflexible beauté!

FÉLICIE.

Tello, pourquoi t'opiniâtrer ainsi? Tu vois qu'elle ne cesse pas de pleurer. Tu la retiens dans cette tour; n'imagines-tu pas que lors même qu'elle t'aimerait ce traitement t'attirerait sa haine? Tu es barbare pour elle, comment veux-tu qu'elle soit humaine pour toi? Songes-y, c'est une folie que de montrer de la rigueur à ceux de qui on attend des complaisances.

TELLO.

Moi, avoir le malheur et la honte de me voir méprisé, moi qui suis dans cette contrée, le plus puissant, le plus riche et le plus généreux!

FÉLICIE.

Occupe-toi d'autres soins, et ne sois pas ainsi esclave de l'amour d'une paysanne.

TELLO.

Ah! Félicie! Tu ne sais ce que c'est que l'amour, tu n'en as point éprouvé la rigueur.

FÉLICIE.

Attends du moins encore jusqu'à demain; je lui parlerai, je tâcherai d'adoucir cette femme.

TELLO.

Ce n'est point une femme, c'est un monstre puisqu'elle est si cruelle envers moi. Écoute, promets-lui de l'argent, de l'or, des bijoux autant que tu voudras. Dis-lui que je lui donnerai un trésor : les femmes savent toujours faire ces offres avec plus de délicatesse. Annonce-lui des cadeaux, des habits, les plus riches étoffes de la Lombardie. Dis-lui qu'elle aura des terres, des troupeaux, et que si elle était mon égale....

FÉLICIE.

Est-il possible que tu me dises....

TELLO.

Oui, ma sœur; je suis dans une telle situation qu'il faut que je me donne la mort ou que je la possède. Ou mon trépas ou mon bonheur doivent mettre une fin à cette douleur que je ne puis plus soutenir.

FÉLICIE.

Je lui parlerai sans trop compter sur le succès.

TELLO.

Que dis-tu ?

FÉLICIE.

Que la résistance d'une fille vertueuse ne cède point à de tels intérêts.

TELLO.

Va vite et donne quelque encouragement à mes espérances. (*A part.*) Mais une fois que ma constance aura obtenu ce que je veux, tout l'amour que j'ai eu pour elle se changera en désir de me venger.

(Ils sortent.)

SCÈNE IV.

Salle du palais des rois de Castille, à Léon.

LE ROI, LE COMTE, DON ENRIQUE, GARDES.

LE ROI.

Tout se dispose à Tolède pour la campagne que je projette ; d'après les lettres du roi d'Aragon je suis tranquille de ce côté [29]. Sachez, comte, si tous les citoyens et les soldats qui m'ont présenté des demandes ont reçu des réponses. Voyez aussi s'il n'y a personne qui veuille me parler.

LE COMTE.

Tout a été expédié ; rien ne reste en arrière.

ENRIQUE.

J'ai vu couché devant la porte un laboureur galicien qui m'a paru profondément affligé.

LE ROI.

A ma porte ? Et qui donc ose la tenir fermée à un pauvre ? Allez, Enrique de Lara, et vous-même le conduirez devant moi.

(Enrique sort.)

LE COMTE.

Vertu héroïque et rare, pitié généreuse, clémence, observation des lois saintes ! Alfonse est l'exemple des rois.

(Enrique rentre suivi de Sanche et de Pélage.)

ENRIQUE.

Laissez vos bâtons [30].

SANCHE.
Pélage, range-les près de la muraille.

PÉLAGE.
Que le ciel dirige vos pas [31] !

SANCHE.
Quel est le roi, seigneur ?

ENRIQUE.
Celui qui dans ce moment porte la main sur sa poitrine.

SANCHE.
Content du bien qu'il a fait, il peut l'y porter avec confiance. Ne crains pas, Pélage.

PÉLAGE.
Les rois sont comme l'hiver : ils font trembler.

SANCHE.
Sire...

LE ROI.
Parle, rassure-toi.

SANCHE.
Vous qui tenez l'Espagne sous vos lois...

LE ROI.
Dis-moi qui tu es et d'où tu viens.

SANCHE.
Donnez-moi votre main à baiser, grand prince, pour qu'elle ennoblisse ma bouche ; si mes lèvres peuvent en approcher, mes discours seront plus dignes de vous.

LE ROI.
Tu baignes ma main de larmes. Quel sujet ?...

SANCHE.

Mes yeux, jaloux de ma bouche, ont voulu vous exprimer les premiers la demande que j'ose vous faire de châtier un homme puissant, mon ennemi.

LE ROI.

Prends courage, ne pleure point. Sache que, si je suis bon et compatissant, je sais aussi payer ce que je dois à la justice. Dis, quel est celui qui a eu la lâcheté d'offenser le malheureux.

SANCHE.

Les rois sont les pères de leurs sujets, ils doivent pardonner les larmes à leurs enfans [32].

LE ROI.

Avant de se plaindre il m'a déjà attendri.

SANCHE.

Sire, je suis un laboureur noble, pauvre il est vrai par des revers de fortune dont j'ai souffert dès le berceau. J'ai recherché mon égale en mariage, et pour ne point manquer à mes obligations, j'ai fait part de mon hymen avec plus de franchise que d'adresse, à don Tello de Neyra, seigneur de mon pays, et lui ai demandé son agrément. Il me l'accorde avec générosité, veut assister à ma noce; mais l'amour, qui peut conduire à des folies l'homme le plus sage, l'aveugle, et lui inspire la plus violente passion pour ma bien-aimée. Il m'empêche de me marier, et la nuit même, suivi d'une troupe de gens armés, il l'enlève, il me laisse sans espérance, sans protection que la vôtre et celle du ciel. C'est au ciel et à vous, sire, que je m'adresse. Son père et moi nous la lui avons demandée avec larmes, et il nous a repoussés avec tant de cruauté, qu'au lieu de percer nos cœurs d'un noble acier, la dépouille des chênes a été l'arme avilissante dont nous avons essuyé les coups.

LE ROI.

Comte ?

LE COMTE.

Ordonnez, sire.

LE ROI.

Approchez sur-le-champ une table, de l'encre, du papier.

LE COMTE.

Les voilà, sire.

(Il avance un bureau.)

SANCHE, à Pélage.

Tant de vertu m'impose et m'étonne. Pélage, j'ai parlé au roi !

PÉLAGE, à Sanche.

Sur ma foi, c'est un brave homme.

SANCHE.

Et des seigneurs de nos villages peuvent être cruels envers leurs inférieurs !

PÉLAGE.

Les rois de Castille doivent être des anges habillés comme des hommes. Don Tello a dans la tapisserie d'une de ses salles un roi fait d'autre manière. L'air refrogné, les bas sur les talons, un bâton à la main, une coiffure comme une lanterne surmontée d'une couronne en or, et une barbe comme celle d'un Maure. Je demandai à un page ce qu'était cette figure, il me répondit que c'était le roi Bahut.

SANCHE.

C'est le roi Saül.

PÉLAGE.

Oui, celui qui poursuivait David, ce David qui, comme disait le curé à l'église, cassa la mâchoire avec un bon caillou [33] à un géant qu'on appelait Olias.

SANCHE.

Goliath. Tu es un imbécile.

PÉLAGE.

C'est ce que disait le curé.

LE ROI, se levant.

Comte, fermez cette lettre. Comment t'appelles-tu, bon laboureur?

SANCHE.

Je suis Sanche de Roélas [34], sire, qui, me confiant dans votre piété, vous ai demandé justice d'un homme qui, enivré de son pouvoir, m'a enlevé ma femme, et m'eût peut-être ôté la vie.

LE ROI.

Il est donc bien puissant en Galice?

SANCHE.

Depuis les côtes de ce royaume jusqu'à la tour romaine d'Hercule son pouvoir est respecté. S'il est irrité contre un homme, le ciel seul peut être le recours de l'opprimé. Don Tello fait, défait les lois. Tels sont les usages de nos superbes infançons [35] lorsqu'ils habitent loin des yeux du roi.

LE COMTE.

La lettre est cachetée.

LE ROI.

Mettez l'adresse : A don Tello de Neyra.

SANCHE.

Sire, vous me rendez la vie.

LE ROI.

Tu lui remettras cette lettre, et il te rendra ta femme.

SANCHE.

Jamais cette main si généreuse n'accorda un bienfait plus grand.

LE ROI.

Es-tu venu à pied ?

SANCHE.

Pélage et moi sommes venus à cheval.

PÉLAGE.

Et nous les avons fait courir comme le vent, et plus vite encore. Le mien, à la vérité, a des manières peu agréables : il ne se laisse pas monter, se roule sur le sable et dans les ruisseaux, court comme un médisant, mange plus qu'un étudiant, et ne peut passer devant une auberge sans s'arrêter.

LE ROI.

Tu es un bon homme.

PÉLAGE.

Tel que je suis, j'ai quitté mon pays pour vous voir.

LE ROI.

As-tu quelque plainte à me porter ?

PÉLAGE.

Je ne me plains que de mon cheval.

LE ROI.

N'as-tu rien à désirer ? dans tout ce qui est suspendu à ces murailles, vois-tu quelque chose que tu voulusses emporter chez toi ?

PÉLAGE.

Il n'y aurait pas de place ; envoyez-les à don Tello, qui en a trois ou quatre dans son palais.

LE ROI.

Ce villageois est plaisant. Dis, quel métier fais-tu dans ton pays ?

PÉLAGE.

Sire, je parcours les montagnes en qualité de cocher de Nugne d'Aybar.

LE ROI.

Cocher ! il y a des cochers en Galice ?

PÉLAGE.

Je ne dis point cela ; je garde les cochons.

LE ROI.

Comment le même pays peut-il réunir deux hommes aussi remaquables, l'un par sa sagesse, l'autre par sa simplicité [36] ! (*A Pélage, en lui donnant une bourse.*) Tiens.

PÉLAGE.

Elle n'est pas bien grosse.

LE ROI.

Prends, c'est de l'or ; et toi, Sanche, prends la lettre, et que le ciel protége votre voyage.

(*Il sort avec les courtisans.*)

SANCHE.

Puisse-t-il, grand roi, vous bénir à jamais !

PÉLAGE, à Sanche.

Voyez.

SANCHE.

De l'argent !

PÉLAGE.

Et en quantité.

SANCHE.

Ah! Elvire, tout mon bonheur est renfermé dans ce papier; je crois déjà en voir sortir les trésors de ta beauté, le bonheur de ma vie [37].

(Ils sortent.)

SCÈNE V.

Salle du palais de don Tello.

DON TELLO, CÉLIO.

CÉLIO.

D'après vos ordres, je me suis informé de ce paysan, et quoique Nugne me le niât d'abord, je l'ai forcé, par mes menaces, à me tout avouer; il n'est plus dans la vallée; depuis plusieurs jours il est parti.

TELLO.

C'est étrange.

CÉLIO.

On dit qu'il a été à Léon.

TELLO.

A Léon !

CÉLIO.

Oui, accompagné de Pélage.

TELLO.

Pourquoi faire ?

CÉLIO.

Pour parler au roi.

TELLO.

A quel titre ? Il n'est point le mari d'Elvire. Il n'a point reçu d'offense ; si Nugne se plaignait, on pourrait trouver les moyens d'excuser cette insolence ; mais Sanche !

CÉLIO.

Je vous répète ce que m'ont dit les pasteurs de vos troupeaux ; et comme Sanche a de l'esprit, du courage et de l'amour, je ne m'étonne point, seigneur, de ce qu'il a osé tenter.

TELLO.

Et il a cru sans doute que rien n'était plus aisé que d'aller, en arrivant à Léon, parler à un roi de Castille ?

CÉLIO.

Alfonse ayant été élevé en Galice, par le comte de Castro [38], on ne refusera la porte de son palais à aucun Galicien quelque basse que soit sa condition.

(On entend frapper.)

TELLO.

Célio, quelqu'un appelle, vois qui c'est. N'ai-je donc point de pages dans cette salle ?

CÉLIO, sort et rentre.

Grand Dieu ! seigneur, c'est Sanche, le laboureur dont nous venons de parler.

TELLO.

Quelle insolente audace !

CÉLIO.

Recevez-le, seigneur, entendez ses demandes, je vous en supplie par ce que vous avez de plus cher.

TELLO.

Dis-lui d'entrer. Je l'attends.

(Célio sort et rentre avec Sanche et Pélage.)

SANCHE.

Vous me voyez à vos pieds, seigneur.

TELLO.

Où donc as-tu été, Sanche, tu es absent depuis plusieurs jours.

SANCHE.

Ces jours m'ont paru des années. Voyant que soit par amour, soit peut-être pour montrer votre fermeté, vous reteniez mon Elvire, j'ai été m'adresser au roi, au juge suprême qui peut rendre justice à l'offensé.

TELLO.

Et qu'as-tu dit au roi de moi?

SANCHE.

Que votre seigneurie m'a ravi mon épouse.

TELLO.

Tu mens, vilain, elle n'était point ta femme. Le curé était-il entré?

SANCHE.

Il connaissait notre volonté; et c'est assez.

TELLO.

S'il n'a point uni vos mains, comment pourrait-il exister entre vous un mariage?

SANCHE.

Que nous fussions mariés ou non, ce n'est point le lieu de le discuter. Le roi m'a remis pour vous cette lettre écrite en entier de sa main.

TELLO.

Je tremble de rage.

(Il lit.)

« Aussitôt que vous aurez reçu cette lettre, vous » rendrez à ce pauvre laboureur, sans aucune ré- » plique, la femme que vous lui avez enlevée. Sou- » venez-vous que c'est lorsqu'ils sont éloignés des » rois, que l'on reconnaît les vassaux fidèles et sou- » mis, et que les rois ne sont jamais loin, lorsqu'ils » doivent châtier les méchans. »

« Moi, le Roi. »

Qu'as-tu porté là, malheureux!

SANCHE.

Je vous ai porté, seigneur, la lettre que le roi m'a donnée.

TELLO.

Vive Dieu! je suis étonné de ma clémence. Penses-tu, vil pâtre, que je craigne que ton audace ne me fasse tort? Sais-tu qui je suis?

SANCHE.

Oui, seigneur; c'est parce que je connais votre loyauté que je vous ai porté l'ordre de me rendre mon épouse. Il ne vous fait aucun tort; il est au contraire une preuve de l'indulgence du roi.

TELLO.

Songe que ce n'est que par respect pour lui que je ne vous fais pas à l'intant tous les deux....

PÉLAGE.

Moi aussi ! saint Blaise ! saint Paul !

TELLO.

Pendre à deux créneaux de mon palais. (39) Sortez-en tout de suite, et ne restez point dans mes états, ou je vous ferai mourir sous le bâton. Scélérats ! insolens ! des hommes de bas lignage osent s'attaquer à moi !

PÉLAGE.

Sa seigneurie dit bien ; vous avez eu tort de lui donner ce chagrin.

TELLO.

Vilains, s'il m'a plu de vous enlever cette femme, je suis qui je suis, je suis roi chez moi, on y obéit à mes volontés, comme en Castille à celles d'Alfonse. Ce n'est point aux rois castillans que mes ancêtres devaient ces terres, ils les conquirent sur les Maures.

PÉLAGE.

Sans doute, il les ont prises aux Maures et même aux chrétiens, et mon seigneur ne doit rien au roi.

TELLO.

Comme je suis don Tello....

PÉLAGE.

Saint Macaire ! comment finira ceci ?

TELLO.

Je me vengerai moi-même. Vous donner Elvire! Elvire! Il faut que je les tue; mais non, ce serait une honte pour moi de salir ma noble épée dans le sang de ces vilains.

(Il sort avec Célio.)

PÉLAGE.

Au nom de Dieu! ne la salissez pas.

SANCHE.

Eh bien, Pélage?

PÉLAGE.

Eh bien! nous sommes bannis de la Galice.

SANCHE.

Je perds le sens. Quoi! cet homme imagine, parce qu'il a quelques douzaines de vassaux, qu'il peut désobéir au roi! Vive Dieu!...

PÉLAGE.

Contenez-vous, Sanche; songez qu'il ne faut jamais avoir ni querelles avec les grands, ni amitié avec leurs domestiques.

SANCHE.

Retournons à Léon.

PÉLAGE.

J'ai encore là les doublons que le roi m'a donnés, partons.

SANCHE.

Je lui rendrai compte de ce qui est arrivé. Oh! mon Elvire! si j'avais pu du moins te voir? Allez, mes tendres soupirs, et en attendant que je revienne, dites-lui que je meurs d'amour.

PÉLAGE.

Marchons, Sanche; cet homme n'a point encore triomphé de la résistance de votre maîtresse.

SANCHE.

Mon cœur me le dit; mais toi, comment sais-tu...

PÉLAGE.

C'est qu'il nous l'aurait rendue tout de suite.

(Ils sortent.)

FIN DE LA DEUXIÈME JOURNÉE.

JOURNÉE TROISIÈME.

SCÈNE PREMIÈRE.

Une salle du palais du roi.

LE ROI, LE COMTE, DON ENRIQUE.

LE ROI.

Comte, le ciel sait quel cas je fais de l'attachement de ma mère.

LE COMTE.

Je respecte vos motifs, sire; vous montrez en tout vos divines qualités; cependant...

LE ROI.

Ma mère, il est vrai, m'a grièvement offensé; mais elle est ma mère, et je ne vois que les devoirs d'un fils.

(Sanche et Pélage entrent.)

PÉLAGE.

Vous pouvez l'aborder.

SANCHE.

Je vois, Pélage, celui à qui je donne toute mon âme : ce soleil de Castille, ce Trajan, cet Hercule chrétien, ce César de l'Espagne.

PÉLAGE.

Je n'entends point l'histoire, ni toutes ces litanies ; mais je vois dans ses mains beaucoup de raies qui présagent des victoires. Allez lui rendre hommage, et baiser ces mains puissantes.

SANCHE.

Souverain empereur, invincible roi de Castille, permettez-moi de me jeter à vos pieds ; et puissiez-vous bientôt y voir les couronnes de Grenade et de Séville [40]. Me reconnaissez-vous ?

LE ROI.

Tu es ce Galicien qui vint, il y a quelques jours, me demander une grâce.

SANCHE.

C'est moi-même.

LE ROI.

Rassure-toi.

SANCHE.

C'est avec un profond regret, sire, que je reviens importuner votre bonté ; mais je n'ai pu m'en empêcher, et si je suis grossier en vous fatiguant de mes plaintes, vous serez empereur en pardonnant à celui qui vient encore vous demander justice.

LE ROI.

Raconte-moi tes peines ; je t'écoute avec attention, car le faible auprès de moi est toujours recommandé.

SANCHE.

Invincible roi, je remis votre lettre à don Tello de Neyra, pour que, suivant la justice et vos ordres, il me rendît ma bien-aimée. Il la lut, et ne la respecta pas. Irrité au dernier point, loin de me donner celle que j'aime, des outrages nouveaux furent le prix que nous reçumes d'avoir osé lui porter votre volonté ; ce paysan et moi fûmes menacés de telle manière, que nous regardâmes comme un miracle de ne point y perdre la vie. Je fis quelque démarches pour n'avoir point à fatiguer encore votre inépuisable bonté. Le curé, personnage vénérable et respecté, un saint homme, abbé de Saint-Pélage de Samos [41], le prièrent d'avoir pitié de moi, rien ne put ébranler son cœur. Il ne me permit pas même de la voir, ce qui m'eût donné quelque consolation. Je suis alors revenu en votre présence sacrée, et vous demande, sire, justice, comme je la demanderais à Dieu, dont vous êtes l'image puisque vous l'imitez.

LE ROI.

Une lettre de ma main ! Il la déchira, peut-être ?

SANCHE.

Pour augmenter votre colère, je pourrais l'en accuser, mais Dieu me préserve d'employer le mensonge. Il lut votre lettre et ne la déchira pas; mais il ne voulut point exécuter l'ordre qu'elle contenait [42].

LE ROI.

Ta manière de sentir et de t'exprimer montre qu'un sang noble coule dans tes veines, et que d'illustres parens t'ont donné l'existence. Maintenant il faut que je porte à la fois remède à tout. Comte, Enrique ?

LE COMTE ET ENRIQUE.

Nous voilà, sire.

LE ROI.

Je vais partir pour la Galice ; je dois faire justice et me faire respecter, mais que ce soit un secret.

LE COMTE.

Sire....

LE ROI.

Ne répondez pas. Faites conduire des relais à la porte du parc ; vous m'accompagnerez tous deux.

LE COMTE.

Vous la laissez ouverte au peuple ; on saura.....

LE ROI.

Les gentilshommes de ma chambre diront que je suis malade.

ENRIQUE.

J'oserai avoir un autre avis.

LE ROI.

Ma résolution est prise ; vos observations sont superflues.

LE COMTE.

Que votre voyage se diffère d'un ou deux jours, afin que l'on puisse répandre le bruit de la maladie que vous feignez.

LE ROI.

Bons laboureurs...

SANCHE.

Sire.

LE ROI.

Offensé de la violence et de l'opiniâtreté de don Tello, je vais moi-même le châtier.

SANCHE.

Vous, sire, vous abaisseriez jusque-là votre couronne?

LE ROI.

Partez sur-le-champ; disposez la maison de votre beau-père, pour me recevoir; ne dites, ni à lui, ni à personne ce qui se passe, et souvenez-vous que je vous ordonne le silence sous peine de la vie.

SANCHE.

Sire, soyez sûr de mon obéissance.

LE ROI.

Écoute, toi, bon homme; si l'on te demande qui je suis, dis à tout le monde : c'est un gentilhomme Castillan. Bouche close, entends-tu? aie toujours les doigts sur les lèvres.

PÉLAGE.

Je les fermerai si bien, que je ne me permettrai pas de bâiller. Mais j'ose espérer, sire, que vous me permettrez cependant de manger de temps en temps.

LE ROI.

Je n'ai point entendu te le défendre.

SANCHE.

Permettez-moi, sire, de vous représenter que c'est trop honorer ma bassesse. Envoyez, pour faire justice, un de vos alcades.

LE ROI.

LE MEILLEUR ALCADE EST LE ROI.

(Ils sortent.)

SCÈNE II.

Extérieur du palais de don Tello.

NUGNE, CÉLIO.

NUGNE.

Je pourrai donc lui parler.

CÉLIO.

Oui, don Tello l'a permis.

NUGNE.

C'est sans doute le prix de sa faiblesse ; que m'importe de la voir, si mon malheur est à ce point ?

CÉLIO.

Vous n'avez rien à craindre : elle résiste avec courage, et avec cette intrépidité de femme d'autant plus forte qu'elle est attaquée avec plus d'obstination.

NUGNE.

Puis-je croire que, se trouvant au pouvoir d'un homme, une enfant puisse conserver son honneur ?

CÉLIO.

C'est si vrai que, si votre Elvire voulait accepter la main de Célio, je l'épouserais, aussi sûr de son innocence que si je la prenais sous le toit paternel.

NUGNE.

Ah !... Mais quelle est la grille ?

CÉLIO.

Vous voyez de ce côté de la cour une fenêtre où elle m'a dit qu'elle viendrait.

NUGNE.

Autant que ma vue affaiblie par l'âge peut le distinguer, il me semble que j'aperçois quelque chose de blanc.

CÉLIO.

C'est elle qui vient. Approchez. Cédant à vos importunités, je vous ai ménagé cette entrevue; mais je vous quitte, je ne veux pas qu'on me voie avec vous.

(Célio sort, Elvire paraît à la fenêtre.)

NUGNE.

Est-ce ma malheureuse fille?

ELVIRE.

Quelle autre pourrait-ce être que l'infortunée Elvire?

NUGNE.

Puis-je encore te voir? Je ne parle pas des obstacles que m'opposent les murs, les grilles qui t'enferment; mais es-tu encore digne de mes regards? Malheureuse enfant! tu es à jamais déshonorée, et, quoique je t'aie donné l'existence, je ne puis plus jeter les yeux sur toi! Hélas! tu n'auras pas conservé l'honneur héréditaire que je t'ai transmis, tu auras laissé briser ce cristal précieux, mais fragile; alors ne me nomme plus ton père; envers une fille infâme, et je ne me fais point d'effort pour l dire, il ne resterait plus à un père d'autre obligation à remplir que celle de verser le sang qu'il lui a donné [43].

ELVIRE.

Mon père, si, au milieu de mes chagrins, de mes continuelles alarmes, ceux dont j'attends des consolations viennent augmenter mes douleurs, elles deviendront aussi cruelles que l'horrible situation dans laquelle je me trouve. Je suis encore votre fille; comme vous m'avez donné l'existence, ainsi vous m'avez transmis la noblesse de vos sentimens, qui maintenant peut aussi vous honorer en moi. Le tyran, il est vrai, a voulu me vaincre, mais j'ai toujours su me défendre; et le ciel, pour me seconder, m'a accordé des forces plus qu'humaines. Vous pouvez vous enorgueillir d'Elvire, et être sûr que je mourrai avant que ce brigand, malgré la rigueur avec laquelle il m'enchaîne, ait pu fléchir ma volonté, et me faire condescendre à ses infâmes désirs.

NUGNE.

Mon cœur, resserré par les soupçons, s'agrandit, fille adorée, chère Elvire, pour te recevoir de nouveau.

ELVIRE.

Qu'est devenu le pauvre Sanche, mon époux?

NUGNE.

Il est retourné auprès du roi Alfonse.

ELVIRE.

Il n'a point paru dans la ville?

NUGNE.

J'attends aujourd'hui son arrivée.

ELVIRE.

Je crains qu'on ne le tue aujourd'hui.

NUGNE.

Tant de cruauté m'épouvante.

ELVIRE.

Il jure qu'il le fera mettre en morceaux.

NUGNE.

Sanche saura se mettre à couvert.

ELVIRE.

Oh ! que ne puis-je m'élancer de cette fenêtre dans vos bras !

NUGNE.

Avec quels tendres embrassemens je te recevrais!

ELVIRE.

Mon père, on m'appelle ; il faut que je m'en aille. Adieu, adieu, mon père.

(Elle se retire.)

NUGNE.

Adieu, adieu, ma fille ; je ne te reverrai plus ; le malheur finira bientôt mes jours.

(Tello entre.)

TELLO.

Qu'est-ce donc? A qui parlais-tu?

NUGNE.

Je raconte mes douleurs aux pierres de ces murs, et elles souffrent de voir comment vous traitez un vieillard. Moins dures que votre cœur, elles n'ont point refusé à ma tristesse quelques consolations qu'elle cherche, et que mes alarmes me forcent d'éviter.

JOURNÉE III, SCÈNE II.

TELLO.

Vils paysans, vous avez beau faire des plaintes, pleurer, employer des ruses, l'objet de ma passion ne sortira point de mes mains. C'est vous qui êtes ses tyrans, vous, qui ne voulez point l'engager à céder à mes vœux. Je l'aime, je l'adore, et lorsque je meurs pour elle, pouvez-vous penser que je m'en sépare jamais? Et qu'est Elvire, après tout? Une pauvre fille des champs, qui a vécu de mon pain, comme vous en vivez tous. Je sais bien que vous croyez, d'après la faiblesse des hommes, que le pouvoir de la jeunesse, des grâces et de la beauté est plus fort que celui que donnent la naissance et la richesse, mais nous verrons.....

NUGNE.

Vous parlez bien, seigneur. Que le ciel vous conserve !

TELLO.

Sans doute, il me conservera, et il vous donnera aussi le juste prix que mérite votre déloyale conduite.

NUGNE, à part.

Se peut-il que le monde souffre qu'on se joue ainsi des lois les plus saintes? Quoi ! il faut que le pauvre abandonne son honneur, et qu'il dise encore qu'il est juste de l'outrager ! Mais Tello n'a d'autres lois que son caprice, et il a assez de pouvoir pour nous tuer.

(Il sort.)

TELLO.

Célio ?

(Célio entre.)

CÉLIO.

Seigneur ?

TELLO.

Conduis sur-le-champ Elvire au lieu que je t'ai désigné.

CÉLIO.

Réfléchissez à ce que vous allez faire, seigneur ; Voyez.....

TELLO.

Je ne vois plus rien ; l'amour m'a aveuglé.

CÉLIO.

Pardonnez ; mais songez, seigneur, que se servir de la force est une barbarie [44].

TELLO.

Que n'a-t-elle eu pitié de moi ? je n'aurais pas recours à la violence.

CÉLIO.

Sa chasteté, sa défense opiniâtre, auraient dû vous donner de l'estime pour elle.

TELLO.

Je le veux ; ne réplique pas. Maudite soit ma patience ! C'est par trop de bassesse en moi de souffrir autant de peines. Tarquin ne voulut pas attendre une heure pour satisfaire ses désirs, et une vile paysanne m'aura résisté tant de jours !

CÉLIO.

Songez aussi au châtiment de Tarquin. Prenez pour exemple le bien, et non le mal.

TELLO.

Mal ou bien, il n'importe. Il faut qu'aujourd'hui je triomphe de ses dédains. Ce n'est plus l'amour, c'est l'orgueil irrité, c'est la rage de la vengeance qui m'animent. J'ai souffert pour elle ; qu'elle souffre à son tour, et que son malheur me venge des peines que sa haine m'a fait endurer.

(Ils sortent.)

SCÈNE III.

Chambre chez Nugne.

SANCHE, PÉLAGE, JEANNE.

JEANNE.

Soyez bienvenus l'un et l'autre.

SANCHE.

Je ne sais ce qui arrivera ; mais, s'il plaît à Dieu, Jeanne, tout ira bien.

PÉLAGE.

S'il plaît à Dieu, Jeanne, il arrivera du moins qu'étant arrivés chez nous, et les chevaux ayant leur ration, tu ne me réduiras pas à envier leur sort.

JEANNE.

Tu commences déjà à m'importuner.

SANCHE.

Où est mon père [45] ?

JEANNE.

Je crois qu'il a été voir Elvire.

SANCHE.

Comment! don Tello permet qu'on lui parle?..

JEANNE.

Célio lui a dit qu'il pourrait l'entretenir par la fenêtre d'une tour.

SANCHE.

Ainsi elle est encore dans la tour?

PÉLAGE.

Peu importe, il viendra bientôt quelqu'un...

SANCHE.

Pélage, songe...

PELAGE.

J'avais oublié les doigts.

JEANNE.

Voilà Nugne.

(Nugne entre.)

SANCHE.

Mon père!

NUGNE.

Mon fils! Comment as-tu fait ton voyage?

SANCHE.

Je reviens plus satisfait.

NUGNE.

Satisfait, et de quoi?

SANCHE.

Un juge d'information me suit.

PÉLAGE.

Oui nous menons un juge qui...

SANCHE.

Souviens-toi, Pélage...

PÉLAGE.

J'avais oublié les doigts.

NUGNE.

Mène-t-il beaucoup de monde avec lui?

SANCHE.

Deux hommes.

NUGNE.

Je t'en supplie, mon fils, ne fais aucune démarche; tous tes efforts seraient inutiles. Un grand seigneur puissant chez lui, en richesses, en soldats, ou séduira la justice, ou nous fera assassiner dans notre maison.

PÉLAGE.

Nous assassiner? Ah! vous êtes bon. N'avez-vous pas joué à l'hombre? Eh bien, si don Tello a la manille, nous avons spadille et... [46].

SANCHE.

Pélage, es-tu dans ton bon sens?

PÉLAGE.

J'avais oublié les doigts.

SANCHE.

Ce que vous avez à faire, c'est d'arranger une chambre pour le recevoir. C'est un homme recommandable.

PÉLAGE.

Et si recommandable que je puis dire....

SANCHE.

Vive Dieu! Malheureux, si tu....

PÉLAGE.

J'avais oublié les doigts ; mais je ne dirai plus un mot.

NUGNE.

Repose-toi, mon fils ; je crains que l'amour ne te coûte la vie.

SANCHE.

Je vais voir cette tour où mon Elvire s'est montrée ; peut-être ce brillant soleil aura-t-il laissé quelque ombre sur la grille, et si je ne l'y trouve pas, mon imagination saura bien la reproduire.

(Il sort.)

NUGNE.

Quelle tendresse !

JEANNE.

Jamais femme n'a été si vivement aimée.

NUGNE.

Pélage, viens ici.

PÉLAGE.

Pardon, j'ai affaire à la cuisine.

NUGNE.

Viens, te dis-je.

PÉLAGE.

Je reviens à l'instant.

NUGNE.

Veux-tu bien venir ?

PÉLAGE.

Que me voulez-vous ?

NUGNE.

Quel est ce cavalier, juge d'information que Sanche nous amène.

PÉLAGE.

Ce cavalier que nous amenons, c'est.... (*A part.*) Que le ciel m'aide dans cet embarras! (*Haut*). C'est un homme ; un homme de sens, le teint pâle ou plutôt enflammé : grand, mais non, petit de taille. Il a une bouche... dont il se sert pour manger; un menton, de la barbe... je ne sais comment. Il est médecin... ou bien il a l'intention d'apprendre ce métier; car d'après ses ordonnances on fait des saignées, même de la jugulaire.

NUGNE.

As-tu jamais entendu un pareil animal?

(*Brito entre.*)

BRITO.

Hâtez-vous, notre maître. Trois cavaliers viennent de mettre pied à terre. Ils ont trois chevaux superbes, de beaux habits tout neufs, des bottes, des éperons et des chapeaux à plumes.

NUGNE.

Ce sont eux, sans doute. Mais un juge avec des plumes!

PÉLAGE.

C'est pour être plus léger; quand la marche de la justice n'est point arrêtée par les présens, elle va comme le vent.

NUGNE.

Qui a enseigné tout cela à cette bête?

PÉLAGE.

Je viens de la cour. De quoi vous étonnez-vous?

(*Brito et Jeanne sortent.*)

(Le roi entre avec les deux seigneurs et Sanche.)

SANCHE.

A peine vous ai-je aperçu que j'ai accouru au-devant de vous.

LE ROI, bas à Sanche.

Songe que personne ici ne doit savoir qui nous sommes.

NUGNE.

Soyez, seigneur, le bienvenu.

LE ROI.

Qui êtes-vous?

SANCHE.

Nugne, mon beau-père?

LE ROI.

Je suis bien aise de vous voir, Nugne.

NUGNE.

Permettez que je vous assure de ma reconnaissance.

LE ROI.

Avertissez les ouvriers que l'on ne dise point à don Tello que je suis arrivé.... qu'il est arrivé un juge.

NUGNE.

Je vais fermer les portes de ma maison pour qu'aucun ne puisse sortir. Mais je vous l'avouerai, seigneur, je suis rempli de terreur en voyant que vous ne menez que deux hommes avec vous. Il n'y a pas dans tout le royaume un seigneur plus riche ni plus absolu ni plus orgueilleux que lui.

LE ROI.

Nugne, la vare que le roi m'a confiée, fait l'effet

du tonnerre ; elle avertit que la foudre va frapper. Seul, comme je le suis, je saurai faire justice pour le roi.

NUGNE.

Votre fermeté, seigneur, votre présence m'imposent tellement, que je tremble ici, quoique je sois l'offensé.

LE ROI.

Je veux faire l'information.

NUGNE.

Reposez-vous d'abord, seigneur : vous aurez du temps pour vous en occuper.

LE ROI.

Je n'ai jamais de temps de trop. Es-tu arrivé en bonne santé, Pélage ?

PÉLAGE.

Oui, seigneur... oui, en bonne santé... Comment votre...?

LE ROI.

Que t'ai-je dit ?

PÉLAGE.

J'y suis. Comment vous portez-vous ?

LE ROI.

Fort bien, grâces au ciel ?

PÉLAGE, à demi-voix.

Par ma foi, si nous gagnons notre procès, je veux offrir à ce brave homme un cochon gros comme lui.

SANCHE.

Tais-toi...

PÉLAGE.

Voudriez-vous que je dise un cochon comme moi qui suis si petit ?

LE ROI.

Faites entrer les témoins.

(Brito, Philène, Jeanne et Léonore entrent.)

NUGNE.

S'il faut faire venir tous les bergers des montagnes il vous faudrait attendre long-temps.

LE ROI.

Ceux qui sont là suffisent. (*A Brito.*) Qui êtes-vous?

BRITO.

Je suis Brito, bon seigneur, un travailleur des champs.

PÉLAGE.

On a pris ce galant tout marié et déjà il a éprouvé un changement dans son état.

LE ROI.

Que savez-vous de don Tello et d'Elvire?

BRITO.

Pendant la nuit du mariage, des hommes masqués l'enlevèrent après avoir brisé les portes.

LE ROI.

Et vous, qui êtes-vous?

JEANNE.

Je suis Jeanne. Je servais Elvire qu'il me semble voir déjà sans honneur ou sans vie.

LE ROI.

Qui est ce bon homme?

PÉLAGE.

C'est Philène, le joueur de cornemuse. Il fait quelquefois danser les sorcières dans ces bruyères.

Une nuit elles le menèrent au sabbat; mais il fut tellement écorché...

LE ROI.

Que savez-vous de cet événement?

PHILÈNE.

Seigneur, je vins pour jouer de la cornemuse. J'entendis don Tello défendre de laisser entrer le curé. Après avoir ainsi interrompu le mariage, il emmena Elvire chez lui où son père et d'autres personnes l'ont vue.

LE ROI, à Léonore.

Et vous?

PÉLAGE, pendant que Léonore parle au roi.

Celle-ci est Léonore de Cueto, fille de Pierre Michel, petit-fils de Nugne, neveu de Martin. Celui-là eut deux tantes un peu sorcières, mais c'est déjà ancien, et un neveu bossu qui le premier sema les navets dans le pays.

LE ROI.

C'est assez pour le moment. Nous pourrons nous reposer, et ce soir nous irons faire une visite à don Tello.

LE COMTE.

Vous n'aviez pas besoin de tant d'informations. Vous pouviez être sûr que Sanche ne vous avait pas trompé. L'innocence de ces gens-ci en est la meilleure preuve.

LE ROI, à mi-voix, au comte.

Faites avertir en secret un prêtre et le bourreau.

(Le roi et les seigneurs sortent.)

NUGNE.

Sanche?

SANCHE.

Seigneur?

NUGNE.

Je ne comprends rien à un juge comme cela. Sans avoir écrit d'information il demande le prêtre et le bourreau.

SANCHE.

Je ne sais ce qu'il veut faire.

NUGNE.

Avec un bataillon entier il ne l'arrêterait pas : comment pourra-t-il avec deux personnes?

SANCHE.

Faites-lui servir à dîner; nous verrons ensuite s'il le peut ou non.

NUGNE.

Mangeront-ils ensemble?

SANCHE.

Je crois que le juge mange seul, et les deux autres ensuite.

NUGNE.

Ce sont sans doute le greffier et l'alguazil.

SANCHE.

Je le pense aussi.

(Il sort.)

NUGNE.

Jeanne, mets du linge blanc, tue quatre poules, fais aussi rôtir le jeune paon [47], apprête un grand plat de fritures, envoie Philène chercher du vin à la cave.

(Jeanne sort.)

PÉLAGE.

Sur mon honneur, Nugne, je veux dîner aujourd'hui avec le juge.

NUGNE.

Pour celui-là, il est tout-à-fait fou.

(Il sort.)

PÉLAGE, seul.

Le plus grand malheur des rois c'est de manger toujours seuls ; aussi sont-ils entourés sans cesse de bouffons et de chiens.

(Il sort.)

SCÈNE IV.

Salle du palais de don Tello.

ELVIRE, DON TELLO, FÉLICIE.

ELVIRE, traversant le théâtre en fuyant devant Tello.

Protection, protection, Dieu puissant ! car il n'en est plus pour moi sur la terre.

TELLO, retenu par Félicie.

Il faut que je la tue.

FÉLICIE.

Arrête, mon frère ! contiens ta fureur !

TELLO.

Tu m'exposes, Félicie, à manquer au respect que je te dois.

FÉLICIE.

Que j'obtienne au moins, comme ta sœur, ce que tu devrais m'accorder comme femme.

TELLO.

Que Dieu maudisse l'insensée qui, pleine de son fol amour, ose, encore à présent, mépriser, insulter son seigneur, sans que rien ait pu abattre son orgueil! Mais qu'elle n'imagine point de pouvoir me résister. Il faut que cet orgueil aussi se soumette, ou sa vie me paiera les affronts qu'elle me fait.

(Il sort.)

(Célio entre.)

CÉLIO.

Je ne sais, madame, si une vaine terreur m'a égaré, mais Nugne est occupé à recevoir des hôtes de qualité. Sanche est venu dans le village; tout est fermé chez son beau-père, on s'y conduit avec secret. On dit que le jeune homme a été une seconde fois à la cour. Je ne sais, mais je ne les ai jamais vus agir avec tant de mystère.

FÉLICIE.

Tu as eu tort, puisque tu avais des soupçons, de ne pas prendre un prétexte pour entrer chez Nugne. et savoir ce qui se passe chez lui.

CÉLIO.

Je n'ai pas osé braver sa colère. Cet homme n'aime pas à voir les gens de monseigneur.

FÉLICIE.

Je veux avertir mon frère. Le jeune Sanche ne manque ni d'esprit naturel, ni de résolution. Toi, Célio, reste pour voir si quelqu'un vient.

(Elle sort.)

CÉLIO.

La mauvaise conscience est toujours craintive; et d'ailleurs un crime tel que celui de don Tello demande vengeance au ciel.

(Le roi, les seigneurs et Sanche entrent.)

LE ROI.

Entrez, et faites ce que j'ai dit.

JOURNÉE III, SCÈNE IV.

CÉLIO, à part.

Qui sont ces gens-là ?

LE ROI.

Appelez quelqu'un.

SANCHE.

Voilà un des domestiques de don Tello, seigneur.

LE ROI.

Holà ! gentilhomme, écoutez.

CÉLIO.

Que me voulez-vous ?

LE ROI.

Avertissez don Tello que je suis venu de la Castille, et que je veux lui parler.

CÉLIO.

Et qui dirai-je qui m'envoie ?

LE ROI.

Moi.

CELIO.

Vous n'avez pas d'autre nom ?

LE ROI.

Non.

CÉLIO.

Moi seulement, et cette présence imposante ! Je vais dire à monseigneur que Moi est à sa porte.

(Il sort.)

ENRIQUE.

Il va donner son message.

LE COMTE.

Vous auriez mieux fait de vous déclarer. Il fera quelque réponse fâcheuse.

LE ROI.

Non, sa conscience effrayée lui fera bien penser que je suis le seul qui puisse ici m'appeler Moi.

(Célio rentre.)

CÉLIO.

J'ai dit à don Tello, mon seigneur, que vous vous nommiez Moi ; il m'a répondu que vous pouviez repartir ; qu'à peine il pourrait lui-même s'appeler ainsi, et que, par les lois divines et humaines, il n'existait d'autre Moi que Dieu dans le ciel, et le roi sur la terre [48].

LE ROI.

Eh bien, dites-lui que je suis un alcade de la maison du roi.

CÉLIO, troublé.

J'irai, et je l'informerai de ce nouveau titre.

LE ROI.

Songez à ce que je vous dis.

(Célio sort.)

LE COMTE.

L'écuyer paraît troublé.

ENRIQUE.

Le titre d'alcade l'a effrayé.

SANCHE.

Nugne est ici, et j'attends votre permission pour qu'il entre, si vous le jugez convenable.

LE ROI.

Qu'il vienne, et que, témoin de tout ce qui se passera, il reçoive sa part de la satisfaction, comme il l'a eue de l'offense.

JOURNÉE III, SCÈNE IV.

SANCHE.

Venez, Nugne, et regardez.

(Nugne et des paysans entrent.)

NUGNE.

Je tremble de me voir dans la maison de cet audacieux. Gardez tous le silence.

JEANNE.

Pélage ne peut se taire.

PÉLAGE.

Soyez tranquille : je serai une statue.

NUGNE.

Qu'il soit venu avec deux hommes ! Quel courage !

(Félicie entre, et retient don Tello qui la suit. Domestiques.)

FÉLICIE.

Prends garde à ce que tu fais. Où vas-tu? Que veux-tu hasarder, mon frère ?

TELLO.

Est-ce vous, par hasard, qui êtes l'alcade de Castille qui me cherche ?

LE ROI.

Qu'y a-t-il d'étrange ?

TELLO.

Votre audace, par Dieu ! si vous savez qui je suis ici.

LE ROI.

Vous êtes un sujet du roi, et il n'y a point de différence entre l'obéissance que vous lui devez, et celle qu'il faut rendre à celui qui vient en son nom.

TELLO.

Pour moi, la différence est grande. Et où est votre vare [49] ?

LE ROI.

Elle est encore dans le fourreau. Elle en sortira bientôt, et vous verrez ce qui arrivera.

TELLO.

La vare est dans le fourreau ! Elle peut y rester. Repartez ; vous devez ne pas me connaître. Nul ne peut m'arrêter, si le roi ne vient en personne.

LE ROI.

Et bien ! misérable, je suis le roi.

FÉLICIE.

Saint Dominique de Silos, protégez-nous [50] ?

TELLO.

Quoi ! sire, le pouvoir d'un roi de Castille s'abaisser ainsi ? Vous-même.... vous.... Pardonnez, sire, pardonnez.

LE ROI.

Otez-lui ses armes. Sujet rebelle, par la couronne que Dieu m'a donnée ! je vous ferai respecter les lettres du roi.

FÉLICIE.

J'ose vous prier, sire, de modérer votre rigueur.

LE ROI.

Vos prières sont inutiles. Qu'on amène ici tout à l'heure la femme de ce pauvre laboureur.

TELLO.

Elle n'était point encore son épouse.

LE ROI.

Elle voulait l'être, et d'ailleurs voilà son père qui a réclamé ma justice.

TELLO.

J'ai offensé Dieu et le roi. L'heure de mon juste supplice est arrivée.

(Elvire entre.)
ELVIRE.

Gloire de l'Espagne que vous gouvernez, grand roi Alfonse, aussitôt que votre nom sacré a retenti dans ma prison, mes chaînes sont tombées, et j'ai pu venir demander justice à votre royale protection. Vous savez, sire, mes malheurs; fille de Nugne, amante de Sanche de Roélas, à qui j'allais m'unir, Tello me vit dans la fête à laquelle il devait présider. Ma vue lui inspira des désirs criminels; il retarda mon mariage, me ravit à main armée pendant la nuit, me mena chez lui, où par les plus séduisantes promesses, par les plus effrayantes menaces, par les soins les plus recherchés, les mauvais traitemens les plus durs, il essaya en vain d'ébranler ma chaste fermeté? Enfin, il me fait conduire dans une forêt, voisine d'une de ses terres : là, les arbres seuls dont l'épais feuillage me dérobait aux rayons du soleil, entendirent mes plaintes et furent les témoins de mon malheur. Mes cheveux, les débris de mes vêtemens, qui sont restés dans les bruyères, peuvent attester ma résistance. Je n'ai pu mourir; je vivrai dans les larmes, car celle qui n'a plus d'honneur ne peut plus avoir de joie; le seul bonheur qui me soit resté c'est de pouvoir demander vengeance et punition de ces crimes AU MEILLEUR ALCADE, AU ROI. Je la réclame, Alfonse, à vos pieds sur lesquels j'ose à peine imprimer mes lèvres déshonorées. Ainsi puissent vos descendans rendre libre par leurs victoires les provinces qui gémissent sous l'esclavage des Mores! et si ma faible voix ne peut assez dignement célébrer votre justice, que l'histoire et la renommée en rendent la mémoire éternelle!

LE ROI.

Je suis malheureusement arrivé trop tard. Plus tôt j'aurais pu satisfaire aux justes désirs de Sanche et de Nugne, mais je suis encore à temps à rendre justice en abattant la tête de Tello. Qu'on fasse venir le bourreau.

FÉLICIE.

Sire, que votre clémence royale prenne pitié de mon frère.

LE ROI.

N'eût-il pas commis cet attentat, le mépris qu'il a fait d'une lettre écrite de ma main, n'est-il pas un assez grand crime? Aujourd'hui, don Tello, je foulerai ton orgueil à mes pieds.

TELLO.

Quand la mort qui m'attend, serait encore plus cruelle, je reconnais, sire, que je l'ai justement méritée.

LE COMTE.

Rappelez-vous, sire, que je vous ai élevé dans ce pays; que ce souvenir excite votre pitié en faveur d'une de ses plus illustres familles!

FÉLICIE.

Du moins, que le comte don Pèdre, obtienne par grâce de vous, la vie de Tello, la vie seule.

LE ROI.

Le comte de Castro, mérite que je le regarde comme un père, mais le comte de Castro sait que, lorsque la justice me trace mon devoir, il est inutile qu'il me sollicite.

LE COMTE.

La miséricorde n'est point une faiblesse.

LE ROI.

La véritable pitié ne peut être jamais à faire fléchir la justice. Aux yeux de Dieu comme aux yeux des hommes, celui-là est traître et déloyal qui ne respecte pas son roi, et le brave en son absence. Tello donne à Elvire la main d'époux pour réparer l'outrage que tu lui as fait, et lorsque ta mort aura satisfait à la justice, elle pourra épouser Sanche; sa dot sera la moitié de ton bien. Et vous, Félicie, vous serez dame de la reine, en attendant que je vous donne un époux digne de votre noblesse.

NUGNE.

Je tremble!

PÉLAGE.

C'est un fier roi.

SANCHE, au public.

Ainsi finit la comédie : Le meilleur alcade est le roi. L'histoire d'Espagne nous raconte le fait comme véritable.

FIN DE LA TROISIÈME ET DERNIÈRE JOURNÉE.

NOTES
SUR
LE MEILLEUR ALCADE
EST LE ROI.

---

(1) Nom et titre de l'invention de Lope.

(2) Rivière de Galice qui, après avoir baigné les murs de Ponferrada, se jette dans le Migno.

(3) Dicton commun en Espagne, lorsqu'on trouve quelque chose, ou qu'on se rencontre avec celui qui le trouve.

(4) Ce passage paraît imité de l'*Aminte* du Tasse.

DAFNE.

Or non sai tu com' è fatta la donna :
Fugge, e fuggendo vuol ch' altri la giunga;
Nega, e negando vuol ch' altri si toglia;
Pugna, e pugnando vuol ch' altri la vinca.

Le Tasse, dans le second de ces vers, avait imité Virgile :

Et fugit ad salices et se cupit ante videri.

Virgile en avait pris quelque chose à Théocrite : ainsi va le monde.

(5) (*Litt.*) « L'Inde. » Les habitans de l'Inde très-peu connus au douzième siècle ne passant pas alors pour sauvages, j'ai cru pouvoir corriger l'anachronisme de Lope, qui a voulu probablement parler de l'Afrique.

(6) (*Litt.*) « Je pouvais bâtir une *cochera*, » une remise à mettre les voitures ou coches. J'ai remplacé un mauvais jeu de mots par un autre qui ne vaut pas mieux.

(7) Le cadeau en bétail est un signe caractéristique d'un état de civilisation dans lequel l'argent monnayé était presque inconnu.

(8) (*Litt.*) « Je vous aurais donné un petit-fils chaque mois. »

(9) J'écris *Tello* comme en Espagnol. On doit prononcer *Teillo*; mais je n'ai pas osé hasarder cette orthographe pour un nom aussi peu sonore.

(10) (*Litt.*) « Cent trente personnes. » Ce serait peu si on comptait par individus. J'ai pris le sens le plus probable.

(11) J'ai omis deux vers qui présentent deux fois de plus la même répétition.

(12) *Masalanca* pour *Salamanca*; Lope de Vega a fait beaucoup moins d'usage que Calderon de ce mauvais moyen de comique, dont la finesse consiste dans une prononciation vicieuse.

(13) Je doute fort qu'il y eût alors en Galice ni carrosses ni routes carrossables.

(14) (*Litt.*) « Elle m'a rebuté comme trop cochon. »

(15) Au lieu de ce qu'on appelle en France *garçon* et *fille d'honneur*, les nouveaux mariés étaient conduits à l'autel, en Espagne, le jeune homme par un *parrain*, la future par une *marraine*.

(16) (*Litt.*) « Ils pourront contenir dans notre bonne volonté qui est infinie. »

(17) (*Litt.*) « Qui sait quels changemens fâcheux il ramènera de l'autre monde? »

(18) Dans l'édition de M. Anaya, ces deux premiers vers appartiennent à Nugne.

SUR LE MEILLEUR ALCADE EST LE ROI.

(19) Toutes les éditions portent *Pues no ?* avec un point d'interrogation, ce qui veut dire *assurément : ne le ferai-je pas ? en doutes-tu ?* J'ai lu sans interrogation, 1°. par ce qu'il m'a semblé bien suffisant après ce qu'a déjà dit Elvire qu'elle ne paraisse vouloir accorder qu'un entretien par la croisée ; 2°. parce que le bris de la porte par don Tello est un fait trop important, trop souvent mentionné pour qu'on puisse supposer qu'il l'ait trouvée ouverte. J'ai, par la même raison, réparé une faute d'impression quelques vers plus loin.

(20) Jeu de mots sur *cura* curé, et *cura* guérison.

(21) Pélage ajoute encore : « Hélas ! je me meurs de faim ; hélas ! de faim je me meurs. » Je suppose que c'est une interpolation.

(22) (*Litt.*) « Écoute un argument. »

(23) J'ai abrégé un peu l'argument et la réponse.

(24) Molina ne compte pas Neyra au nombre des anciens *Golars* de Galice ; cependant il y a une rivière ainsi nommée, qui est un des afluens du *Miño*, et il existe encore en Galice une famille de ce nom.

(25) (*Litt.*) « Je ne serai pas qui je suis. » L'idée de personnalité, et celle de la dignité attachée au *moi humain* se retrouvent dans mille formes de la langue espagnole. Nous en verrons plusieurs exemples dans cette pièce.

(26) (*Litt.*) « Il faut que je la viole ou que je la tue. »

(27) Il y a environ trente lieues d'Espagne, ou cinquante de poste du lieu de la scène à Léon. On peut faire ce chemin en deux ou trois jours avec des chevaux du pays.

(28) (*Litt.*) « Qui pourrait parier ses crins contre les ailes du vent ? »

(29) En 1122, les deux rois de Castille et d'Aragon firent une paix qui ne fut jamais troublée de leur vivant. Les préparatifs de guerre contre les Maures datent de 1131.

(30) *Azagayas*, zagaies, bâtons ferrés ou épieux; ce nom vient de l'arabe.

(31) (*Litt.*) « Partez du pied droit. »

(32) Il y a ici une métaphore prise de la grimace que font les enfans en pleurant et que je n'ai pas cru nécessaire de traduire.

(33) (*Litt.*) « Larme de Moïse. » — Olias est un village de la Manche.

(34) Sanche Ortiz de las Roélas, personnage historique, est le héros d'une autre pièce de Lope de Vega, dont l'action se passe deux cents ans plus tard.

(35) *Infanzones*, seigneurs indépendans, plus que *hidalgos*, moins que *grandes* ou *ricos hombres*; ce titre se conserve encore en Aragon. A l'époque où se rapporte cette pièce, les titres de duc, comte, étaient extrêmement rares; et le rang des *Titulos de Castilla* n'existait pas. C'étaient les infançons qui formaient la classe intermédiaire entre la grandesse et la noblesse ordinaire. Elle correspondait à celle des chevaliers et des baronnets en Angleterre.

(36) M. Anaya fait fort bien remarquer que, dans les mœurs du temps, l'entretien du roi avec un bouffon n'a rien d'extraordinaire.

(37) (*Litt.*) « Je crois avoir une lettre de change payable en beauté. »

(38) Lope l'appelle don Pèdre d'Andrade et Castro. Celui qui a été gouverneur d'Alfonse VIII, se nommait Gulière Fernandez de Castro.

(39) (*Littéralement.*)

» PÉLAGE.

» Me pendre! quoique ce ne soit pas le jour de ma fête! c'est de mauvais augure. »

Colgar, veut dire pendre ; il signifie à la fois infliger le supplice de la corde ; *suspendre* le portrait d'un saint le jour de sa fête pour lui faire honneur ; *suspendre* des draperies autour dans la même vue ; et enfin, par extension, donner à quelqu'un le jour de sa fête anniversaire, une chaîne ou un ruban en signe d'affection.

(40) (*Litt.*) « Vos pieds à qui bientôt Grenade servira de coussin, et Séville d'un tapis qu'enrichiront de leurs couleurs les vaisseaux et les fleurs de ces beaux rivages. » Ce ne fut que Ferdinand III qui fit la conquête de Séville. Celle de Grenade fut l'ouvrage de Ferdinand-le-Catholique et d'Isabelle.

(41) Abbaye de bénédictins. Il est fâcheux que Lope n'ait pas composé la scène entre l'abbé et don Tello. C'était une des situations où son génie aurait le plus brillé.

(42) Déchirer une lettre est en Castillan *romper*. On emploie le même verbe et celui de *quebrar* pour dire violer les commandemens. Sanche dit au roi, dans une tirade que j'ai dû abréger, que si Tello n'avait pas déchiré la lettre, il avait du moins déchiré, enfreint (de *frangere*, briser) le commandement qu'elle contenait.

(43) J'ai caractérisé un peu plus la forme dubitative que présente ce passage d'une manière équivoque. Elle est dans le sens de la scène, mais l'accent de l'acteur, qui suffit pour l'indiquer en espagnol, n'aurait pas le même résultat dans notre langue plus positive.

(44) (*Litt.*) « *La violer.* » J'ai adouci l'expression et j'ai imité en cela M. Anaya, qui dans l'édition qu'il a donnée de l'original, a remplacé le mot de *forzar* par celui de *violentar*. Il est fâcheux que cet embellissement ait détruit la mesure du vers.

(45) (*Litt.*) « Où est seigneur. » C'est la désignation spéciale du beau-père et de la belle-mère.

(46) Spadille est supérieur à manille, mais il y a de plus un jeu de mots sur *malilla*, qui vient de *mala*, allusion à la mau-

vaise action de Tello, et sur *espadilla*, qui vient d'épée, allusion au pouvoir du roi.

(47) Le panneau ou jeune paon, était un mets extrêmement recherché dans les temps où s'est passée cette action. Mais y avait-il des paons en Galice? en élevait-on chez des laboureurs? ou bien Lope a-t-il fait un petit anachronisme en supposant que les dindons qui s'appellent aussi *pavo*, étaient dès lors importés en Espagne?

(48) Allusion à la signification du nom de Jéhovah. « Je suis celui qui suis, » et à la signature des rois d'Espagne. « Moi, le roi. »

(49) Baguette, signe de l'autorité judiciaire, comme le sceptre, la crosse, le bâton de maréchal, le sont de l'autorité royale, ecclésiastique, militaire.

(50) Toutes les éditions mettent cette interjection dans la bouche de Pélage, où elle est fort mal placée. On aura probablement confondu *Pel*, initiales de *Pelayo* avec *Fel*, initiales de *Feliciana*.

VARIANTE.

Au lieu des deux derniers vers de la plainte de Sanche au roi, page 457, on en lit, dans l'édition de M. Anaya, deux autres dont le sens est : « *Nos malheurs auraient attendri les chênes.* »

FIN DU TOME SECOND.

www.ingramcontent.com/pod-product-compliance
Lightning Source LLC
Chambersburg PA
CBHW071706230426
43670CB00008B/923